U0559209

本书为重庆市人文社会科学研究基地项目"民国时期西南地区教育资源的配置及其影响研究"（项目编号：16SKB055）的结项成果

西南大学
历史文化学院 民族学院
学术文丛

# 民国时期四川地区学校分置变迁研究

袁从秀 / 著

科学出版社
北京

## 内 容 简 介

本书运用计量分析、比较研究等方法和历史学、地理学、教育学、区域研究等理论，通过对民国时期的教育年鉴、档案、报刊等文献资料的爬梳，尽可能复原民国时期四川地区初等教育、中等教育、高等教育的各类学校和部分社会教育机构的分布，并依据民国时期四川教育的发展规律与特点，分1912—1937年、1938—1945年和1946—1949年三个时期探讨四川地区学校分置变迁的历程，总结四川教育发展与学校分布的时空特点，深入分析形成这些特点的地理环境因素；通过对民国时期四川学校的纵横向对比，认识民国时期的四川教育在中国教育史上的重要地位。

本书基于历史地理学视角的研究，可为四川区域历史和中国教育史的研究者提供参考与借鉴。

**图书在版编目（CIP）数据**

民国时期四川地区学校分置变迁研究 / 袁从秀著. —北京：科学出版社，2018.11

ISBN 978-7-03-059350-4

Ⅰ. ①民… Ⅱ. ①袁… Ⅲ. ①教育史-史料-四川-民国 Ⅳ. ①G527.71

中国版本图书馆 CIP 数据核字（2018）第 250824 号

责任编辑：王 媛 赵云杰 / 责任校对：韩 杨

责任印制：张 伟 / 封面设计：黄华斌

编辑部电话：010-64011837

E-mail: yangjing@mail.sciencep.com

科学出版社 出版

北京东黄城根北街 16 号

邮政编码：100717

http: //www.sciencep.com

北京虎彩文化传播有限公司 印刷

科学出版社发行 各地新华书店经销

*

2018 年 11 月第 一 版 开本：720×1000 B5

2018 年 11 月第一次印刷 印张：17

字数：287 000

**定价：92.00 元**

（如有印装质量问题，我社负责调换）

# 前　言

民国时期是继晚清以来中西文化激烈碰撞，中国社会政治、经济、思想文化等领域变革与动荡的时期，而教育是这些变迁中最为敏感的神经。对民国教育的研究，得到了众多学者的青睐，研究成果丰硕。但这些成果多从教育学的视角研究教育发生发展的基本规律，而教育作为人类的基本实践活动，是在一定的地理环境中产生和发展的。教育与地理环境之间是什么关系？地理环境对教育又有着怎样的影响？围绕这些问题，本书以民国时期的四川地区为代表，以初等教育、中等教育、高等教育的学校和部分社会教育机构作为切入点，探讨民国时期四川地区学校分布变迁的历史和时空特点，分析民国时期四川地区学校分布变迁的原因，认识民国时期的四川地区教育在中国历史上的特殊地位，阐释教育与地理环境的互动关系。

首先，本书根据民国时期四川地区教育的发展规律与特点，分三个时期对四川地区各类学校的分布进行了论述。

1912—1937 年：四川地区小学发展较为迅速，有学校 24 474 所，但分布极不均衡，第二行政督察区、第十一行政督察区、第十二行政督察区的小学具有明显的数量优势。此时，四川地区中学有 197 所，较清末数量大增，且种类齐全，分布广泛，但以初级中学为主体，分布地区不均衡。中等师范学校有 38 所，分师范学校、简易师范学校和简易乡村师范学校三大类，并有国立、省立、县立、区立、联立、私立等多种办学形式，且分布均衡，但师范学校数量甚少。中等职业学校有 40 所，学校层次和类型全面，有高初级合设的职业学校、单设的高级职业学校或初级职业学校，有省立、县立和私立等办学形式，其中以县立为主，私立为辅。但职业学校地区分布不均衡，第三行政督察区独占鳌头，第一行政督察区次之，130 县（局）无职业学校。高等教育学校在部备案的仅 3 所，且集中分布于成都和重庆，四川地区高等教育学校数量居全国中下等水平。

1938—1945 年：由于国民教育制度的推行和全面抗战时期人口、机构的大量内迁，四川地区小学学校数迅猛增加至 54 049 所，第三行政督察区的学校绝对数位居各行政督察区前列，成都、重庆国民教育成就瞩目，但各行政督察区差异突出，中心学校和国民学校总数在2000所以上的仅有5个行政督察区；西康学校分布更为不均，第二行政督察区、第三行政督察区在西康省居绝对优势，雅安县和冕宁县在西康遥遥领先。此时，四川地区中学达到304所，国立中学异军突起，私立中学大增，但县立中学仍居主导地位。中等师范学校52所，以省立和县立为主，分布较为均衡。中等职业学校67所，新增国立职业学校，但职业学校在中等教育中居弱势地位，且主要分于成都、重庆两地。高等教育在全面抗战时期获得跨越式发展，在川高校有68所，四川成为中国高等教育的中心。

1946—1949年：四川地区小学学校有24 487所。1946年中学学校599所，其中私立中学数量占据绝对优势，县立中学以初级中学为主体，中学分布仍严重不均，西康地区的22县无中学。中等师范学校104所，以省立和县立为主，学校分布相对均衡。中等职业学校96所，西康的职业教育兴起并有所发展。高等教育因学校复员，高校数量减少至24所，成、渝周边地区和西康地区的高等教育逐渐发展起来。这一时期成、渝地区仍是四川地区教育中心，西昌和雅安成为西康地区教育中心。1949年四川解放前夕，因财政困难和内政缘故，学校数量减少、规模缩水，甚至停课停校，四川地区各类教育萎缩。

其次，本书探讨了民国时期四川地区教育发展与学校分布的时空特点，分析了形成这些特点的地理环境因素。从时段分布看，民国时期四川地区教育经历了近代教育的初步发展期（1912—1937年）、兴盛期（1938—1945年）和萎缩期（1946—1949年）三个时期。从空间分布看，民国四川地区教育发展过程中形成了一个动态变化的教育中心、教育次中心和教育边缘区，其趋势是教育中心区在东移中不断扩大，教育边缘区却不断向西部高原区收缩；相对于人口数而言，教育中心、教育次中心、教育边缘区的学校设置都不尽合理。自然地理环境、人口数量、交通条件、经济发展、政治因素、民族分布和教育文化基础是影响民国时期四川地区学校分布变迁的主要原因。学校数量较多的是平原丘陵地区、人口数量多而集中的地区、大河流域或公路交通便利的地区、经济状况和教育基础良好的地区，或邻近重庆、成都两大城市的地区；学校数量少的是山地、高原地区和少数民族地区。

最后，本书通过对民国时期四川地区学校的纵横向对比，认识民国时期四川地区教育的重要地位。纵向上，自汉晋以来四川地区教育中心具有东扩南展之势。横向上，民国时期四川地区学校数量优势凸显，位居全国前列，且在中国历史上具有重要之地位，并在承传与创新中实现了由传统教育向近代新式教育的蜕变；全面抗战时期为保存中国教育文化命脉做出了不可磨灭的贡献，以陶行知、晏阳初、梁漱溟为代表的教育思想家在四川地区践行教育新理念，进行了中国教育道路的有益探索；四川地区成为西部教育发展的领头羊，一定程度上缩小了东西部教育的差距。

本书在复原民国时期四川地区学校分布的基础上，充分运用了计量分析、比较研究等方法和历史学、地理学、教育学、区域研究等理论，对初等教育、中等教育、高等教育学校的分布按阶段统计与分析，同时进行川内各区域之间、四川地区与其他地区纵横向比较研究。通过研究，本书认为民国时期四川地区教育，由于受各种地理要素的影响，发展虽不平衡，但成就瞩目，学校数量优势明显，民国时期的四川地区教育是中国教育史上一颗璀璨的明星。

袁从秀

2018年9月26日

# 目　录

# 表目录

# 图 目 录

# 绪　论

## 一、研究缘起

民国时期是中国近代史上的一个重要过渡和转型期，它是继晚清以来中西文化激烈碰撞，中国社会政治、经济、思想文化等领域变革与动荡的时期。“民国社会政治结构的变化，文化、价值观念的更新又往往都与教育有关，可以说教育是社会变迁最敏感的神经，它既是中国近代政治、经济发展的产物，又反过来对民国社会、政治、经济产生巨大反作用。”①民国教育是新旧教育的冲撞、新教育的萌芽和生长的硕果，理应成为民国史研究的重要内容之一。

民国时期的四川教育，在中国教育史上具有突出地位和鲜明特点。四川地处西南之隅，据长江上游，地跨青藏高原、横断山脉、云贵高原、秦巴山地、四川盆地等多样的地貌单元，以龙门山—大凉山一线为界，东部为四川盆地及盆缘山区，西部为川西高山高原及川西南山地，“周围为高山和高原环抱，除东有长江与外界沟通外，其余三面基本上是封闭的”②。再加之难于上青天之蜀道，交通落后，四川具有地理上的相对封闭性。这种封闭性导致四川的教育较长江中下游地区明显落后。19 世纪八九十年代重庆开埠，四川的东大门被打开，西方的新思想、新学说进入封闭久已的四川，四川近代教育逐渐起步。全面抗战时期，重庆升格为国民政府陪都，四川成为抗战的大后方，迎来了一次极佳的发展机遇，四川教育实现了跨越式发展，无论是学校的数量，还是教学水平、教学影响，均取得了前所未有之辉煌。虽然抗战结束后国民政府还都南京，大量内迁的教育、文化、行政等机构复原，但四川

① 申晓云主编：《动荡转型中的民国教育·绪言》，郑州：河南人民出版社，1994 年，第 1—2 页。
② 隗瀛涛主编：《四川近代史稿·前言》，成都：四川人民出版社，1990 年，第 2 页。

教育的良好基础业已形成。

区域研究是历史地理学研究的一个重要切入点，许多历史学者已认识到区域研究的重要性，并将此观念渗透于研究中。隗瀛涛教授在《四川近代史稿》前言中说道："由于中国幅员广阔，各地区的经济、政治、文化发展不平衡，区域特征各异，史学界日益感到划分若干易于把握的区域空间，进行深入研究，是推动全国通史、断代史、专门史向深度和广度进展的一个有效途径。"①蓝勇教授认为历史文化地理的分区研究应该是动态的，在一定的区域内不同的时代、不同断面上的文化分区应该是有差异的，这便体现了文化区域差异与时间断面的函数关系。②李孝聪教授认为区域性研究是对以往的整体性、概括性描述之不能自圆其说的批评和补充，也是学术研究与现实社会需要相结合的"接口"。③以学校分布为切入点，从历史地理学的视角研究民国时期四川教育，充分体现了历史地理学的现实关怀。20 世纪末，世界范围内掀起了课程改革的潮流，我国也于 21 世纪初开始了新一轮的课程改革。2010 年国务院颁布了《国家中长期教育改革和发展规划纲要（2010—2020 年）》，其中教育均衡发展的问题备受关注，它对于推动教育事业科学发展，促进教育公平，构建社会主义和谐社会，进一步提升国民素质，建设人力资源强国，具有重大的现实意义和深远的历史影响。现代学者在总结中华人民共和国成立以来教育成果的基础上，对民国教育给予了极大的关注，力图从民国教育中找寻到可供现代教育吸收之营养。但对民国教育的研究，目前着眼于全国的通论性著作较多，区域性的教育著作虽然也有，但多是教育学视域下的研究。本书从四川区域入手，通过复原四川在民国时期学校分置的基本情况，分阶段、分区域构建出学校发展与地理环境的函数关系，并总结出四川教育发展的轨迹和阶段性特点，可为现代教育提供借鉴。

## 二、学术史回顾

### （一）教育要素的历史地理研究

历史时期教育及其各要素的空间分布、变迁规律及其与地理环境的相互关系，是历史教育地理学的主要研究内容。郑家福等《中国历史教育地

① 隗瀛涛主编：《四川近代史稿·前言》，成都：四川人民出版社，1990 年，第 1 页。
② 蓝勇：《西南历史文化地理》，重庆：西南师范大学出版社，1997 年，第 4 页。
③ 李孝聪：《中国区域历史地理》，北京：北京大学出版社，2004 年，第 1 页。

理新探索》[①]较为系统地探讨了历史教育地理学的理论，并对明清时期云南、贵州、四川三个区域的儒学、书院、社学、义学等的空间分布进行了研究。此外，曾莹《基于 GIS 技术的赣鄱古代书院和文化名人时空分布特征分析》[②]，利用 GIS 空间化和数字化的研究方法，探索了江西古代书院及文化名人的时空特征，认为书院建设中心区从唐代至清代不断南移，书院建设热点区与人口的分布密集区存在一定的一致性，书院的选址主要在平原地区，进士与书院的分布格局存在较大的一致性。范正娥《两汉时期太学师生的区域分布及其成因》[③]，认为人口密集、学风浓厚的地方，经学大师多，博士也较多；两汉时期，文化中心与政治中心偏离；家族博士是普遍现象；东汉时期益州的太学生较之西汉增加较多，益州形成了较为浓厚的文化氛围。张伟然《湖北省境东晋南北朝的佛教传输与义学分布》[④]，主要研究了今湖北省境在东晋南北朝时期的佛教传输态势，并探讨其对该地佛教义学分布的影响。李琳琦、张晓婧《明代安徽书院的数量、分布特征及其原因分析》[⑤]，认为明代安徽书院由宋元时期的点状分布发展为明代的片状分布，较为集中地分布于皖南的徽、宁、池三府；嘉靖、万历两朝是明代安徽书院发展的两个高峰期。杨林林《明清山东书院的时空分布及其近代演变》[⑥]，认为明清时期山东书院经历了明代前期的极度沉寂—明中后期的大发展—明末清初的低迷—康雍乾时期的繁盛—嘉道咸时期的平缓发展—同光时期再度繁荣却戛然而亡。朱江琳《明清时期三峡地区教育学术文化地理研究》[⑦]，认为明清时期三峡地区教育学术文化分布呈现出的特点是：从学术人才分布来看，其中重庆府、宜昌府东湖地区为最，夔东鄂西最差；从学术研究分类来看，以集部最多，史部次之，经部和子部相对较少；从时间的先后顺序来看，清代的著述及学者明显多于明代，清后期明显多于前期。陈尚敏《清代甘肃书院时间分布特点成因分析》[⑧]，认为甘肃书院的发展大致经

① 郑家福、伍育琦、陈国生，等：《中国历史教育地理新探索》，北京：中央文献出版社，2007 年。

② 曾莹：《基于 GIS 技术的赣鄱古代书院和文化名人时空分布特征分析》，江西师范大学硕士学位论文，2012 年。

③ 范正娥：《两汉时期太学师生的区域分布及其成因》，《衡阳师范学院学报》2007 年第 2 期，第 109—115 页。

④ 张伟然：《湖北省境东晋南北朝的佛教传输与义学分布》，《中国历史地理论丛》1999 年第 4 辑，第 193—204 页。

⑤ 李琳琦、张晓婧：《明代安徽书院的数量、分布特征及其原因分析》，《华东师范大学学报（教育科学版）》2006 年第 4 期，第 72—81 页。

⑥ 杨林林：《明清山东书院的时空分布及其近代演变》，南京师范大学硕士学位论文，2010 年。

⑦ 朱江琳：《明清时期三峡地区教育学术文化地理研究》，西南大学硕士学位论文，2011 年。

⑧ 陈尚敏：《清代甘肃书院时间分布特点成因分析》，《西北师大学报（社会科学版）》2006 年第 2 期，第 68—73 页。

历了准备、兴盛、回落、中兴和废止几个阶段；甘肃书院的发展和全国书院发展不相一致，是清代书院发展中一个非代表性地区。郭林林《清代广州书院区域地理分布研究》①，认为广州至清代中后期形成了一个书院建筑群，涵盖了官办、教会办、合族祠办等多种方式，构成了一个层级的书院教育网络。王洪瑞《清代河南书院的地域分布特征》②，认为清代是河南书院发展史上的一个重要时期，呈现出带状的分布特征，开封府仍是书院分布最为集中的地区。刘景纯《清代黄土高原地区城镇书院的时空分布与选址特征》③，认为乾隆年间府县级城镇仿效省会设立书院，城镇书院的发展总体上由区域东南部向西北部推广，乾隆时期出现发展高峰，发展重心向黄河以西转移。书院选址以城内为主，空间上体现了偏重东部和东南部的观念。管世献《清代甘肃义学时空分布及运营研究》④，认为清代甘肃义学从空间分布看，比较集中的地区是兰州府、秦州直隶州、甘州府和凉州府，分布较少的地区是宁夏府、安西直隶州和固原直隶州；从时间分布看，顺康时期，义学主要分布在城市，经历了雍乾时期的发展之后，城乡分布开始趋于平衡，后经历了嘉庆时期的低潮阶段、道光时期的发展高潮和咸同光时期由重创转向恢复发展的阶段。许庆如《清代贵州义学的时空分布研究》⑤，认为贵州义学的发展进程呈现出以府州县为基点向乡村僻野全面铺开以及由内地向西南地区深入的特点。王洪瑞《清代河南学校教育发展的时空差异与成因分析》⑥，认为清代河南学校教育有明显的阶段性和突出的地域性，不同地区新旧教育的发展具有不同的一致性和一定的错位性，各类学校分布差异与发展差异的一致程度与人口因素密切相关，区域社会条件的差异是学校分布不均和地区失衡的根本原因等。夏媛媛《民国时期医学校分布的调控与失败》⑦，认为国民政府大学区制改革和一系列捐资兴学的措施，在一定程度上对医学校的分布起到了调控作用，但医学校分布不均现象仍然存在。

---

① 郭林林：《清代广州书院区域地理分布研究》，《广州大学学报（社会科学版）》2013 年第 12 期，第 89—93 页。

② 王洪瑞：《清代河南书院的地域分布特征》，《史学月刊》2004 年第 10 期，第 96—105 页。

③ 刘景纯：《清代黄土高原地区城镇书院的时空分布与选址特征》，《中国历史地理论丛》2007 年第 1 辑，第 62—72 页。

④ 管世献：《清代甘肃义学时空分布及运营研究》，兰州大学硕士学位论文，2012 年。

⑤ 许庆如：《清代贵州义学的时空分布研究》，西南大学硕士学位论文，2009 年。

⑥ 王洪瑞：《清代河南学校教育发展的时空差异与成因分析》，陕西师范大学博士学位论文，2007 年。

⑦ 夏媛媛：《民国时期医学校分布的调控与失败》，《南京医科大学学报（社会科学版）》2012 年第 4 期，第 300—303 页。

综上所述，已有研究成果对教育要素的时空分布及其特点和影响因素的探讨较为深入，也是本书学习和借鉴的基础。但这些研究成果从时段上看，主要集中于宋代到清代，特别是对明清时期书院分布的研究较多，对近代学校分布的研究实为不足；从地域空间看，研究地区主要是河南、山东、陕西、山西、广东等地，人口众多的行政区之一的四川却未得到足够的关注。

（二）民国教育史的研究

学界对民国教育的研究主要包括民国教育的综合研究、教育制度与政策研究、教育思想和教育家的研究；还有分学段的研究，如高等教育、中等教育、初等教育、职业教育、社会教育、特殊教育等。其研究涉及教育管理、课程设置、教学实施、教育经费等相关内容。

1. 民国教育的综合研究

民国教育的综合研究，多见于专著，并以贯通古今的通史形式全面梳理中国教育的发展历程及其教育成就。如于洪波、李忠、金传宝等《简明中外教育史》[①]，娄立志、广少奎《中国教育史》[②]，高时良《中国教育史论丛》[③]，王建军《中国教育史新编》[④]，曲铁华《中国教育史》[⑤]，孙培青《中国教育史》[⑥]，李桂林《中国教育史》[⑦]，黄仁贤《中国教育史》[⑧]，于述胜《中国教育制度通史》[⑨]，陈学恂《中国教育史研究·近代分卷》[⑩]。另有部分专注于近代或民国的教育论著，如孙丽荣《中国近代教育史》[⑪]，郑登云《中国近代教育史》[⑫]，王越、周德昌《中国近代教育史》[⑬]，冯开文《中国民国教育史》[⑭]，白光耀《中国近代学校教育》[⑮]，李华兴《民国教育史》[⑯]，熊明安《中

① 于洪波、李忠、金传宝，等主编：《简明中外教育史》，济南：山东人民出版社，2010 年。
② 娄立志、广少奎主编：《中国教育史》，济南：山东人民出版社，2008 年。
③ 高时良：《中国教育史论丛》，福州：福建教育出版社，2009 年。
④ 王建军：《中国教育史新编》，广州：广东高等教育出版社，2003 年。
⑤ 曲铁华主编：《中国教育史》，长春：东北师范大学出版社，2005 年。
⑥ 孙培青主编：《中国教育史》，上海：华东师范大学出版社，2000 年。
⑦ 李桂林主编：《中国教育史》，上海：上海教育出版社，1989 年。
⑧ 黄仁贤编著：《中国教育史》，福州：福建人民出版社，2003 年。
⑨ 李国钧、王炳照总主编，于述胜著：《中国教育制度通史》第 7 卷《民国时期（公元 1912—1949 年）》，济南：山东教育出版社，2000 年。
⑩ 陈学恂主编，田正平分卷主编：《中国教育史研究·近代分卷》，上海：华东师范大学出版社，2001 年。
⑪ 孙丽荣编著：《中国近代教育史》，哈尔滨：黑龙江人民出版社，2009 年。
⑫ 郑登云编著：《中国近代教育史》，上海：华东师范大学出版社，1994 年。
⑬ 王越、周德昌：《中国近代教育史》，长沙：湖南教育出版社，1986 年。
⑭ 冯开文：《中国民国教育史》，北京：人民出版社，1994 年。
⑮ 白光耀编著：《中国近代学校教育》，北京：北京科学技术出版社，1995 年。
⑯ 李华兴主编：《民国教育史》，上海：上海教育出版社，1997 年。

华民国教育史》[1]，邓传楷《中华民国之教育》[2]，申晓云《动荡转型中的民国教育》[3]。这些著作通常涉及教育的方方面面，全面而系统。

2. 教育制度与政策研究

对中国教育制度与政策的研究，代表性著作有郭秉文《中国教育制度沿革史》[4]和雷国鼎《中国近代教育行政制度史》[5]。郭秉文《中国教育制度沿革史》，阐述了上古教育制度的起源及发展、汉到明清教育状况、民国新旧教育的演变，是中国教育制度研究史上的佳作。雷国鼎《中国近代教育行政制度史》，依历史编年体例，逐一叙述了从晚清到民国直至 1982 年，为期 121 年的教育行政制度的重大史实，勾勒出教育行政制度的演变轨迹。另有大量的学位论文对教育政策、教育行政体制、教育立法、自主招生等内容进行了研究，如苏国安《南京国民政府时期学校教育政策研究》[6]、刘建《中国近代教育行政体制研究》[7]、高志刚《民国前期教育立法研究》[8]、李霞《民国时期教育方针的精神主旨研究》[9]、陈杏年《抗战时期国民政府的教育政策论略》[10]、彭慧丽《民国时期高校自主招生制度研究（1912—1949）》[11]。

3. 教育思想和教育家的研究

对教育思想（思潮）的研究，主要集中于教育救国及其民众教育、平民教育思想等方面。如张蓉《中国近代民众教育思潮研究》[12]，认为民众教育思潮的特点是全民教育思想、终身教育思想、以人生全部活动为内容的教育思想，实质是一种以爱国知识分子为主体，要求通过提高民众素质来实现民族复兴、国家富强的进步教育思潮。熊贤君《论战时教育思潮与战时教育的发展》[13]，认为战时教育思潮是教育为适应抗战之需与夺取抗战胜利而形成的，保证了抗战时期各级各类教育的持续发展，为抗战救国储备和培育了有生力

---

① 熊明安：《中华民国教育史》，重庆：重庆出版社，1997 年。
② 邓传楷：《中华民国之教育》，台北：正中书局，1988 年。
③ 申晓云主编：《动荡转型中的民国教育》，郑州：河南人民出版社，1994 年。
④ 郭秉文：《中国教育制度沿革史》，福州：福建教育出版社，2007 年。
⑤ 雷国鼎：《中国近代教育行政制度史》，台北：教育文物出版社有限公司，1983 年。
⑥ 苏国安：《南京国民政府时期学校教育政策研究》，河北大学博士学位论文，2010 年。
⑦ 刘建：《中国近代教育行政体制研究》，南京师范大学博士学位论文，2008 年。
⑧ 高志刚：《民国前期教育立法研究》，东北师范大学硕士学位论文，2007 年。
⑨ 李霞：《民国时期教育方针的精神主旨研究》，内蒙古师范大学硕士学位论文，2011 年。
⑩ 陈杏年：《抗战时期国民政府的教育政策论略》，《徐州师范学院学报（哲学社会科学版）》1995 年第 2 期，第 12—17 页。
⑪ 彭慧丽：《民国时期高校自主招生制度研究（1912—1949）》，西北师范大学硕士学位论文，2009 年。
⑫ 张蓉：《中国近代民众教育思潮研究》，华东师范大学博士学位论文，2001 年。
⑬ 熊贤君：《论战时教育思潮与战时教育的发展》，《民国档案》2007 年第 3 期，第 105—111 页。

量。郭秀艳《民国时期“教育救国”思潮研究》①，认为“教育救国”作为一股重要的社会思潮，在中国近代史上产生过广泛而深远的影响，但其本质上属于改良主义思想。田利召《近代教育均衡思想研究——以二、三十年代中国乡村教育家为考察对象》②，认为20世纪二三十年代的乡村教育家致力于打破传统的阶层教育分化、纠正城乡两极化分离、缩小区域间教育水平落差、保障弱势群体的受教育权利及合理优化教育资源的配置等，在实践中体现了教育的均衡发展思想。

对民国时期著名教育家的研究，主要集中于对黄炎培、梁漱溟、晏阳初、蔡元培等的研究上，成果丰硕。如王亚茹《黄炎培教育救国思想形成与发展研究》③，认为“兴教育办学堂”是黄炎培教育救国思想的主要内容；1926年大职业教育主义的提出，标志着黄炎培教育救国思想的转折。张海《民国时期黄炎培对职业教育的贡献（1912—1937）》④，认为黄炎培职业教育思想的发展历程分三个阶段，即由民初的实用主义教育至1917年职业教育，再到1926年大职业教育主义，黄炎培构建了一个较完整的职业教育理论体系，并认为富有较强理想色彩的“教育救国”论是黄炎培献身于职业教育事业的原动力。

对梁漱溟、晏阳初的研究有：张森《梁漱溟、晏阳初乡村建设理论与实践之比较》⑤，认为梁漱溟是新儒家的代表人物，晏阳初是具有现代民本政治观的人。杨明朝《梁漱溟的教育思想（1915—1945）》⑥，认为梁漱溟教育思想是其在当时特定的历史环境下根据自身对教育和民族出路的独特认识和探索而形成与演变的，其对当时中国教育问题乃至整个中国问题的认识和看法有独到之处。潘义辉《梁漱溟内生型教育现代化思想研究》⑦，认为梁漱溟教育现代化思想具有原发性，这源自他对中国传统儒学的自信，源自他对中西文化的清醒认识，源自他近二十年的教育实践和九十年坚持不懈地对人生问题和社会问题的思考。马海杰《论梁漱溟的教育思想》⑧，认为梁漱

① 郭秀艳：《民国时期“教育救国”思潮研究》，大连理工大学硕士学位论文，2008年。
② 田利召：《近代教育均衡思想研究——以二、三十年代中国乡村教育家为考察对象》，河北师范大学硕士学位论文，2011年。
③ 王亚茹：《黄炎培教育救国思想形成与发展研究》，河北师范大学硕士学位论文，2007年。
④ 张海：《民国时期黄炎培对职业教育的贡献（1912—1937）》，西北大学硕士学位论文，2009年。
⑤ 张森：《梁漱溟、晏阳初乡村建设理论与实践之比较》，西北大学硕士学位论文，2008年。
⑥ 杨明朝：《梁漱溟的教育思想（1915—1945）》，陕西师范大学硕士学位论文，2008年。
⑦ 潘义辉：《梁漱溟内生型教育现代化思想研究》，河北师范大学硕士学位论文，2011年。
⑧ 马海杰：《论梁漱溟的教育思想》，河南大学硕士学位论文，2006年。

溟教育思想表现出了理论上的完美和现实中的缺陷，提出的“行谊”教育、中西教育比较、社会教育等观点，主观色彩太浓，与当时的中国社会实际情况脱离较远。

《蔡元培自述》①全面展现了蔡元培先生的教育思想和理念。梁柱《蔡元培教育思想的渊源与特点》②，探讨了蔡元培教育思想的渊源与特点，认为蔡元培教育思想具有进步性、科学性和时代性。

4. 高等教育的研究

关于高等教育的研究成果较多。刘海峰、史静寰《高等教育史》③，上编为中国高等教育史，以历史发展的脉络为主线，论述从古代到当代的高等教育。内容包括中国古代高等教育、科举考试制度、书院组织与制度、中国近代高等教育的开端、中国近代高等教育的发展、中国近代高等教育思想、中华人民共和国的高等教育、港澳台地区高等教育的历史演变等。王杰、祝士明《学府典章：中国近代高等教育初创之研究》④，选取学府典章的研究视角，具有鲜明的特点。刘少雪《中国大学教育史》⑤，是系统研究中国大学教育发展的专著。董宝良《中国近现代高等教育史》⑥，纵向梳理了自 1862 年京师同文馆成立至 1999 年这一百多年间我国高等教育产生、发展和变迁的历史。潘懋元《中国高等教育百年》⑦，以专题研究的形式多视角、多层面地考察和分析百余年间我国高等教育变革与发展的动因、特征及成败得失。刘问岫《中国师范教育简史》⑧，介绍了师范教育的发展及演变。崔运武《中国师范教育史》⑨，从师范教育思想与师范教育制度的相互关系出发，探求对师范教育制度产生影响的思想，即思想家和思潮，也研究了师范教育制度对师范教育思想发展演变的推动或制约。

关于高等教育研究的论文，其一是对高等教育管理、教师聘任、高校设置与分布、研究生教育、留学教育等方面的研究。朱春玲《民国早期（1912

---

① 蔡元培：《蔡元培自述》，哈尔滨：北方文艺出版社，2012 年。

② 梁柱：《蔡元培教育思想的渊源与特点》，《高校理论战线》2007 年第 4 期，第 36—42 页。

③ 刘海峰、史静寰主编：《高等教育史》，北京：高等教育出版社，2010 年。

④ 王杰、祝士明编著：《学府典章：中国近代高等教育初创之研究》，天津：天津大学出版社，2010 年。

⑤ 刘少雪：《中国大学教育史》，太原：山西教育出版社，2007 年。

⑥ 董宝良主编：《中国近现代高等教育史》，武汉：华中科技大学出版社，2007 年。

⑦ 潘懋元主编：《中国高等教育百年》，广州：广东高等教育出版社，2003 年。

⑧ 刘问岫编：《中国师范教育简史》，北京：人民教育出版社，1984 年。

⑨ 崔运武编著：《中国师范教育史》，太原：山西教育出版社，2006 年。

年—1927年）大学教育管理研究》[①]、黄俊伟《中国近代教会大学的教育理念述评——以华人校长为例》[②]、廖林子《抗战时期的中国高校教育管理——以西南联大为中心》[③]，认为国立西南联合大学有明确的办学思想、先进的管理模式。冯成杰《抗战时期国统区高等教育的发展及其对策研究》[④]，认为抗战爆发后，国统区高等教育继续发展，其表现是高校的规模及数量有所增长，图书、仪器设备得到充实，学术氛围更加浓厚，教学质量得以提高。肖朗、杨卫明《近代中国大学与教育学会的互动及其影响》[⑤]，认为在近代大学与教育学会之间存在着频繁而密切的人员对流状态，极大地提升了教育学会的专业化、学科化程度，也有效地强化了两者在学术研究方面的合作关系。邓小林《民国时期国立大学教师聘任之研究》[⑥]，认为《大学教授资格条例之规定》的颁布使得教师聘任制度所包含的教师种类、聘任权限、资格审查三方面内容逐渐完善，标志着国立大学教师聘任制度初步形成。宋伟、韩梦洁《近代中国高等教育地域非均衡布局考察》[⑦]，认为近代中国高等教育的地域分布紧密依托政治、经济中心布局；存在着地域布局不均衡问题，不同历史时期政治、经济地位的变迁，导致高等教育分布呈现出地域性差异；经济发达地区、政治中心城市、开放城市往往成为高等教育布局的重点。

其二是师范教育的研究（包括高等师范教育和中等师范教育），主要是对师范教育培养体制的研究较多，另对师范教育的课程设置和女子师范教育给予了关注。宁静《我国近代教师教育模式的历史变迁》[⑧]，认为我国近代教师教育历经清末定向型教师教育体制—民国教师教育体制的盲目开放—根据地对教师职业生涯全程关注的教师教育模式。王丽萍、陆道坤《我国师范教育体制演进的动力机制研究》[⑨]，认为师范教育是在与基础教育的互动与矛盾中不断发展的，师范性与学术性之争贯穿了中国师范教育的发展历程，也导致

① 朱春玲：《民国早期（1912年—1927年）大学教育管理研究》，河北大学硕士学位论文，2004年。

② 黄俊伟：《中国近代教会大学的教育理念述评——以华人校长为例》，《现代大学教育》2010年第5期，第53—57页。

③ 廖林子：《抗战时期的中国高校教育管理——以西南联大为中心》，华中师范大学硕士学位论文，2006年。

④ 冯成杰：《抗战时期国统区高等教育的发展及其对策研究》，兰州大学硕士学位论文，2011年。

⑤ 肖朗、杨卫明：《近代中国大学与教育学会的互动及其影响》，《高等教育研究》2011年第6期，第84—91页。

⑥ 邓小林：《民国时期国立大学教师聘任之研究》，四川大学博士学位论文，2005年。

⑦ 宋伟、韩梦洁：《近代中国高等教育地域非均衡布局考察》，《史学月刊》2009年第4期，第84—91页。

⑧ 宁静：《我国近代教师教育模式的历史变迁》，河北大学硕士学位论文，2004年。

⑨ 王丽萍、陆道坤：《我国师范教育体制演进的动力机制研究》，《当代教育科学》2008年第21期，第25—28页。

了师范教育体制的演变。张艳艳《从近代学制看我国师范教育体制的确立与发展》①，认为中国近代师范教育伴随着中国近代学制的制定而确立、发展起来，1922 年“壬戌学制”取消独立的师范教育体制，使师范教育的价值和作用一度被忽视，严重地影响了师范教育的发展。勾小群《民国时期高等师范院校课程改革研究》②，提出了学术性与师范性相结合的课程设置原则。刘克辉《南京国民政府时期的乡村师范学校》③，认为乡村师范教育运动兴起的原因是乡村合格小学教师缺乏。

其三是对私立高等教育的政策与发展研究。王娟《民国政府私立高等教育政策研究》④，认为民国时期政府对待公私立学校一致的态度、灵活的政策有利于私立高等教育的发展。熊明安《民国时期私立高等教育的简要评述》⑤，认为北京国民政府制定了私立高等教育的政策、法规，并进行了较为认真的监督、审核。南京国民政府规范管理和各项法令与规定，私立高等教育的发展较快，成为高等教育体系的组成部分。周楠、李永芳《民国时期私立高等学校述论》⑥，认为北洋政府统治时期私立高等学校初步发展，南京国民政府统治前期私立高等学校规范化发展，南京国民政府统治后期私立高等学校续发展。

5. 中小幼教育研究

对中小幼教育进行专项研究的著作相较于高等教育略少，笔者搜集到的有谢长法《中国中学教育史》⑦、吴洪成《中国小学教育史》⑧等，这些著作梳理了我国自远古到现代中小学教育形成、演变和发展的过程，展现了一个全貌的中小学教育。熊贤君《中国近代义务教育研究》⑨，指出中国近代义务教育的形成在于外国传教士的影响及中国官绅权要和留学生的认同与强力推进，认为中国传统教育中难以滋生义务教育。

学位论文亦有不少论及中小幼教育的。如：张殊夏《民国时期学前教育研

① 张艳艳：《从近代学制看我国师范教育体制的确立与发展》，河北师范大学硕士学位论文，2008 年。
② 勾小群：《民国时期高等师范院校课程改革研究》，陕西师范大学硕士学位论文，2006 年。
③ 刘克辉：《南京国民政府时期的乡村师范学校》，《天中学刊》2008 年第 3 期，第 112—117 页。
④ 王娟：《民国政府私立高等教育政策研究》，吉林大学硕士学位论文，2006 年。
⑤ 熊明安：《民国时期私立高等教育的简要评述》，《北京大学教育评论》2003 年第 3 期，第 103—107 页。
⑥ 周楠、李永芳：《民国时期私立高等学校述论》，《安徽大学学报（哲学社会科学版）》2008 年第 3 期，第 114—119 页。
⑦ 谢长法主编：《中国中学教育史》，太原：山西教育出版社，2009 年。
⑧ 吴洪成编著：《中国小学教育史》，太原：山西教育出版社，2006 年。
⑨ 熊贤君：《中国近代义务教育研究》，武汉：华中师范大学出版社，2006 年。

究》①、郭余欢《民国时期义务教育免费思想初探——以袁希涛、陶行知、舒新城为例》②、田忠梅《〈教育杂志〉与民国二三十年代中学课程改革研究》③、王伦信《清末民国时期中学教育研究》④、卢红玲《民国早期中学教育研究（1912—1927）》⑤、徐波《中华民国前期中等教育观念变迁》⑥、陈玉玲《民国初期女子中学教育发展研究（1912—1927）》⑦、阐欣欣《民国前期中小学公民教育研究》⑧、张汶军《教师专业化的初步尝试：民国后期小学“教师检定”的定制与实践》⑨。

6. 职业教育研究

对职业教育的研究，主要有职业教育的综合研究、思潮研究、影响研究、课程研究和女子职业教育的研究。专著有谢长法《中国职业教育史》⑩，米靖《中国职业教育史研究》⑪，闻友信、杨金梅《职业教育史》⑫。谢长法的《中国职业教育史》，包括实业教育及其制度的改革、职业教育及其制度的确立与发展、国民政府时期的职业教育、中华职业教育社对职业教育的理论探讨和实践，以及职业指导在中国的滥觞、兴起及理论发展等，是一部研究中国职业教育史的力作。米靖的《中国职业教育史研究》一书细数从原始社会到民国时期的职业教育发展，从中探索中国职业教育的发展规律和途径。闻友信、杨金梅的《职业教育史》介绍了中华人民共和国成立到“文化大革命”时期的职业教育情况，是我国职业教育史的研究成果。

对职业教育的研究论文涉及职业教育发展历程、思潮、课程及女子职业

① 张殊夏：《民国时期学前教育研究》，东北师范大学硕士学位论文，2007年。
② 郭余欢：《民国时期义务教育免费思想初探——以袁希涛、陶行知、舒新城为例》，华中师范大学硕士学位论文，2009年。
③ 田忠梅：《〈教育杂志〉与民国二三十年代中学课程改革研究》，内蒙古师范大学硕士学位论文，2010年。
④ 王伦信：《清末民国时期中学教育研究》，华东师范大学博士学位论文，2001年。
⑤ 卢红玲：《民国早期中学教育研究（1912—1927）》，河北大学硕士学位论文，2006年。
⑥ 徐波：《中华民国前期中等教育观念变迁》，山东师范大学硕士学位论文，2008年。
⑦ 陈玉玲：《民国初期女子中学教育发展研究（1912—1927）》，西南大学硕士学位论文，2010年。
⑧ 阐欣欣：《民国前期中小学公民教育研究》，山东师范大学硕士学位论文，2009年。
⑨ 张汶军：《教师专业化的初步尝试：民国后期小学“教师检定”的定制与实践》，华中师范大学硕士学位论文，2009年。
⑩ 谢长法：《中国职业教育史》，太原：山西教育出版社，2011年。
⑪ 米靖：《中国职业教育史研究》，上海：上海教育出版社，2009年。
⑫ 闻友信、杨金梅：《职业教育史》，海口：海南出版社，2000年。

等内容。如：张珍珍《民国职业教育研究（1912—1927）》[①]，认为民国时期职业教育发展经历了引入、发展、高潮的全过程，其地位从旁系发展到正系。白媛媛《民国时期职业教育研究》[②]，认为民国时期的职业教育具有尝试处理普通教育与职业教育的关系、发展呈现严重的不平衡性、办学形式以民办私立为主、注重职业教育社会化、重点转向农村、重视职业教育立法问题等特征。薛红肖《中国近代职业教育思潮研究（1840—1927）》[③]，认为近代职业教育思潮有"实用主义教育思潮""平民主义教育思潮""大职业教育思潮"三种形式。申培轩、陈士俊《民国时期职业教育对农村的适应及其评价》[④]，认为民国时期的职业教育适应农村、为农村经济社会发展服务的观念被逐渐认可和接受。米靖、张燕香《民国职业教育译著及其对我国职业教育学科发展的影响》[⑤]，认为职业教育的译介著作中的职业指导、职业陶冶、职业训练、特殊职业教育、职业教育、师资、职业学校的课程等为国人所认识和理解。马婉君《清末至民国前期女子职业教育探究》[⑥]，认为女子职业学校从建校开始就定位明确，实用性强，在传统观念束缚下女职校的管理也颇为健全，产生了一套丰富的女子职业教育理论。

7. 公民教育与社会教育研究

吴亚玲《民国前期的公民教育》[⑦]，认为民国公民教育由民间自发到走出一条自下而上的发展道路，于述胜《民国时期社会教育问题论纲——以制度变迁为中心的多维分析》[⑧]，认为社会教育的功能是教育改造与社会改造，社会教育的主体是知识分子与国家和地方政权。

此外，从教育组织机构方面研究民国教育，如李物人《清末民初省级教育行政机构变革》[⑨]，认为中国教育行政机构处于从废除传统教育行政机构向近代教育行政机构日益完善的进程中；省级教育行政机构在演变过程

① 张珍珍：《民国职业教育研究（1912—1927）》，河北大学硕士学位论文，2005 年。
② 白媛媛：《民国时期职业教育研究》，东北师范大学硕士学位论文，2006 年。
③ 薛红肖：《中国近代职业教育思潮研究（1840—1927）》，河北大学硕士学位论文，2010 年。
④ 申培轩、陈士俊：《民国时期职业教育对农村的适应及其评价》，《教育与职业》2005 年第 8 期，第 78—80 页。
⑤ 米靖、张燕香：《民国职业教育译著及其对我国职业教育学科发展的影响》，《职业技术教育》2012 年第 12 期，第 70—73 页。
⑥ 马婉君：《清末至民国前期女子职业教育探究》，河北师范大学硕士学位论文，2009 年。
⑦ 吴亚玲：《民国前期的公民教育》，《社会科学家》2011 年第 7 期，第 42—46 页。
⑧ 于述胜：《民国时期社会教育问题论纲——以制度变迁为中心的多维分析》，《北京大学教育评论》2005 年第 3 期，第 18—25 页。
⑨ 李物人：《清末民初省级教育行政机构变革》，湖南师范大学硕士学位论文，2010 年。

中，不断完善自身机构建设，不断健全机构职能，以适应时代和社会的需要，从而促进了地方教育的健康发展。王章峰《民国前期教育团体研究（1912～1927）》[①]，认为民国时期的教育团体以促进教育发展为宗旨，对民国前期中国教育现代化起到了强有力的推动作用。孙广勇《社会变迁中的中国近代教育会研究》[②]，认为在近代社会转型所造成的不断变化的政治和经济形势下，“中国教育会”和中国教育界之各地教育会及其全国联合会是“合群”扩张自身力量的一种形式。兰军《民国时期中国教育在国际教育论坛上的展现——基于对国际教育组织及会议的考察》[③]，认为中国参与国际教育组织及会议，促进了国际教育运动的发展，向世界表达了中国的教育现状，以民族性教育贡献于世界文化。

利用民国时期各类期刊尤其是教育刊物，也是研究民国教育的一种方式。如喻永庆《〈中华教育界〉与民国时期教育改革》[④]，探讨了近代教育期刊在教育思想、教育内容、教育方法与教育技术方面的历史功绩。陶惠娟《〈东方杂志〉与民国教育》[⑤]，从《东方杂志》中研究民国教育，认为中国教育在由传统向现代化的转型中，经历了脱胎换骨的痛苦变革的过程，在教育变革之中蕴含了传统与现代文明的较量。

教育其他方面的研究，如刘玲玲[⑥]以《吴宓日记》为个案研究民国时期教授的生活。陈庆璠[⑦]研究了教育现代化进程中的乡村问题，认为新学教育体制的落实所引发的乡村社会变迁的深度和广度都是前所未有的。董应龙、朱家楷《浅析抗战前十年的民国教育》[⑧]，认为全面抗战前十年的民国教育资源分布不合理，学校教育呈现多元化的特征，教育思想的“百家争鸣”与独尊的“党化教育”并存。胡向东《民国时期中国考试制度的转型与重

① 王章峰：《民国前期教育团体研究（1912～1927）》，河北师范大学硕士学位论文，2006年。
② 孙广勇：《社会变迁中的中国近代教育会研究》，华中师范大学博士学位论文，2006年。
③ 兰军：《民国时期中国教育在国际教育论坛上的展现——基于对国际教育组织及会议的考察》，华中师范大学博士学位论文，2007年。
④ 喻永庆：《〈中华教育界〉与民国时期教育改革》，华中师范大学博士学位论文，2011年。
⑤ 陶惠娟：《〈东方杂志〉与民国教育》，山东师范大学硕士学位论文，2011年。
⑥ 刘玲玲：《民国时期教授的生活研究——以〈吴宓日记〉为个案》，东北师范大学硕士学位论文，2009年。
⑦ 陈庆璠：《近代新学体制与城乡分离的加剧——20世纪前期教育现代化进程中的乡村问题》，《福建论坛（人文社会科学版）》2005年第8期，第65—70页。
⑧ 董应龙、朱家楷：《浅析抗战前十年的民国教育》，《西昌学院学报（社会科学版）》2008年第1期，第67—71页。

构》[①]，认为民国考试制度转型的一个重要标志是文官考试和教育考试的判然两分。文官考试形成了中国历史上最为完备的考试体系、法规体系，建立了人类历史上第一个在行政权之外独立行使文官考试选拔、任用、考绩、奖惩等权力的专门考试和人事管理机构。张平海《中国教育早期现代化研究》[②]，认为中国教育的早期现代化是以1862年京师同文馆的创立为开端，是一个现代教育产生、发展、成熟的历史发展过程，是一个由被动到主动的变化过程。

（三）民国四川区域教育研究

专注于四川教育研究，且成果较丰的学者有熊明安、涂文涛、李定开等。熊明安、徐仲林、李定开《四川教育史稿》[③]，是一部贯通古今的四川教育史专著，内容丰富，分时期论及四川教育机构的设置、各级教育的发展情况、教育思想。涂文涛《四川教育史》（上下）[④]分别记述了古代、近代、当代四川教育的发展状况，勾勒出了四川教育发展的脉络及全过程，反映了各个历史时期四川教育的特点，总结了四川教育的成功经验与应当吸取的教训。李定开《重庆教育史》[⑤]，采用断代与专题相结合的体系，记述了重庆40余县从远古到2000年在各朝各代、各个历史时期的教育发展过程，构建了从古到今完整的教育发展体系。

研究四川教育的论文有：曾崇碧《20世纪30年代四川小学教师状况研究》[⑥]，认为20世纪30年代四川小学教师师资严重缺乏，总体水平差，小学教师职位无保障，经济待遇低，社会声望低。王芳《国民政府前期四川省中等师范教育发展述论（1927—1937年）》[⑦]，认为国民政府前期（1927—1937年）是师范教育重新走向独立的时期，四川省的中等师范教育不但在学校规模上比上一时期有所发展，在经费来源及分配、师范学校课程设置、考试及成绩评定等方面都开始向着规范化方向发展。端木凡义《国民政府时期重庆私立中

① 胡向东：《民国时期中国考试制度的转型与重构》，华中师范大学博士学位论文，2006年。
② 张平海：《中国教育早期现代化研究》，华东师范大学博士学位论文，2001年。
③ 熊明安、徐仲林、李定开主编：《四川教育史稿》，成都：四川教育出版社，1993年。
④ 涂文涛主编：《四川教育史》（上下），成都：四川教育出版社，2007年。
⑤ 李定开主编：《重庆教育史》，重庆：西南师范大学出版社，2006年。
⑥ 曾崇碧：《20世纪30年代四川小学教师状况研究》，四川大学硕士学位论文，2003年。
⑦ 王芳：《国民政府前期四川省中等师范教育发展述论（1927—1937年）》，西南大学硕士学位论文，2010年。

学发展探析》[①]，认为重庆的私立中学在清末就已经出现，在民国成立后也有所发展，特别是1927年国民政府成立，颁布了许多关于私立中学的法制法规，私立中学的发展才得以步入正轨。吴丽君《民国时期成都私立中学教育发展述论》[②]，认为从清末到中华人民共和国成立，成都的私立中学教育经历了萌芽、初步发展和持续发展几个阶段；私立中学的发展得益于政府对其实施的管理。朱艳林《近代四川官方改良私塾的努力及其成效》[③]，认为通过四川官方的努力，部分私塾被纳入官方系统，但受近代全国时局及四川特殊时势、风气的影响，改良效果不应被高估。

全面抗战时期，重庆成为陪都，四川教育进入一个飞跃发展期。一些学者对抗战大后方教育给予极大的关注，如吴文华《抗日战争时期西南大后方的职业教育》[④]，认为战时西南大后方在发展职业教育时，充分考虑到了抗战对各种实用人才的紧急需要，优先考虑军事及相关技术人才的培养，表现出战时的鲜明特色，在优先满足战争对技术人员需要的同时，也为地方经济建设提供了大量的技术人才。战时西南大后方职业教育取得的成就，开创了一个在落后地区发展职业教育成功的典范。刘晶《抗战时期大后方基础教育发展研究——以川、滇、黔三省为中心》[⑤]，认为抗战时期大后方基础教育是在以政府为主导、社会民众和各团体机构的大力参与之下展开的，具有开源挖潜教育资源、为抗战救国服务和重视社会实践等特色。张永民《抗战时期的西南边疆教育研究》[⑥]，认为抗战时期西南地区边疆教育的重要性日益为社会各界所关注，战时西南地区的边疆教育总体上出现了一次异常的、较大的发展。黄茂《抗战时期的医学高校迁川问题研究》[⑦]，认为医学高校在四川的建设发展，不仅保存了我国的医学教育实力，而且还对四川地区医学教育事业的拓展和现代医学的传播起到了不可估量的作用；从中国高等医学教育的总体进程看，迁川医学高校的发展成功完成了承上启下的历史任务，为战后高等医学教育的迅速恢复与发

① 端木凡义：《国民政府时期重庆私立中学发展探析》，西南大学硕士学位论文，2010年。
② 吴丽君：《民国时期成都私立中学教育发展述论》，四川大学硕士学位论文，2005年。
③ 朱艳林：《近代四川官方改良私塾的努力及其成效》，四川大学硕士学位论文，2006年。
④ 吴文华：《抗日战争时期西南大后方的职业教育》，广西师范大学硕士学位论文，2006年。
⑤ 刘晶：《抗战时期大后方基础教育发展研究——以川、滇、黔三省为中心》，西南大学硕士学位论文，2011年。
⑥ 张永民：《抗战时期的西南边疆教育研究》，贵州师范大学硕士学位论文，2007年。
⑦ 黄茂：《抗战时期的医学高校迁川问题研究》，四川大学硕士学位论文，2002年。

展奠定了基础。

陈建华、潘玉虹、谢新农等对四川的特殊教育进行了研究。陈建华、潘玉虹《民国时期四川特殊教育的实践与探索》①，认为四川特殊教育实践起步晚，抗战时期，四川特殊教育在全国所占比例明显增高，中国特殊教育事业初具规模，奠定了中华人民共和国成立后中国特殊教育的基础。陈建华《民国时期四川特殊教育研究》②，认为四川特殊教育形成了创办主体上公私俱备、教学内容上专业知识与职业训练并重、办学层次上小学到高中皆具的多元办学格局。谢新农《民国时期成都盲聋哑特殊教育》③，认为民国时期成都盲聋哑特殊教育具有明显的自身特点——特别重视"社会"和盲聋哑师资后备人才的培养。该项教育的开创和发展，培养了一批盲聋哑特殊教育人才，并使一批盲聋哑残儿童受到了教育，能够自立社会并能回报社会，从而产生了重要的意义。

此外，刘秀峰、廖其发《论民国时期四川乡村建设运动的特点》④，认为卢作孚领导的嘉陵江三峡乡村建设实验成为民国时期唯一没有中断，延续至中华人民共和国成立的乡村建设实验，是民国时期乡村建设运动最完整的历史记录；民国四川乡村建设运动几乎囊括了民国时期所出现的各种乡建模式，独树一帜；四川汇集了全国很多知名的乡村教育家和乡村教育运动团体；中国的乡村建设运动正是从四川走向世界的。

综上所述，对民国教育的研究虽涉及面广、内容丰富，但多是从教育学的视角研究教育发生发展的基本规律，缺乏多角度、多学科视域下的研究，且专注于民国四川地区的教育成果不多，因此，对民国时期四川教育地理的研究便具有重要的理论价值和现实意义。理论价值：教育地理主要探究教育与地理要素间的关系，既包括自然地理要素，也包括人文地理要素，从而既丰富了地理学的研究内容，也丰富了教育科学的学科体系，拓宽了教育科学的研究领域，并为其他教育科学分支学科的深化研究和发展提供了范例。现实意义："教育地理学研究的最基本任务是解决'是什么'

① 陈建华、潘玉虹：《民国时期四川特殊教育的实践与探索》，《康定民族师范高等专科学校学报》2006年第6期，第50—52页。

② 陈建华：《民国时期四川特殊教育研究》，四川大学硕士学位论文，2006年。

③ 谢新农：《民国时期成都盲聋哑特殊教育》，四川师范大学硕士学位论文，2005年。

④ 刘秀峰、廖其发：《论民国时期四川乡村建设运动的特点》，《重庆教育学院学报》2010年第4期，第58—60页。

的问题：即教育的空间性、地域性分布的基本规律是什么，影响因素是什么，等等。其次的任务才是解决‘怎么做’的问题：即教育地理学如何为教育规划、教育布局、区域教育发展等服务。”①运用历史学、地理学和区域研究的基本方法，着眼于四川区域，研究民国教育对我国当今学校教育的发展、学校空间分布，以及实现教育均衡及教育的可持续发展具有重要的现实意义。

## 三、相关概念及问题阐释

1. 四川的地理范围

秦统一全国后，在四川地区置巴郡、蜀郡。汉代四川被称为益州。唐置剑南道，后分为剑南西川道和剑南东川道，治所分别设于成都和三台。后唐玄宗对此区划作了调整，设置剑南西川道、剑南东川道和山南西道。其中，山南西道辖今陕南、川北地区，治所于汉中。这样，便有了“三川”的简称。到宋真宗时，又在益（成都）、梓（三台）、利（汉中）三州之外，新置夔州（奉节）。宋人将唐代的“三川”和宋代的“四路”相合，称“四川”。②元代正式建立四川行省，之后沿袭。

清宣统三年（1911 年），全省府级行政区有成都、龙安、重庆、夔州、绥定、保宁、潼川、顺庆、叙州、雅州、宁远、嘉定、巴安、康定、登科等 15 府，理番③、松潘、懋功、石柱等 4 直隶厅，绵州、茂州、忠州、酉阳、泸州、永宁、资州、邛州、眉州等 9 直隶州；县级政区有 11 厅、11 州、120 县。另在西康地区的乍丫、察木多设有理事官，在得荣、江卡、贡觉、桑昂、杂瑜、三岩、甘孜、章谷、道坞、瞻对等地设有委员。辖区大致相当于今四川省（除攀枝花市金沙江以南地区）、重庆市全境，西藏自治区的江达、贡觉、江卡一线以东，青海黄河以南的久治、达日等县区域。④

民国时期，四川的行政区划发生了三次较大的变化：

1914 年，四川省分 5 道（西川道、建昌道、永宁道、嘉陵道、东川道）、1 区（川边特别区）、163 县，将康定、安良、化林、雅江、道孚、理化、怀

① 曹照洁、张正江：《教育地理学研究的现状、问题与出路》，《毕节学院学报》2010 年第 12 期，第 91—96 页。

② 蓝勇编著：《中国历史地理学》（第二版），北京：高等教育出版社，2010 年，第 203 页。

③ 理番 1946 年改为理县，下文论述及表格中依据时间顺序名称不同。

④ 周振鹤主编，傅林祥、郑宝恒著：《中国行政区划通史 • 中华民国卷》，上海：复旦大学出版社，2007 年，第 220 页。

柔、定乡、稻城、贡噶、巴安、义敦、德荣、武成、盐井、宁静、昌都、察雅、贡县、察隅、科麦、恩达、邓科、甘孜、炉霍、石渠、德格、白玉、同普、丹巴、嘉黎、硕督、太昭等县划属川边特别区。

1935 年 6 月，四川正式实施行政督察区制，共辖 2 市（成都市、重庆市）、18 行政督察区（另设西康行政督察区）、148 县 2 局（金汤、宁东），如表 0-1 所示[①]。每区设置专员公署作为省政府的派出单位，分辖各县，以控制地方力量。

**表 0-1　1935 年四川行政区划情况表**

| 区名 | 县名 |
|---|---|
| 第一行政督察区 | 温江、成都、华阳、灌县、新津、崇庆、新都、郫县、双流、彭县、新繁、崇宁 |
| 第二行政督察区 | 资中、资阳、内江、荣县、仁寿、简阳、威远、井研 |
| 第三行政督察区 | 永川、巴县、江津、江北、合川、荣昌、綦江、大足、璧山、铜梁 |
| 第四行政督察区 | 眉山、蒲江、邛崃、大邑、彭山、洪雅、夹江、青神、丹稜 |
| 第五行政督察区 | 乐山、屏山、马边、峨边、雷波、犍为、峨眉 |
| 第六行政督察区 | 宜宾、南溪、庆符、江安、兴文、珙县、高县、筠连、长宁 |
| 第七行政督察区 | 泸县、隆昌、富顺、叙永、合江、纳溪、古宋、古蔺 |
| 第八行政督察区 | 酉阳、涪陵、丰都、南川、彭水、黔江、秀山、石柱 |
| 第九行政督察区 | 万县、奉节、开县、忠县、巫山、巫溪、云阳、城口 |
| 第十行政督察区 | 大竹、渠县、广安、梁山、邻水、垫江、长寿 |
| 第十一行政督察区 | 南充、岳池、蓬安、营山、南部、武胜、西充、仪陇 |
| 第十二行政督察区 | 遂宁、安岳、中江、三台、潼南、蓬溪、乐至、射洪、盐亭 |
| 第十三行政督察区 | 绵阳、绵竹、广汉、安县、德阳、什邡、金堂、梓潼、罗江 |
| 第十四行政督察区 | 剑阁、苍溪、广元、江油、阆中、昭化、彰明、北川、平武 |
| 第十五行政督察区 | 达县、巴中、开江、宣汉、万源、通江、南江 |
| 第十六行政督察区 | 茂县、理番、懋功、松潘、汶川 |
| 第十七行政督察区 | 雅安、汉源、天全、名山、宝兴、芦山、荥经、金汤 |
| 第十八行政督察区 | 西昌、会理、越嶲、冕宁、盐源、盐边、昭觉、宁南、宁东 |
| 西康行政督察区 | 康定、泸定、炉霍、甘孜、瞻化、白玉、德格、邓柯、石渠、丹巴、道孚、九龙、雅江、理化、定乡、巴安、得荣、稻城、义敦 |

1939 年西康省正式设置，将原第十七、第十八行政督察区的雅安、天全、荥经、芦山、汉源、宝兴、西昌、冕宁、盐源、昭觉、会理、盐边、越嶲、宁南等县及金汤设治局、宁东设治局划属西康省。同年，重庆改置为中央直辖市，作为国民政府的陪都，并将巴县沙坪坝、磁器口、小龙坎、

① 周振鹤主编，傅林祥、郑宝恒著：《中国行政区划通史·中华民国卷》，上海：复旦大学出版社，2007 年，第 234—236 页；蒲孝荣：《四川政区沿革与治地今释》，成都：四川人民出版社，1986 年，第 492—501 页。

歌乐山、石桥场、九龙铺、黄葛垭、唐家沱、寸滩、香国寺等地划归重庆市。1939年9月自贡市正式成立，直隶四川管辖。当时，西康省另有藏军占领区的昌都、同普、盐井、恩达、宁静、察雅、武成、贡县、硕督、嘉黎、太昭、科麦、察隅等13县，均在今西藏自治区境内，本书研究的范围不涉及该区域。

本书研究的范围，以民国二十四年（1935年）四川行政区管辖的范围为基准。即使重庆中央直辖市和西康省成立后，仍算作本书的研究范畴，其统计数据仍算作四川地区。

2.“历史教育地理学”与学校分布

何为教育？古今中外学者有诸多诠释。“教育”一词最早出现于《孟子·尽心篇》：“君子有三乐……父母俱在，兄弟无故，一乐也。仰无愧于天，俯不怍于人，二乐也；得天下英才之教育之，三乐也。君子有三乐，而王天下不与存焉。”西方哲学家苏格拉底认为教育就是传授知识。现代教育学者凯洛夫认为教育就是有目的、有计划地实现对青年一代影响的过程。[①]《教育大辞典》在此基础上将其定义为：教育是传递社会生活经验并培养人的社会活动。广义上的教育泛指影响知识、技能、身心健康、思想品德的形成和发展的各种活动。狭义上的教育主要指学校教育，即根据一定社会要求和受教育者发展的要求，有目的、有计划、有组织地对受教育者施加影响，把他们培养成一定社会（或阶级）所需要的人的活动。[②]教育按施教环境可分为学校教育、社会教育和家庭教育；按学段可分为初等教育、中等教育和高等教育。教育活动与生产活动、政治活动、经济活动等一样，作为人类基本社会实践活动之一，是在一定的地理环境中进行的。因此，教育亦具有空间性、地域性。

“教育地理学”一词是美国约翰斯·霍普金斯大学教授威尔塞（E. C. Walther）于1932年出版的《教育地理学导论》（*An Introduction to Educational Geography*）一书中提出的。[③]教育地理学属于人文地理学的分支学科，因此，人文地理学的基本理论也适用于教育地理学。人文地理学的理论如区位论、行为论、文化景观论、人地关系论等，其中“人地关系论应是人文地理学的重要理论”，

① 〔苏〕伊·阿·凯洛夫总主编：《教育学》，陈侠、朱智贤、邵鹤亭，等译，北京：人民教育出版社，1957年，第14页。
② 教育大辞典编纂委员会编：《教育大辞典》，上海：上海教育出版社，1990年，第3页。
③ 罗明东：《教育地理学》，昆明：云南大学出版社，2003年，第23页。

因为“人地关系是一种普遍存在的客观关系，是人文地理学研究的中心课题”。[①]“教育地理学的研究对象，包含两个主要的内在系统，即教育的结构系统和地理的地域系统，最后综合构成教育地理学的研究对象——教育地域系统。”[②]

郑家福教授认为：“历史教育地理学是研究历史时期教育及其各要素（如书院、儒学等）的空间分布、变迁规律及其与地理环境的相互关系的一门学科。”[③]它是一门交叉科学，既属于历史地理学范围，又属于教育史范畴，以地理学的视角研究历史时期的教育问题。人类教育活动具有空间特性和地域特性[④]，“教育与地理环境的关系问题是教育地理学研究的核心问题：教育活动的地理现象是教育与地理环境关系的具体表现”[⑤]。因此，深入“探讨教育与地理环境的关系，亦即是对教育地理问题本质和规律的追求”[⑥]。

“教育活动作为人的群体活动的一种特殊类型，也同样深受地理环境——自然地理环境、人文地理环境和综合自然地理环境的影响。这一影响主要表现为：①教育者的教育观念、教育行为等都受其所处的地理环境的影响，亦会将这种影响带入教育过程中，进而影响教育活动；②受教育者的认知过程、思辨过程以及受它们影响的行为方式选择等，除受教育者的影响，也同样被他们所处的地理环境所规范；③教育的其他条件，如教育经费、校区及其布局、办学条件等的区域状况，是与区域的气候与地形等形成的自然地理环境、社会发展状况与文化氛围等形成的人文地理环境、经济发展水平与工业化阶段等形成的经济地理环境以及它们共同形成的综合自然地理环境密切相关的，并且在一定程度上无法逾越这一环境的限制。”[⑦]

近代以来，随着社会生产力的发展，人类超空间的活动能力大大增强，“教育活动及学校的选址似乎较少地直接依赖于自然地理环境，更多地与人类其他人文因素直接相关，如社会的政治、经济、文化，但是，从总体上看，这只不过是换了一种影响方式而已。社会越发展，地理环境就越从更深层次、

① 赵荣、王恩涌、张小林，等：《人文地理学》，北京：高等教育出版社，2006 年，第 40 页。
② 伊继东、姚辉：《教育地理学研究对象及内容的思考》，《云南师范大学学报（哲学社会科学版）》2012 年第 2 期，第 67—72 页。
③ 郑家福、伍育琦、陈国生，等：《中国历史教育地理新探索》，北京：中央文献出版社，2007 年，第 3 页。
④ 张正江：《教育地理学与中国教育的地理问题探究》，《长江师范学院学报》2012 年第 8 期，第 10 页。
⑤ 罗明东：《教育地理学》，昆明：云南大学出版社，2003 年，第 2 页。
⑥ 罗明东：《教育地理学》，昆明：云南大学出版社，2003 年，第 2 页。
⑦ 伊继东、姚辉：《教育地理学研究对象及内容的思考》，《云南师范大学学报（哲学社会科学版）》2012 年第 2 期，第 71 页。

更复杂的水平上制约人类一切活动乃至教育。如城市化进程的快速推进；乡、镇等集聚中心形式的增加；学校更多地设置在人们活动的不同层次的中心地带；形成教育的网络化地域分布结构等，这本身就是一种复杂的人文地理现象”①。因此，从总体上看，地理环境对教育的影响主要以物质生产活动或劳动和人口生产活动为中介。但是，与人类精神生产活动中的哲学、艺术等上层建筑领域的活动相比，人类教育活动是一种特殊的精神生产活动。其独特性与人类物质生产活动或劳动同人口生产活动的特殊关系密切相关，并由此决定了地理环境与教育相互作用机制的独特性。②

随着近二三十年来人文地理学的兴起，历史地理学者对教育地理的研究亦表现出了浓厚的兴趣，如《上海教育资源》（地图集）③和《中国教育地图集》④的出版。《上海教育资源》（地图集）对上海教育的整体情况、区县、部门专业以及大、中、小学校教育应用地图进行了描绘。《中国教育地图集》反映了我国教育发展的历史、现状和趋势，以及我国教育发展与经济、人口发展水平之间的关系，反映了不同区域教育发展的水平与特征。史念海先生的《论〈三国志〉及〈晋书〉列传人物籍贯的地理分布》⑤和《两〈唐书〉列传人物本贯的地理分布》⑥、华林甫教授的《论唐代宰相籍贯的地理分布》⑦、蓝勇教授《西南历史文化地理》中的“历史时期西南教育地理”专章⑧、崔正德和曹正庆教授的《宋明时期江西人才盛况及原因》⑨等，探讨了人才分布与政治、经济、文化和地理环境的关系。这些成果为后来的研究提供了范式，进一步推动了教育地理学研究的发展。

学校作为教育的主要机构，是历史教育地理学研究的重要内容。本书所指的学校，是指国民教育序列的初等教育、中等教育和高等教育的学校，从办学方式看，既包括国家和地方政府创立的公办学校，也包括私人捐资创办的私立学校。学校分布即学校的时空分布，笔者将其置于四川教育的大背景下去审视与评析，探讨学校分布与区域教育中心的变化关系，进而认识地理

① 罗明东：《教育地理学》，昆明：云南大学出版社，2003 年，第 6—7 页。
② 罗明东：《教育地理学》，昆明：云南大学出版社，2003 年，第 40—41 页。
③ 肖学金主编，《上海教育资源》编辑委员会编：《上海教育资源》（地图集），上海：上海教育出版社，1991 年。
④《中国教育地图集》编纂委员会：《中国教育地图集》，上海：上海科学技术出版社，1995 年。
⑤ 史念海：《论〈三国志〉及〈晋书〉列传人物籍贯的地理分布》，《浙江大学学报》1993 年第 3 期。
⑥ 史念海：《两〈唐书〉列传人物本贯的地理分布》，《河山集•五集》，太原：山西人民出版社，1991 年。
⑦ 华林甫：《论唐代宰相籍贯的地理分布》，《史学月刊》1995 年第 3 期，第 30—35 页。
⑧ 蓝勇：《西南历史文化地理》，重庆：西南师范大学出版社，1997 年。
⑨ 崔正德、曹正庆：《宋明时期江西人才盛况及原因》，《教育史研究》1993 年第 1 期，第 51—57 页。

环境对教育的深刻影响。

3. 民国教育的分期问题

1912—1949 年的民国教育，伴随着中国社会巨大的转型，经历了从传统教育向现代教育的蜕变，其“对传统教育的摒弃与继承、否定与弘扬，对西方教育的接纳与排拒、移植与抗阻，对民国教育的构思与运作、试验与调整，交织成一幅错综复杂、色彩斑斓的历史画卷”①。为了更透彻地认识这一时期的教育，对其进行科学分期无疑十分重要。

以己所见的中国近现代史和民国教育史的论著中，对民国教育的分期大致可以归纳为以下几种类型：

第一，采用革命史范式和传统的中国近现代史的分期方法，以五四运动为界标，将 1840 以来的中国教育，分为旧民主主义教育和新民主主义教育两个时期。如陈景磐《中国近代教育史》，认为五四运动爆发后，中国文化教育从此开始有了一个新的转变，在无产阶级领导下，从旧民主主义的文化教育转变为新民主主义的文化教育。②

第二，以民国时期中央政权的更替作为分期的方法。如熊明安《中华民国教育史》，将民国教育分为三个阶段来研究。③

第三，以教育自身的发展变化作为分期的方法。如陈启天把中国近代教育划分为萌芽时期（1842—1894 年）、建立时期（1894—1911 年）、改造时期（1912—1949 年）。④郑世兴将中国近代教育划分为轫始期（1862—1911 年）、盘旋期（1912—1927 年）、植基期（1927—1937 年）、挫折期（1937—1949 年）。⑤李华兴将教育功能置于社会转型的大系统中进行考察，将民国教育分为五个时期：由传统教育向近代教育转化（1862—1911 年）、民国教育的创始（1912—1915 年）、新文化运动与教育改革（1915—1927 年）、民国教育的发展与定型（1927—1937 年）、民国教育的演进与衰落（1937—1949 年）。⑥谢文庆将近代教育分成三个阶段，1862—1903 年为教育现代化起步与初步发展时期，1904—1927 年为教育现代化的制度化发展时期，1927—1949 年为教育现代化深入探索与路径分化时期，形成了新式教育的形式化、制度化、本土化的三次超越。⑦

---

① 李华兴主编：《民国教育史》，上海：上海教育出版社，1997 年，第 1 页。
② 陈景磐编：《中国近代教育史》，北京：人民教育出版社，1979 年，第 166 页。
③ 熊明安：《中华民国教育史》，重庆：重庆出版社，1997 年。
④ 陈启天：《近代中国教育史》，台北：中华书局，1979 年。
⑤ 郑世兴：《中国现代教育史》，台北：三民书局股份有限公司，1981 年。
⑥ 李华兴主编：《民国教育史》，上海：上海教育出版社，1997 年。
⑦ 谢文庆：《试论中国近代教育史的主线与分期》，《教育史研究》2012 年第 2 期，第 1—4、92 页。

另外，四川教育的研究著作中，熊明安等的《四川教育史稿》根据民国历史发展的特点，将1927年南京国民政府成立作为分界线，将民国时期划分为民国前期（1912—1928年）和民国后期（1928—1949年）。[①]涂文涛的《四川教育史》，将近代四川教育划分为晚清时期的近代教育（1840—1911年）、民国初年的四川教育（1912—1918年）、五四及民国前期的四川教育（1919—1926年）、军阀统治时期的四川教育（1927—1936年）、全面抗战时期的四川教育（1937—1945年）、解放战争时期的四川教育（1946—1949年）。[②]李双龙将民国时期四川教育发展划分为民国初期（1912—1918年）初步勃兴、防区制时期（1919—1936年）缓慢发展、全面抗战时期（1937—1945年）内迁兴盛、抗战以后（1946—1949年）走向衰落等四个阶段。[③]

上述分类方法，充分表明了历史观对教育史研究的重大影响。第一种和第二种分期方法，是以传统的革命史和行政史范式进行教育史的分期。笔者更认同以教育自身的发展变化作为分期的方法，这也是目前学界进行民国教育研究的主流方法。

民国时期的四川地区教育，除具有民国教育“从传统教育向现代化教育转变”的普遍特点外，还有其自身的独特性。全面抗战时期教育文化机关的内迁对四川教育发展的强大催化作用是有目共睹的。民国建立后，四川教育伴随着社会的巨大转型，从传统私塾式的教育逐渐向近代教育迈进。全面抗战爆发后，由于大量的教育文化事业机关的内迁和四川经济的发展，四川教育实现了历史上空前的飞跃和大发展，特别是高等教育，其办学规模达到中国近代史上四川的最高水平。由于内站的爆发，四川地区的教育深受影响，进入萎缩期。故本书将全面抗战作为四川地区教育的一个重要分水岭，将民国时期四川地区教育划分为三个阶段：初步发展期（1912—1937年）、兴盛期（1938—1945年）和萎缩期（1946—1949年）。

## 四、研究思路与方法

### （一）研究思路

教育是根据一定社会（或阶级）的要求，有目的、有计划、有组织地对受教育者的身心施加影响，将其培养成一定社会（或阶级）所需要的人的活

① 熊明安、徐仲林、李定开主编：《四川教育史稿》，成都：四川教育出版社，1993年。
② 涂文涛主编：《四川教育史》，成都：四川教育出版社，2007年。
③ 李双龙：《民国四川教育经费探析》，四川大学硕士学位论文，2002年。

动。由于教育的主阵地是学校，因此本书论及的教育主要是学校教育。按初等教育（小学）、中等教育（中学、中师、中职）和高等教育等分别论述。

（1）复原民国时期四川地区的学校分布：以时间为轴，按三个阶段分别复原四川的初等教育、中等教育和高等教育等的基本情况及学校的地理分布。

（2）民国时期四川地区教育经历了38年的发展历程，在时间序列上具有阶段性特征，每一时期其发展的内涵和特征各异。在空间布局上，不同的地理环境对教育产生了重大的影响，形成了不同的教育分区。

（3）分析民国时期四川地区的学校分布特点及其教育与地理要素的函数关系。四川教育的发展与四川地区的自然地理环境、政治、经济、交通、文化基础等因素息息相关，探寻其关系，便于更深入理解和总结四川教育发展的轨迹。

（4）分析自汉晋以来四川地区教育中心的变化轨迹，同时将民国四川地区教育置于中国近代教育发展的大背景中，在四川区域内部比较的基础上，将四川地区与全国其他区域进行横向对比，从而认识民国四川教育在中国历史上所具有的特殊地位和突出贡献。

教育发展是一个动态的演变过程，为便于把握四川地区学校教育变迁轨迹，总结四川地区教育的时空分布特点，本书在将四川地区教育划分为三个阶段的情况下，重点选择1936年、1941年和1946年（个别学段的年份略有调整）的学校分置情况进行全面剖析，分析学校分布特点、变迁及其原因。

### （二）研究方法

#### 1. 历史文献研究法

著名历史学家汤因比认为，概括观察和研究事物有三种方法，“第一种方法是考核和记录‘事实’；第二种方法是通过已经确立了的事实的比较研究来阐明一些一般的‘法则’；第三种方法是通过‘虚构’的形式把那些事实来一次艺术的再创造”①。考核和记录事实是历史文献研究最为基础的方法。为真实复原民国时期四川教育的基本情况，笔者收集了大量民国时期的报刊、教育文献和民国教育部、四川省教育厅各类统计报表，在此基础上，总结民国教育的基本特点及其与地理环境的关系。

#### 2. 计量分析法

计量分析法是用统计推论方法对变量之间的关系做出数值估计的一种数量分析方法。“历史学的计量分析方法，是指把数学方法特别是数理统计方法

① 〔英〕汤因比著，〔英〕索麦维尔节录：《历史研究》，曹未风、徐怀启、乐群，等译，上海：上海人民出版社，1966年，第54页。

运用于历史研究的一种方法。”[①]这种方法有助于把传统史学中常见的定性论断中隐含着的模糊的数量判断明晰化，从而对那些包含着模糊的数量判断的定性论断加以验证，或予以确证，或加以修正，或予以否定，并在此基础上提出新论断。[②]本书通过统计四川各时期学校数量的变化，分析学校数量变化与政治、经济、文化、人口、交通等变量的关系，从而构建民国时期四川地区教育与地理环境要素的相关性。

3. 历史比较研究方法

历史比较研究是指运用某种理论和方法对各种历史现象的异同及其原因进行实证的比较研究的实践。它包括对各种历史现象进行时间序列上的前后阶段的纵向比较（又称历时性比较或垂直比较），或空间序列上的同一阶段的横向异同比较（又称共时性比较或水平比较）两种。[③]本书将民国时期的四川地区教育划分为三个阶段，以纵向比较为主，兼及横向水平参考，将四川地区教育置于中国近代历史变迁的大背景中，以人地关系理论、地理区位论、生态学理论和区域发展理论为基础，认识四川地区教育的变迁及其原因。

① 庞卓恒、李学智、吴英：《史学概论》，北京：高等教育出版社，2006 年，第 280 页。
② 庞卓恒、李学智、吴英：《史学概论》，北京：高等教育出版社，2006 年，第 285 页。
③ 庞卓恒、李学智、吴英：《史学概论》，北京：高等教育出版社，2006 年，第 271 页。

# 第一章　1912—1937年四川地区之学校分布

1892 年，川东道黎庶昌设洋务学堂于重庆，授西文西学，这是四川最早兴办的新式学堂。1896 年，四川总督鹿传霖在成都开创中西学堂，“分课华文、西文、算学”。1897—1898 年，川东副使又在重庆兴办中西学堂，此外，江津、资州、遂宁、荣县等地也先后开设各种新式学堂。[①]诸学堂的兴办，标志着四川新式教育的兴起。1905 年，清政府下诏“停岁科考试专办学堂”，废除了沿袭千余年的科举取士制度，这无疑是教育史的重大改革，直接推动了四川新教育的发展。1901—1911 年，四川形成了兴办新式学堂的高潮。至 1911 年，“根据提学使署纪录，共有男女学校 11 224 所，学生 338 078 人，男女教师 15 291 名，另有校长和督学 7600 名”[②]。

## 第一节　初等教育之学校分布

### 一、小学发展概况

清末，四川省开始办近代小学。“光绪二十四年（1898 年），清帝谕各省府厅州县改书院设学堂。光绪二十七年（1901 年），巴县设丰盛小学堂和开智小学堂。彭县九峰山书院改设经纬学堂。光绪二十八年（1902 年）颁布《钦定学堂章程》。巴县又设光国小学堂（原名正蒙公塾），蒲江县设高等小学堂，成都府回民设清真小学堂。光绪二十九年（1903 年）初，四川总督饬各州县应开办高等小学堂、寻堂小学堂及蒙学堂。”[③]“总督又令各属遵照新章规定，

① 四川省地方志编纂委员会编：《四川省志·教育志》（上），北京：方志出版社，2000 年，第 5 页。
② 四川省地方志编纂委员会编：《四川省志·教育志》（上），北京：方志出版社，2000 年，第 5 页。
③ 四川省教育委员会编：《四川省志·教育志》（普通教育第一辑），第 17 页。

速将蒙学堂归并入初等和高等小学堂。”[①]“彭县将经纬学堂改为高等小学堂，涪陵县创立官立高等小学堂，华阳县潜江书院、灌县岷江书院、邛州鹤山书院等，相继改为官立高等小学堂。”[②]据统计，至 1903 年全省共有小学 23 堂，其中官立高等小学 12 堂，两等小学 2 堂，初等小学 1 堂；公立两等小学 2 堂，初等小学 4 堂；私立高等小学 1 堂，两等小学 1 堂。[③]

光绪三十年（1904 年）至三十四年（1908 年），四川内地各府厅州县纷纷于城乡设立小学，其中重庆、成都两府所属之州县设立的小学最多。如至光绪三十一年（1905 年）巴县有各类学堂百余处，合川各类学堂达 106 堂。之后，开办新学逐渐由内地向少数民族地区之厅州县扩展，先是越嶲、西昌、会理、盐源，接着是打箭炉（今康定）、炉霍、理塘、巴塘及懋功等地。到光绪三十四年（1908 年），全省共有各类小学 8762 堂，其中，高等小学 221 堂，两等小学 360 堂，初等小学 8022 堂，半日小学 159 堂，共有学生 255 310 人，教职员 15 613 人，另有女子小学 84 堂。至宣统二年（1910 年），已设立四年制简易小学 1284 堂，三年制简易小学 1664 堂。加上初等完全科小学、高等小学、两等小学及半日学堂、女子小学等，全省官、公、私立各类小学共计 12 627 堂，男女学生 341 738 人，教职员 22 890 人。小学数量之多，名列全国各省之冠。[④]

1913 年，遵教育部令，四川各县改“学堂”为“学校”，小学分初等小学和高等小学。1914 年，四川省立中城、南城、西城初等高等小学设立，是为四川省省立小学之始。据 1914 年调查，全省公私立小学达 1 万所，学生 34.5 万人。[⑤]

1915 年，四川初等教育学校有 1.47 万所，学生 45.6 万人。其中，公私立初等小学 1.38 万所，学生 41.3 万人；高等小学 815 所，学生 3.8 万人；其他小学校 137 所，学生 3520 人。[⑥]

1916 年，四川共计小学 1.5 万所，学生 46.1 万人。[⑦]

1919 年，全省公私立小学达到 15 450 所（含女校 502 所），在校学生 512 784

① 四川省地方志编纂委员会编：《四川省志・教育志》（上），北京：方志出版社，2000 年，第 94 页。
② 四川省教育委员会编：《四川省志・教育志》（普通教育第一辑），第 17 页。
③ 四川省教育委员会编：《四川省志・教育志》（普通教育第一辑），第 17 页。
④ 四川省教育委员会编：《四川省志・教育志》（普通教育第一辑），第 17 页。
⑤ 柯嘉兆：《四川初等教育之历史叙述》，《教育视导通讯》第 19、20 期特辑，1941 年。
⑥ 教育部编：《中华民国第三次教育图表》，台北：文海出版社，1915 年，第 33、45 页。
⑦《全国教育行政会议各省区报告汇录》（四川部分），1916 年，第 3 页。

人，教职员 22 723 人，同宣统二年（1910 年）相比，学校增长了 22.3%，学生增长了 50%。①

1922 年，教育部咨各省区实行《学校系统改革案》(即“壬戌学制”，亦称新学制），四川省于 1924 年底开始推行，将国民学校改为初级小学校，高等小学改为高级小学。小学六年实行四二分段。1924 年新学制施行后，四川的初等教育又得到较大的发展，当时四川 148 县零三屯中，除雷波、昭觉、懋功、宁南四县以及崇化、抚边两屯，由于地处偏僻，仅设有初级小学外，其余各县、屯均办有两级小学，总计有小学 145 所。②当时“就学儿童日多，在私塾者也相率转入小学。于是都市小学，遂有人满之患，试以成、渝、万各地小学言之，每届招生，常苦不能悉数容纳，母携其子，兄扶其弟，徘徊校门，累日而不得入”③。

1931 年，四川小学共计 19 375 所，其中公立小学 15 117 所，私立小学 4258 所；学级共 54 606 级；入学儿童 876 234 人；教职员 39 943 人。④

1935 年，小学教育得以整理，同时推行义务教育，开设短期小学、简易小学，改良私塾，增设普通小学，扩充数量，发展小学教育。至 1937 年，全省公私立完全小学达 17 857 所，连同短期小学、简易小学，共计 24 474 所，在校学生 189 万人，教职员 50 232 人，按当时四川省面积和人口计算，平均每 100 平方公里约有小学 8 所，每 100 人中约有小学生 4 人。⑤与此同时，雷波、马边、屏山、峨边、松潘、理番、茂县、懋功、靖化等 9 县设置省立边民小学各 1 所。⑥

综上所述，民国建立后，四川小学学校数量总趋势是不断上升的。民国初建，政局动荡，故 1914 年学校数比清末的 1910 年略有减少。1915—1919 年，小学学校数稳中小有增加。1931 年，小学数量发生了较大变化，比 1919 年增加了近 4000 所。1936 年、1937 年小学学校数量实现了又一次较大增长，1937 年已接近 25 000 所，比 1914 年增加了近 15 000 所（图 1-1）。

① 四川省地方志编纂委员会编：《四川省志·教育志》(上)，北京：方志出版社，2000 年，第 95 页。
② 熊明安、徐仲林、李定开主编：《四川教育史稿》，成都：四川教育出版社，1993 年，第 246 页。
③ 逸民：《四川小学教育之检讨》，《四川教育评治月刊》第 2 期。
④ 教育部编：《全国初等教育统计》，南京：京华印书馆，1935 年，第 37—38 页。
⑤ 柯嘉兆：《四川初等教育之历史叙述》，《教育视导通讯》第 19、20 两期特辑，1941 年，第 47 页。
⑥ 四川省教育委员会编：《四川省志·教育志》(普通教育第一辑)，第 19 页。

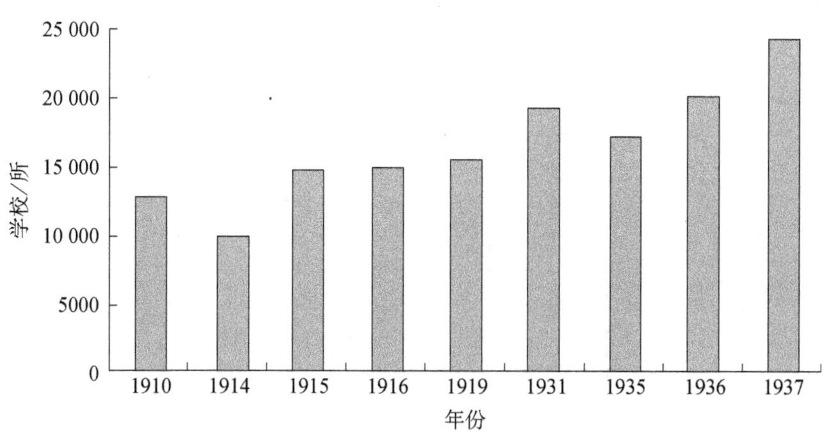


图 1-1　1910—1937 年四川小学数量变化图

## 二、小学学校分布及其特点

### （一）学校分布

1935 年四川（不含西康）小学学校统计，如表 1-1 所示。

**表 1-1　1935 年四川（不含西康）小学学校统计表**　（单位：所）

| 区名 | 县名 | 小学学校数量 |
|---|---|---|
| 第一行政督察区 | 温江 | 84 |
| | 成都 | 56 |
| | 华阳 | 134 |
| | 灌县 | 110 |
| | 新津 | 64 |
| | 崇庆 | 97 |
| | 新都 | 100 |
| | 郫县 | 56 |
| | 双流 | 49 |
| | 彭县 | 140 |
| | 新繁 | 80 |
| | 崇宁 | 33 |
| | 计 | 1003 |
| 第二行政督察区 | 资中 | 210 |
| | 资阳 | 276 |
| | 内江 | 120 |
| | 荣县 | 161 |
| | 仁寿 | 260 |
| | 简阳 | 230 |
| | 威远 | 145 |
| | 井研 | 722 |
| | 计 | 2124 |

续表

| 区名 | 县名 | 小学学校数量 |
|---|---|---|
| 第三行政督察区 | 巴县 | 389 |
| | 永川 | 80 |
| | 江津 | 369 |
| | 江北 | 110 |
| | 合川 | 340 |
| | 荣昌 | 173 |
| | 綦江 | 120 |
| | 大足 | 199 |
| | 璧山 | 20 |
| | 铜梁 | 146 |
| | 计 | 1946 |
| 第四行政督察区 | 眉山 | 106 |
| | 蒲江 | 55 |
| | 邛崃 | 156 |
| | 大邑 | 107 |
| | 彭山 | 47 |
| | 洪雅 | 24 |
| | 夹江 | 77 |
| | 青神 | 45 |
| | 丹稜 | 65 |
| | 计 | 682 |
| 第五行政督察区 | 乐山 | 245 |
| | 屏山 | 40 |
| | 马边 | 11 |
| | 峨边 | 18 |
| | 雷波 | 12 |
| | 犍为 | 237 |
| | 峨眉 | 84 |
| | 计 | 647 |
| 第六行政督察区 | 宜宾 | 170 |
| | 南溪 | 60 |
| | 庆符 | 50 |
| | 江安 | 30 |
| | 兴文 | 33 |
| | 珙县 | 36 |
| | 高县 | 89 |
| | 筠连 | 72 |
| | 长宁 | 84 |
| | 计 | 624 |

续表

| 区名 | 县名 | 小学学校数量 |
|---|---|---|
| 第七行政督察区 | 泸县 | 470 |
| | 隆昌 | |
| | 富顺 | 176 |
| | 叙永 | 74 |
| | 合江 | 88 |
| | 纳溪 | 35 |
| | 古宋 | 42 |
| | 古蔺 | 50 |
| | 计 | 935 |
| 第八行政督察区 | 酉阳 | 6 |
| | 涪陵 | 170 |
| | 丰都 | 212 |
| | 南川 | 91 |
| | 彭水 | 54 |
| | 黔江 | 115 |
| | 秀山 | 92 |
| | 石柱 | 22 |
| | 计 | 762 |
| 第九行政督察区 | 万县 | 205 |
| | 奉节 | 77 |
| | 开县 | 111 |
| | 忠县 | 149 |
| | 巫山 | 44 |
| | 巫溪 | 48 |
| | 云阳 | |
| | 城口 | 53 |
| | 计 | 687 |
| 第十行政督察区 | 大竹 | 300 |
| | 渠县 | 280 |
| | 广安 | 230 |
| | 梁山 | 5 |
| | 邻水 | 206 |
| | 垫江 | 71 |
| | 长寿 | 169 |
| | 计 | 1261 |

续表

| 区名 | 县名 | 小学学校数量 |
|---|---|---|
| 第十一行政督察区 | 南充 | 608 |
| | 岳池 | 252 |
| | 蓬安 | 377 |
| | 营山 | 89 |
| | 南部 | 471 |
| | 武胜 | 78 |
| | 西充 | 385 |
| | 仪陇 | 65 |
| | 计 | 2325 |
| 第十二行政督察区 | 遂宁 | 49 |
| | 安岳 | 541 |
| | 中江 | 212 |
| | 三台 | 352 |
| | 潼南 | 142 |
| | 蓬溪 | 226 |
| | 乐至 | |
| | 射洪 | 168 |
| | 盐亭 | 402 |
| | 计 | 2092 |
| 第十三行政督察区 | 绵阳 | 150 |
| | 绵竹 | 101 |
| | 广汉 | 80 |
| | 安县 | 48 |
| | 德阳 | 78 |
| | 什邡 | 45 |
| | 金堂 | 200 |
| | 梓潼 | 99 |
| | 罗江 | |
| | 计 | 801 |
| 第十四行政督察区 | 剑阁 | 155 |
| | 苍溪 | 61 |
| | 广元 | 10 |
| | 江油 | 209 |
| | 阆中 | 314 |
| | 昭化 | 117 |
| | 彰明 | 106 |
| | 北川 | 60 |
| | 平武 | 91 |
| | 计 | 1123 |

续表

| 区名 | 县名 | 小学学校数量 |
|---|---|---|
| 第十五行政督察区 | 达县 | 249 |
| | 巴中 | 248 |
| | 开江 | 174 |
| | 宣汉 | 194 |
| | 万源 | 51 |
| | 通江 | 73 |
| | 南江 | 64 |
| | 计 | 1053 |
| 第十六行政督察区 | 茂县 | 20 |
| | 理番 | 6 |
| | 懋功 | |
| | 松潘 | |
| | 汶川 | 2 |
| | 靖化 | |
| | 计 | 28 |
| 第十七行政督察区 | 雅安 | 88 |
| | 汉源 | 119 |
| | 天全 | 42 |
| | 名山 | 95 |
| | 宝兴 | 10 |
| | 芦山 | 28 |
| | 荥经 | 61 |
| | 金汤 | |
| | 计 | 443 |
| 第十八行政督察区 | 西昌 | 140 |
| | 会理 | 144 |
| | 越嶲 | 63 |
| | 冕宁 | 34 |
| | 盐源 | 66 |
| | 盐边 | 5 |
| | 昭觉 | 5 |
| | 宁南 | 3 |
| | 宁东 | |
| | 计 | 460 |

资料来源：四川省政府秘书处公报室印行：《四川县政概观》，1936年；四川省教育厅编印：《四川教育》1936年第1卷第9期。

1928年西康特区各县学校数量统计，如表1-2所示。

**表 1-2　1928 年西康特区各县学校数量统计表**

| 县名 | 学校数量 |
|---|---|
| 康定 | 小学 5 所，私立 1 所 |
| 泸定 | 小学 2 所 |
| 九龙 | 初小 1 所 |
| 丹巴 | 两等小学 1 所，国民学校 10 所 |
| 道孚 | 小学 1 所 |
| 炉霍 | 国民学校 1 所 |
| 甘孜 | 初小 1 所 |
| 瞻化 | 小学校 1 所 |
| 雅江 | 国民小学 1 所 |
| 巴安 | 县立小学 1 所，私立小学 1 所 |

资料来源：四川省档案馆、四川民族研究所合编：《近代康区档案资料选编》，成都：四川大学出版社，1990 年，第 400—402 页。

### （二）特点

首先，据表 1-1 可知，第二行政督察区、第十一行政督察区、第十二行政督察区小学数量超过 2000 所，在全省具有明显的数量优势。拥有 1000—1999 所小学的行政督察区有第三行政督察区、第十行政督察区、第十四行政督察区、第十五行政督察区和第一行政督察区；拥有 500—999 所小学的行政督察区有第七行政督察区、第十三行政督察区、第八行政督察区、第九行政督察区、第四行政督察区、第五行政督察区和第六行政督察区；其余为拥有 500 所以下小学的行政督察区，其中第十六行政督察区，小学仅 28 所。

其次，学校数量超过 200 所的县有井研、南充、安岳、南部、泸县、盐亭、巴县、西充、蓬安、江津、三台、合川、阆中、大竹、渠县、资阳、仁寿、岳池、达县、巴中、乐山、犍为、简阳、广安、蓬溪、丰都、中江、资中、江油、邻水、万县、金堂，共 32 县。

最后，不论是各行政督察区还是各县，学校数量差距较大。行政督察区中最多的第十一行政督察区有学校 2325 所，最少的第十六行政督察区仅 28 所，西康特区小学仅 27 所，相差 2000 所以上。从县级来看，最多的县有小学 700 多所，最少的仅 2 所，相差悬殊。这说明四川包括西康地区小学分置极不均衡。

## 第二节　中等教育之学校分布

民国时期，中等教育包括中学教育、中等师范教育和中等职业教育。

### 一、中学教育

#### （一）发展概况

1902 年清政府颁布了《钦定中学堂章程》，1903 年又颁布了《奏定中学堂章程》，章程规定："中学堂定章各府必设一所，如能州县皆设一所最善。"时任四川总督的锡良大力兴办各式新式学堂，"清季各地就原有书院改办师范传习所，府厅州治始另设中学，招收学生概为成年以上者。创办之初，学科未尽完备。嗣因小学逐渐改进，繁富之县，遂相继改办中学。计各府厅州成立中学一十三处，各县成立中学二十四处"①。1903 年，四川省中学仅 4 所，且只有官立和公立；1904 年 8 所；1905 年科举制废除，中学陡增至 18 所，比前一年净增 10 所；至 1908 年，四川的中学堂发展到 51 所②，其形式有官立中学、公立中学和私立中学。③

1912 年，中华民国建立，"府厅州制废，改设为县，原有各属中学，因经费系由旧属各县筹集，遂称改联立，以资识别"④，后"学校渐增，各府立中学校等，多收归省办，改府立中学为省立第几中学，其未改省立者，则易名为公立中学，后又名为联立中学……多由旧制府属之各县组合设立"⑤。

1913 年，将原有府属官立中学改名为联合县立中学的，有成都、邛崃、重庆、绥定、忠州、酉阳、夔州、泸州、叙州、绵州、龙安、雅安、宁远、嘉定、眉州、保宁、顺庆、潼川、资州，共 19 所。⑥

① 教育部编：《第一次中国教育年鉴》（丙编教育概况），上海：开明书店，1934 年，第 226 页。
② 四川省教育委员会编：《四川省志·教育志》（普通教育第一辑），第 68 页。
③ 官方筹设的为官立中学，地方绅富集款和集自公款设立的为公立中学，个人出资设立的为私立中学。
④ 教育部编：《第一次中国教育年鉴》（丙编教育概况），上海：开明书店，1934 年，第 226 页。
⑤ 教育部教育年鉴编纂委员会编：《第二次中国教育年鉴》（第四编中学教育），上海：商务印书馆，1948 年，第 2 页。
⑥ 教育部编：《第一次中国教育年鉴》（丙编教育概况），上海：开明书店，1934 年，第 226—227 页。

1914 年，“分设成都、江油、江安、涪陵四处。此外陆续增设县立二十余校。通都大邑复有私人集资创设之私立中学计十余校”[①]。

1915 年，四川除几所省立中学外，县立中学达 35 所，有学生 5889 人；私立中学 4 所，学生 574 人。[②]

1917 年，四川的中学又有进一步发展，各类中学达 55 所。其中成都 3 所，居四川之首；涪陵、江安、南充 3 县，每县有中学 2 所。四川的中学和班级绝对总数在全国位居第二，仅次于广东，并只比广东少 1 所中学，在校学生绝对总数亦位居全国第二，仅次于湖南。这说明四川的中学教育在全国处于较为领先的地位。[③]

1922 年，新学制公布后，初级中学多归县立，县立中学从此大增。1932 年后《中学法》及《中学规程》相继公布，中学之设置有省立、市立、县立、联立之别，并规定省立中学以所在地之名名之，县市立中学称某某县市立中学。一地有相同之公立中学二校以上时，得以数字之顺序别之，或以区城较小之地名为校名。联立中学称某某县联立中学，私立中学应采专有名称，不得以地名为校名。[④]

1927 年前，四川中等学校已有 110 余所，1927 年后，又有 20 余所教会中学创立起来，1928 年全省中学共计 134 所，到 1930 年有 230 所。仅时隔两年，中学数增加 71.6%，县立中学激增 54 所，私立中学也增加了 34 所，其中绝大部分是初级中学，“兼办高中者约占十分之一”[⑤]。

1930 年，四川共有公私立中学 230 所，较 1927 年的 110 所翻了一番。[⑥]到 1936 年，四川省有各类中学 197 所。[⑦]

（二）学校分布及其特点

1. 学校分布

1936 年四川中学学校统计，如表 1-3 所示。

---

① 教育部编：《第一次中国教育年鉴》（丙编教育概况），上海：开明书店，1934 年，第 226 页。

②《教育公报》第三年，临时增刊《四川教育报告》。

③ 教育部普通教育司编：《全国中学校一览表》，1917 年，第 25—30、1—3 页。

④ 教育部教育年鉴编纂委员会编：《第二次中国教育年鉴》（第四编中学教育），上海：商务印书馆，1948 年，第 2 页。

⑤ 教育部编：《第一次中国教育年鉴》（丙编教育概况），上海：开明书店，1934 年，第 227 页。

⑥ 教育部编：《第一次中国教育年鉴》（丙编教育概况），上海：开明书店，1934 年，第 227—228 页。

⑦ 教育部统计室编：《中华民国二十五年度全国中等学校一览表》，上海：商务印书馆，1937 年，第 37—43 页。

**表 1-3　1936 年四川中学学校统计表**　　　（单位：所）

| 区名 | 县市名 | 中学（高级初级合设） | | | | | 高级中学 | | 初级中学 | | | | | 合计 |
|---|---|---|---|---|---|---|---|---|---|---|---|---|---|---|
| | | 省立 | 联立 | 县立 | 私立 | 未备案私立 | 联立 | 私立 | 联立 | 县立 | 市区立 | 私立 | 未备案私立 | |
| 第一行政督察区 | 成都 | 2 | 1 | 1 | 8 | | | 2 | 1 | 1 | | 11 | 3 | 30 |
| | 温江 | | | | | | | | | | | | | |
| | 华阳 | | | | | | | | | 1 | | | | 1 |
| | 灌县 | | | | | | | | | 1 | | | | 1 |
| | 新津 | | | | | | | | | 1 | | | | 1 |
| | 崇庆 | | | | | | | | | 1 | | | | 1 |
| | 新都 | | | | | | | | | | | | | |
| | 郫县 | | | | | | | | | 1 | | | | 1 |
| | 双流 | | | | | | | | | | | | | |
| | 彭县 | | | | | | | | | 1 | | 1 | 1 | 3 |
| | 新繁 | | | | | | | | | | | | | |
| | 崇宁 | | | | | | | | | | | | | |
| | 计 | | | | | | | | | | | | | 38 |
| 第二行政督察区 | 资中 | 1 | | 1 | | 1 | | | | | | 2 | | 5 |
| | 资阳 | | | | | | | | | 1 | | 2 | | 3 |
| | 内江 | | | | | | | | | 1 | | 1 | | 2 |
| | 荣县 | | | | | | | | | 1 | | 1 | | 2 |
| | 仁寿 | | | | | | | | | 1 | | | | 1 |
| | 简阳 | | | | | | | | | 2 | | | | 2 |
| | 威远 | | | | | | | | | 1 | | | | 1 |
| | 井研 | | | | | | | | | 1 | | | | 1 |
| | 计 | | | | | | | | | | | | | 17 |
| 第三行政督察区 | 重庆 | | | | | 1 | | | | 1 | 1 | 5 | 1 | 9 |
| | 永川 | | | | | | | | | 1 | | 1 | | 2 |
| | 巴县 | | | | 2 | | 1 | | | 2 | | 3 | 1 | 9 |
| | 江津 | | | | | | | | | 2 | 1 | 2 | | 5 |
| | 江北 | | | | | | | | | | | 1 | | 1 |
| | 合川 | | | | | | | | | 2 | | | | 2 |
| | 荣昌 | | | | | | | | | 2 | 1 | 1 | | 4 |
| | 綦江 | | | | | | | | | 1 | | | | 1 |
| | 大足 | | | | | | | | | 2 | | | | 2 |
| | 璧山 | | | | | | | | | 1 | | | | 1 |
| | 铜梁 | | | | | | | | | 2 | | | 1 | 3 |
| | 计 | | | | | | | | | | | | | 39 |

续表

| 区名 | 县市名 | 中学（高级初级合设） | | | | | 高级中学 | | 初级中学 | | | | | 合计 |
|---|---|---|---|---|---|---|---|---|---|---|---|---|---|---|
| | | 省立 | 联立 | 县立 | 私立 | 未备案私立 | 联立 | 私立 | 联立 | 县立 | 市区立 | 私立 | 未备案私立 | |
| 第四行政督察区 | 眉山 | | 1 | | | | | | | 1 | | | | 2 |
| | 蒲江 | | | | | | | | | | | | | |
| | 邛崃 | | | | | | | | | 1 | | 1 | | 2 |
| | 大邑 | | | | | | | | | 2 | | | | 2 |
| | 彭山 | | | | | | | | | 1 | | | | 1 |
| | 洪雅 | | | | | | | | | 1 | | | | 1 |
| | 夹江 | | | | | | | | | | | | | |
| | 青神 | | | | | | | | | | | | | |
| | 丹稜 | | | | | | | | | | | | | |
| | 计 | | | | | | | | | | | | | 8 |
| 第五行政督察区 | 乐山 | | 1 | | | | | | | 2 | | | | 3 |
| | 屏山 | | | | | | | | | | | | | |
| | 马边 | | | | | | | | | | | | | |
| | 峨边 | | | | | | | | | | | | | |
| | 雷波 | | | | | | | | | | | | | |
| | 犍为 | | | | | | | | | 1 | | 1 | 1 | 3 |
| | 峨眉 | | | | | | | | | | | | | |
| | 计 | | | | | | | | | | | | | 6 |
| 第六行政督察区 | 宜宾 | | 1 | | | 1 | | | | 1 | | 1 | | 4 |
| | 南溪 | | | | | | | | | 1 | | | | 1 |
| | 庆符 | | | | | | | | | | | 1 | | 1 |
| | 江安 | 1 | | | | | | | | 1 | | | | 2 |
| | 兴文 | | | | | | | | | | | | | |
| | 珙县 | | | | | | | | | | | | | |
| | 高县 | | | | | | | | | | | | | |
| | 筠连 | | | | | | | | | | | | | |
| | 长宁 | | | | | | | | | | | | | |
| | 计 | | | | | | | | | | | | | 8 |

续表

| 区名 | 县市名 | 中学（高级初级合设） | | | | | 高级中学 | | 初级中学 | | | | | 合计 |
|---|---|---|---|---|---|---|---|---|---|---|---|---|---|---|
| | | 省立 | 联立 | 县立 | 私立 | 未备案私立 | 联立 | 私立 | 联立 | 县立 | 市区立 | 私立 | 未备案私立 | |
| 第七行政督察区 | 泸县 | | | 1 | | | | | | | | | 1 | 2 |
| | 隆昌 | | | | | | | | | 2 | | | | 2 |
| | 富顺 | | | 1 | | | | | | | | 2 | | 3 |
| | 自贡 | | | | | | | | | | | | 2 | 2 |
| | 叙永 | | | | | | | | 1 | | | | | 1 |
| | 合江 | | | | | | | | | 1 | | | | 1 |
| | 纳溪 | | | | | | | | | | | | | |
| | 古宋 | | | | | | | | | 1 | | | | 1 |
| | 古蔺 | | | | | | | | | 1 | | | | 1 |
| | 计 | | | | | | | | | | | | | 13 |
| 第八行政督察区 | 酉阳 | 1 | | | | | | | | | | | | 1 |
| | 涪陵 | | | | | | | | | 1 | | | | 1 |
| | 丰都 | | | | | | | | | 1 | | | 1 | 2 |
| | 南川 | | | | | | | | | | | | | |
| | 彭水 | | | | | | | | | | | | | |
| | 黔江 | | | | | | | | 1 | | | | | 1 |
| | 秀山 | | | | | | | | | 1 | | | | 1 |
| | 石柱 | | | | | | | | | | | | | |
| | 计 | | | | | | | | | | | | | 6 |
| 第九行政督察区 | 万县 | | | | | | | | | 2 | | | 2 | 4 |
| | 奉节 | 1 | | | | | | | | | | | | 1 |
| | 开县 | | | | | | | | | 2 | | | | 2 |
| | 忠县 | | | | | | | | | 1 | | | | 1 |
| | 巫山 | | | | | | | | | | | | | |
| | 巫溪 | | | | | | | | | | | | | |
| | 云阳 | | | | | | | | | 1 | | | | 1 |
| | 城口 | | | | | | | | | | | | | |
| | 计 | | | | | | | | | | | | | 9 |

续表

| 区名 | 县市名 | 中学（高级初级合设） | | | | | 高级中学 | | 初级中学 | | | | | 合计 |
|---|---|---|---|---|---|---|---|---|---|---|---|---|---|---|
| | | 省立 | 联立 | 县立 | 私立 | 未备案私立 | 联立 | 私立 | 联立 | 县立 | 市区立 | 私立 | 未备案私立 | |
| 第十行政督察区 | 大竹 | | | | | | | | | 2 | | | | 2 |
| | 渠县 | | | | | | | | | 2 | | | | 2 |
| | 广安 | | | 1 | | | | | | 1 | | | | 2 |
| | 梁山 | | | | | | | | | 1 | | | | 1 |
| | 邻水 | | | | | | | | | 1 | | | | 1 |
| | 垫江 | | | | | | | | | 1 | | | | 1 |
| | 长寿 | | | | | | | | | 1 | | | | 1 |
| | 计 | | | | | | | | | | | | | 10 |
| 第十一行政督察区 | 南充 | 1 | | | | | | | | 1 | | 1 | | 3 |
| | 岳池 | | | | | | | | | 2 | | | | 2 |
| | 蓬安 | | | | | | | | | 1 | | | | 1 |
| | 营山 | | | | | | | | | 1 | | | | 1 |
| | 南部 | | | | | | | | | | | | | |
| | 武胜 | | | | | | | | | 1 | | | | 1 |
| | 西充 | | | | | | | | | | | | | |
| | 仪陇 | | | | | | | | | | | | | |
| | 计 | | | | | | | | | | | | | 8 |
| 第十二行政督察区 | 遂宁 | | | | | | | | | 2 | | 2 | | 4 |
| | 安岳 | | | | | | | | | 2 | | | | 2 |
| | 中江 | | | | | | | | | 2 | | | | 2 |
| | 三台 | | | | | | 1 | | | 1 | | | | 2 |
| | 潼南 | | | | | | | | | 1 | | | | 1 |
| | 蓬溪 | | | | | | | | | 1 | | | | 1 |
| | 乐至 | | | | | | | | | 1 | | | | 1 |
| | 射洪 | | | | | | | | | 1 | | | | 1 |
| | 盐亭 | | | | | | | | | | | | | |
| | 计 | | | | | | | | | | | | | 14 |

续表

| 区名 | 县市名 | 中学（高级初级合设） | | | | | 高级中学 | | 初级中学 | | | | | 合计 |
|---|---|---|---|---|---|---|---|---|---|---|---|---|---|---|
| | | 省立 | 联立 | 县立 | 私立 | 未备案私立 | 联立 | 私立 | 联立 | 县立 | 市区立 | 私立 | 未备案私立 | |
| 第十三行政督察区 | 绵阳 | 1 | | | | | | | 1 | | | 1 | | 3 |
| | 绵竹 | | | | | | | | | 1 | | | | 1 |
| | 广汉 | | | | | | | | | 1 | | | | 1 |
| | 安县 | | | | | | | | | | | | | |
| | 德阳 | | | | | | | | | 1 | | | | 1 |
| | 什邡 | | | | | | | | | 1 | | | | 1 |
| | 金堂 | | | | | | | | | 1 | | | | 1 |
| | 梓潼 | | | | | | | | | | | | | |
| | 罗江 | | | | | | | | | | | | | |
| | 计 | | | | | | | | | | | | | 8 |
| 第十四行政督察区 | 剑阁 | | | | | | | | | | | | | |
| | 苍溪 | | | | | | | | | | | | | |
| | 广元 | | | | | | | | | | | | | |
| | 江油 | | | | | | | | | 1 | | | | 1 |
| | 阆中 | | | | | | | | | 1 | | | | 1 |
| | 昭化 | | | | | | | | | | | | | |
| | 彰明 | | | | | | | | | | | | | |
| | 北川 | | | | | | | | | | | | | |
| | 平武 | | | | | | | | | | | | | |
| | 计 | | | | | | | | | | | | | 2 |
| 第十五行政督察区 | 达县 | | 1 | | | | | | | | | | | 1 |
| | 巴中 | | | | | | | | | | | | | |
| | 开江 | | | | | | | | | 1 | | | | 1 |
| | 宣汉 | | | | | | | | | | | | | |
| | 万源 | | | | | | | | | | | | | |
| | 通江 | | | | | | | | | | | | | |
| | 南江 | | | | | | | | | | | | | |
| | 计 | | | | | | | | | | | | | 2 |

续表

| 区名 | 县市名 | 中学（高级初级合设） | | | | | 高级中学 | | 初级中学 | | | | | 合计 |
|---|---|---|---|---|---|---|---|---|---|---|---|---|---|---|
| | | 省立 | 联立 | 县立 | 私立 | 未备案私立 | 联立 | 私立 | 联立 | 县立 | 市区立 | 私立 | 未备案私立 | |
| 第十六行政督察区 | 茂县 | | | | | | | | | | | | | |
| | 理番 | | | | | | | | | | | | | |
| | 懋功 | | | | | | | | | | | | | |
| | 松潘 | | | | | | | | | | | | | |
| | 汶川 | | | | | | | | | | | | | |
| | 靖化 | | | | | | | | | | | | | |
| | 计 | | | | | | | | | | | | | 0 |
| 第十七行政督察区 | 雅安 | | 1 | | | | | | | | | | 1 | 2 |
| | 汉源 | | | | | | | | | 1 | | | | 1 |
| | 天全 | | | | | | | | | | | | | |
| | 名山 | | | | | | | | | 1 | | | | 1 |
| | 宝兴 | | | | | | | | | | | | | |
| | 芦山 | | | | | | | | | | | | | |
| | 荥经 | | | | | | | | | | | | | |
| | 金汤 | | | | | | | | | | | | | |
| | 计 | | | | | | | | | | | | | 4 |
| 第十八行政督察区 | 西昌 | | | | | | | | 1 | 2 | | | | 3 |
| | 会理 | | | | | | | | | 1 | | | | 1 |
| | 越嶲 | | | | | | | | | 1 | | | | 1 |
| | 冕宁 | | | | | | | | | | | | | |
| | 盐源 | | | | | | | | | | | | | |
| | 盐边 | | | | | | | | | | | | | |
| | 昭觉 | | | | | | | | | | | | | |
| | 宁南 | | | | | | | | | | | | | |
| | 宁东 | | | | | | | | | | | | | |
| | 计 | | | | | | | | | | | | | 5 |
| | 合计 | 8 | 6 | 5 | 10 | 3 | 2 | 2 | 5 | 97 | 3 | 41 | 15 | 197 |

资料来源：教育部统计室编：《中华民国二十五年度全国中等学校一览表》，上海：商务印书馆，1937年，第37—43页。

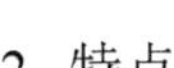

2. 特点

这一时期，四川中学学校的设置及分布具有以下五个显著特点。

第一，数量大增，种类齐全。据前所述，1908年四川中学有51所，1917年有55所，近十年的时间仅增加4所。而1936年骤增至197所，是1917年中学数量的3倍还多，既有初高中合设的中学32所，又有高级中学4所，还有初级中学161所；有省立、联立、县立、市区立和私立等多种形式。197所中学，其中省立8所，联立13所，县立102所，市区立3所，私立53所，另有未备案私立18所，囊括了当时中学办学的主要形式。各类中学的设置，为不同需求的川民提供了多种教育形式和教育机会。

第二，以初级中学为主体。总览这一时期设置的中学，初高中合设的中学32所，高级中学4所，初级中学达到161所，初级中学约占中学总数的82%，初高中合设和高级中学占中学总数的比例还不到20%，说明这一时期的中学以初级中学为主。究其原因，新学制实行后，初高中修业年限各为三年，与旧制微有不同。“改制之初，因大学及专门预科照旧并行办理，原有中学班次，遂暂仍旧，惟新招初中悉依新制。时值各县小学发达，为谋升学便利，相继设立中学……至高中则甫着手筹备，以期衔接。故兼办高中班次者，为数尚少。”①

第三，学校分布广泛。从当时的18个行政督察区来看，17个行政督察区设有中学，并至少有2所以上的学校，从而保证了各行政督察区内的中学学校教育。从县级行政机构来看，当时的153个县（局），有中学的县达到91个，约占总数的60%，说明一半以上的县设有中学。

第四，分布地区不均衡。

首先，各行政督察区之间的中学设置不均衡。18个行政督察区，中学学校数在30所以上的有第一和第三行政督察区；中学学校数在10—20所的有第二、第七、第十二行政督察区；中学学校数在10所以下的有第四、第五、第六、第八、第九、第十、第十一、第十三、第十四、第十五、第十七、第十八行政督察区。其中，第三行政督察区最多，共39所，而除第十六行政督察区无中学外，第十四行政督察区和第十五行政督察区只有中学2所，第十七行政督察区有中学4所，第十八行政督察区有中学5所。行政督察区之间中学数量差距甚大。

① 教育部编：《第一次中国教育年鉴》（丙编教育概况），上海：开明书店，1934年，第226页。

其次，从县级来看，153 个县（局）中无中学的县（局）达 62 个，分别如下。

第一行政督察区：温江、新都、双流、新繁、崇宁。

第四行政督察区：蒲江、夹江、青神、丹稜。

第五行政督察区：屏山、马边、峨边、雷波、峨眉。

第六行政督察区：兴文、珙县、高县、筠连、长宁。

第七行政督察区：纳溪。

第八行政督察区：南川、彭水、石柱。

第九行政督察区：巫山、巫溪、城口。

第十一行政督察区：南部、西充、仪陇。

第十二行政督察区：盐亭。

第十三行政督察区：安县、梓潼、罗江。

第十四行政督察区：剑阁、苍溪、广元、昭化、彰明、北川、平武。

第十五行政督察区：巴中、宣汉、万源、通江、南江。

第十六行政督察区：茂县、理番、懋功、松潘、汶川、靖化。

第十七行政督察区：天全、宝兴、芦山、荥经、金汤。

第十八行政督察区：冕宁、盐源、盐边、昭觉、宁南、宁东。

此 62 个县（局）无任何类别的中学，无疑不利于该地区的教育发展。

最后，所设中学主要集中于成渝两地。以重庆为中心的第三行政督察区和以成都为中心的第一行政督察区，中学数量位居各行政督察区之榜一、榜二。这两行政督察区中，成都的中学有 30 所，占第一行政督察区 12 县中学总数的 80%左右；重庆的中学有 9 所，约占第三行政督察区 11 县中学总数的 23%。两市占全省 153 个县（局）中学总数的比例接近 20%。这说明中学集中于成渝两地是不争的事实，尤其是成都，无愧是四川省的教育中心。究其原因，一是“负笈来省就学”，二是城市里社会各阶层人士已不满足让子女小学毕业就停止学业，中等教育大众化的要求日益高涨，从而刺激了城市中等教育的不断发展。[①]同时女子受教育和参加社会工作的观念已为社会所接受，因而女子学校空前增多。1932 年，成都中等学校学生 13 466 人，其中女学生 3866 人，占总数的 28.7%。[②]

第五，私立中学获得发展。

197 所各类中学，其中私立中学（含未备案之私立）有 71 所，占总数的

① 涂文涛主编：《四川教育史》（上），成都：四川教育出版社，2007 年，第 407 页。
② 涂文涛主编：《四川教育史》（上），成都：四川教育出版社，2007 年，第 407 页。

36%，超过三分之一。私立中学之所以获得发展，除军阀混战、公立中学经费困难原因外，更主要是因为社会需求量增大，而公立中学又不能满足求学者的需求。“较大县份，办有县立中学，然规模并不宏阔，仍不足以资容纳；小县未办有中学者更无论矣。于是小学毕业者纷纷负笈来省就学，而省内公立中等学校，亦属有限，仍难无量收容，私立中学于焉代兴。”①

## 二、中等师范教育

### （一）发展概况

我国师范教育创始于清光绪二十三年（1897年），当时盛宣怀呈请在上海设南洋公学，内设师范院。次年，孙家鼐呈请设立京师大学堂，亦分设师范斋。光绪二十八年（1902年）张百熙奏定学堂章程，设师范馆与大学预科同等，设师范学堂与中学堂同等。②光绪二十九年（1903年），“学务大臣张百熙、荣庆、张之洞等重订学堂章程，对于师范教育计划颇为周备，除规定优级师范为培养中学及师范师资外，关于小学师资养成机关规定下列四种：一、初级师范学堂为造就小学教师之所。二、简易师范科、三、师范传习所二者为救济小学师资之临时办法。四、实习教员讲习所为造就实业补习普通学堂及艺徒学堂教员之所”③。同时，张之洞充分认识到师范教育的重要性，认为“师范学堂，意在使全国中小学各有师资，此为学堂本源，兴学入手之第一义”，“振兴教育，必先广储师资，师资不敷，学校何以兴盛？”④

四川的新式师范教育始于清末。1900年，川南泸州创办经纬学堂，1901年更名为川南师范学堂，这是四川开办最早的师范学堂。1902年，锦江书院改名为成都师范学堂，“招生三百零五人”⑤，1903年，四川高等学堂成立，“内设速成理科师范各一班，速成一年半毕业，理科四年毕业，并在各县选派官费学生每县一名或二名，送入日本弘文学校习速成师范，毕业归国分赴各县办理师范传习所，或擢办教育行政，暨担任新兴各校职务”⑥。1906年春季开办四川通省师范学堂，招生360人，分简易、初级、公共三科，每科分两班。宣统元年（1909年）部令停办选科，因就校地改设川中初级师范学堂，

① 皆木：《四川教育的今昔观》，《四川教育评论月刊》1936年第2期。
② 教育部编：《第一次中国教育年鉴》（丙编教育概况），上海：开明书店，1934年，第304—305页。
③ 教育部编：《第一次中国教育年鉴》（丙编教育概况），上海：开明书店，1934年，第305页。
④ 王维新、陈金林、戴建国：《中国百年师范教育图志》，上海：上海辞书出版社，2009年，第32页。
⑤ 教育部编：《第一次中国教育年鉴》（丙编教育概况），上海：开明书店，1934年，第326页。
⑥ 教育部编：《第一次中国教育年鉴》（丙编教育概况），上海：开明书店，1934年，第326页。

同时于川东、川南、川北各道分设初级师范学堂，又就私立淑行女子中学堂改办省城女子师范学堂，四川省师范教育于是始具基础焉。①

民国成立后，四川教育亟须恢复，原有师范教育的质量、规模已远远不能满足全川对师资的要求。1912 年 7 月，四川通省师范学堂改名为四川优级师范学校，重点培养中学和中师教师；1913 年春改名为四川高等师范学校，1916 年又改称为“国立成都高等师范学校”。②

四川省教育司“拟以省经费在成都、江油、江北、南充、万县、涪陵、阆中、宜宾、乐山、雅安、西昌等县开办师范学校十二所，又于成都、江北、泸县、雅安等五县各办女子师范学校一所”③。但由于经费等原因，至 1914 年 3 月，设立省立第一师范学校、省立第二师范学校、省立第三师范学校、省立第四师范学校、省立第一女子师范学校、第二女子师范学校共 6 所。“其第一师范学校系就川中初级师范学堂改办，第一女子师范学校系就省城女子师范学堂改办，余分设西昌、遂宁、万县、巴县等处。至原有川东、川南、川北各级师范学校及夔州新设师范一校，因经费由各属摊派，一律照部定规程改称联合县立师范。”④1918 年，四川师范学校有省立 4 所、联立 4 所。⑤

1926 年，四川省教育厅召开全川中等学校校长会议，议决省立各师范学校（除第二师范学校地处边远外）完全办成六年制师范学校。“其龙绵联立、川东联立、下川南联立、上川南联立、川北联立、资州联立各师范学校，以办六年制完全师范为原则，单办后三年后二年师范为例外。”⑥

1927 年后，国民政府大学院颁布师范学校制度，“废止六年一贯制，招收初中毕业生肄业”⑦。“各校遂将前期师范结束改为附设初中班，或乡村师范班。至原有年期师范，由厅另订扩充乡村师范学校办法呈准教育部转令各校，如收受学生资格及修业年限确与师范学校制度第五条规定相等者，得改称乡村师范学校。计此期间增设女子师范学校一所，各县师范学校及校附设师范科亦颇有增加。”⑧1929 年，教育部规定实行中学、师范合一办理，师范校并

① 教育部编：《第一次中国教育年鉴》（丙编教育概况），上海：开明书店，1934 年，第 326 页。

② 教育部编：《第一次中国教育年鉴》（丙编教育概况），上海：开明书店，1934 年，第 326 页。

③《文牍月刊》，第 10 册。

④ 教育部编：《第一次中国教育年鉴》（丙编教育概况），上海：开明书店，1934 年，第 326 页。

⑤ 璩鑫圭、童富勇、张守智编：《中国近代教育史资料汇编•实业教育师范教育》，上海：上海教育出版社，1994 年，第 904—905 页。

⑥ 教育部编：《第一次中国教育年鉴》（丙编教育概况），上海：开明书店，1934 年，第 326 页。

⑦ 教育部编：《第一次中国教育年鉴》（丙编教育概况），上海：开明书店，1934 年，第 327 页。

⑧ 教育部编：《第一次中国教育年鉴》（丙编教育概况），上海：开明书店，1934 年，第 327 页。

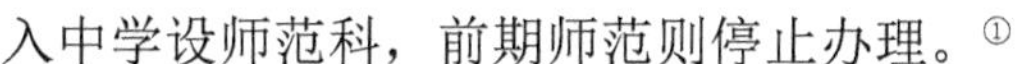

入中学设师范科，前期师范则停止办理。[①]

至1930年，“全省师范学校，已有五十二校。其他各校所附设之师范增加至八十有二。并因乡村师范学校规为定名，一般颇有注重农村教育之趋向”[②]。

1935年起，四川的师范学校除国立和省立师范学校外，各地师范学校纷纷改为简易师范学校或简易乡村师范学校，修业年限，均按部颁标准执行。[③]“师范学校计省立完令师范七校（内有三女校）联立三校、县立二校、县立简易师范男二女四、县立简易乡师、区立简易乡师二、县立女简易乡师五、附设乡师一五、私立二年制师范一、三年制师范一。”[④]到1936年，四川各类中等师范学校有38所。[⑤]

（二）学校分布及其特点

1. 学校分布

1936年四川中等师范学校统计，如表1-4所示。

**表1-4　1936年四川中等师范学校统计表**　　（单位：所）

| 区名 | 县市名 | 师范学校 | | | | 简易师范学校 | | | | 简易乡村师范学校 | | 合计 |
|---|---|---|---|---|---|---|---|---|---|---|---|---|
| | | 省立 | 联立 | 县立 | 私立 | 国立 | 联立 | 县立 | 未备案私立 | 县立 | 区立 | |
| 第一行政督察区 | 成都 | 2 | | | 1 | | | | | | | 3 |
| | 温江 | | | | | | | | | | | |
| | 华阳 | | | | | | | | | | | |
| | 灌县 | | | | | | | | | | | |
| | 新津 | | | | | | | | | 1 | | 1 |
| | 崇庆 | | | | | | | | | | | |
| | 新都 | | | | | | | | | | | |
| | 郫县 | | | | | | | | | | | |
| | 双流 | | | | | | | | | | | |
| | 彭县 | | | | | | | | | | | |
| | 新繁 | | | | | | | | | | | |
| | 崇宁 | | | | | | | | | | | |
| | 计 | | | | | | | | | | | 4 |

① 四川省地方志编纂委员会编：《四川省志·教育志》（上），北京：方志出版社，2000年，第324页。
② 教育部编：《第一次中国教育年鉴》（丙编教育概况），上海：开明书店，1934年，第327页。
③ 四川省地方志编纂委员会编：《四川省志·教育志》（上），北京：方志出版社，2000年，第325页。
④《四川教育概况》，《申报》（上海）1935年5月21日。
⑤ 教育部统计室编：《中华民国二十五年度全国中等学校一览表》，上海：商务印书馆，1937年，第43—44、47页。

续表

| 区名 | 县市名 | 师范学校 | | | | 简易师范学校 | | | | 简易乡村师范学校 | | 合计 |
|---|---|---|---|---|---|---|---|---|---|---|---|---|
| | | 省立 | 联立 | 县立 | 私立 | 国立 | 联立 | 县立 | 未备案私立 | 县立 | 区立 | |
| 第二行政督察区 | 资中 | | | | | | 1 | | | | | 1 |
| | 资阳 | | | 1 | | | | | | | | 1 |
| | 内江 | | | | | | | | | 1 | | 1 |
| | 荣县 | | | | | | | | | | | |
| | 仁寿 | | | | | | | | | | | |
| | 简阳 | | | | | | | | | | | |
| | 威远 | | | | | | | | | 1 | | 1 |
| | 井研 | | | | | | | | | | | |
| | 计 | | | | | | | | | | | 4 |
| 第三行政督察区 | 重庆 | | | | | | | | | | | |
| | 永川 | | | | | | | | | | | |
| | 巴县 | 1 | 1 | | | | | | | | | 2 |
| | 江津 | | | | | | | | | 1 | | 1 |
| | 江北 | | | | | | | | | | | |
| | 合川 | | | | | | | | | | | |
| | 荣昌 | | | | | | | | | | | |
| | 綦江 | | | | | | | | | | | |
| | 大足 | | | | | | | | | | | |
| | 璧山 | | | | | | | | | | | |
| | 铜梁 | | | | | | | | | | | |
| | 计 | | | | | | | | | | | 3 |
| 第四行政督察区 | 眉山 | | | | | | | | | | | |
| | 蒲江 | | | | | | | | | | | |
| | 邛崃 | | | | | | | | | 1 | | 1 |
| | 大邑 | | | | | | | | | | | |
| | 彭山 | | | | | | | | | | | |
| | 洪雅 | | | | | | | | | | | |
| | 夹江 | | | | | | | | | | | |
| | 青神 | | | | | | | | | 1 | | 1 |
| | 丹稜 | | | | | | | | | | | |
| | 计 | | | | | | | | | | | 2 |

续表

| 区名 | 县市名 | 师范学校 | | | | 简易师范学校 | | | | 简易乡村师范学校 | | 合计 |
|---|---|---|---|---|---|---|---|---|---|---|---|---|
| | | 省立 | 联立 | 县立 | 私立 | 国立 | 联立 | 县立 | 未备案私立 | 县立 | 区立 | |
| 第五行政督察区 | 乐山 | | | | | | | | | | | |
| | 屏山 | | | | | | | | | 1 | | 1 |
| | 马边 | | | | | | | | | | | |
| | 峨边 | | | | | | | | | | | |
| | 雷波 | | | | | | | | | | | |
| | 犍为 | | | | | | | | | | | |
| | 峨眉 | | | | | | | | | 1 | | 1 |
| | 计 | | | | | | | | | | | 2 |
| 第六行政督察区 | 宜宾 | | | | | | | | | | 1 | 1 |
| | 南溪 | | | | | | | | | | | |
| | 庆符 | | | | | | | | | | | |
| | 江安 | | | | | | | | | | | |
| | 兴文 | | | | | | | | | | | |
| | 珙县 | | | | | | | 1 | | | | 1 |
| | 高县 | | | | | | | | | | | |
| | 筠连 | | | | | | | | | | | |
| | 长宁 | | | | | | | | | 1 | | 1 |
| | 计 | | | | | | | | | | | 3 |
| 第七行政督察区 | 泸县 | | 1 | | | | | | 1 | | | 2 |
| | 隆昌 | | | | | | | | | 1 | | 1 |
| | 富顺 | | | | | | | | | | | |
| | 自贡 | | | | | | | | | | | |
| | 叙永 | | | | | | | | | | | |
| | 合江 | | | | | | | | | | | |
| | 纳溪 | | | | | | | | | | | |
| | 古宋 | | | | | | | | | | | |
| | 古蔺 | | | | | | | | | | | |
| | 计 | | | | | | | | | | | 3 |
| 第八行政督察区 | 酉阳 | | | | | | | 1 | | | | 1 |
| | 涪陵 | | | | | | | | | 1 | | 1 |
| | 丰都 | | | | | | | | | | | |
| | 南川 | | | | | | | | | | | |
| | 彭水 | | | | | | | | | | | |
| | 黔江 | | | | | | | | | | | |
| | 秀山 | | | | | | | | | | | |
| | 石柱 | | | | | | | | | | | |
| | 计 | | | | | | | | | | | 2 |

续表

| 区名 | 县市名 | 师范学校 | | | | 简易师范学校 | | | | 简易乡村师范学校 | | 合计 |
|---|---|---|---|---|---|---|---|---|---|---|---|---|
| | | 省立 | 联立 | 县立 | 私立 | 国立 | 联立 | 县立 | 未备案私立 | 县立 | 区立 | |
| 第九行政督察区 | 万县 | 1 | | | | | | | | | | 1 |
| | 奉节 | | | | | | | | | | | |
| | 开县 | | | | | | | | | | | |
| | 忠县 | | | | | | | | | | | |
| | 巫山 | | | | | | | | | 1 | | 1 |
| | 巫溪 | | | | | | | | | | | |
| | 云阳 | | | | | | | 1 | | | | 1 |
| | 城口 | | | | | | | | | | | |
| | 计 | | | | | | | | | | | 3 |
| 第十行政督察区 | 大竹 | | | | | | | | | | | |
| | 渠县 | | | | | | | | | | | |
| | 广安 | | | | | | | | | | | |
| | 梁山 | | | | | | | | | | | |
| | 邻水 | | | | | | | | | | | |
| | 垫江 | | | | | | | 1 | | | | 1 |
| | 长寿 | | | | | | | | | | | |
| | 计 | | | | | | | | | | | 1 |
| 第十一行政督察区 | 南充 | 1 | | | | | | | | | | 1 |
| | 岳池 | | | | | | | | | | | |
| | 蓬安 | | | | | | | | | | | |
| | 营山 | | | | | | | | | | | |
| | 南部 | | | | | | | | | | | |
| | 武胜 | | | | | | | 1 | | | | 1 |
| | 西充 | | | | | | | | | | | |
| | 仪陇 | | | | | | | | | | | |
| | 计 | | | | | | | | | | | 2 |
| 第十二行政督察区 | 遂宁 | 1 | | | | | | | | | | 1 |
| | 安岳 | | | | | | | | | | | |
| | 中江 | | | | | | | | | | | |
| | 三台 | | | | | | | | | | | |
| | 潼南 | | | | | | | | | | | |
| | 蓬溪 | | | | | | | | | | | |
| | 乐至 | | | | | | | | | | | |
| | 射洪 | | | | | | | | | | | |
| | 盐亭 | | | | | | | | | | | |
| | 计 | | | | | | | | | | | 1 |

续表

| 区名 | 县市名 | 师范学校 | | | | 简易师范学校 | | | | 简易乡村师范学校 | | 合计 |
|---|---|---|---|---|---|---|---|---|---|---|---|---|
| | | 省立 | 联立 | 县立 | 私立 | 国立 | 联立 | 县立 | 未备案私立 | 县立 | 区立 | |
| 第十三行政督察区 | 绵阳 | | | | | | | | | | | |
| | 绵竹 | | | | | | | | | | | |
| | 广汉 | | | | | | | | | 1 | | 1 |
| | 安县 | | | | | | | | | | | |
| | 德阳 | | | | | | | | | | | |
| | 什邡 | | | | | | | | | | | |
| | 金堂 | | | | | | | | | | | |
| | 梓潼 | | | | | | | | | | | |
| | 罗江 | | | | | | | | | | | |
| | 计 | | | | | | | | | | | 1 |
| 第十四行政督察区 | 剑阁 | 1 | | | | | | | | | | 1 |
| | 苍溪 | | | | | | | | | | | |
| | 广元 | | | | | | | | | | | |
| | 江油 | | | | | | | | | | | |
| | 阆中 | | | | | | | | | | | |
| | 昭化 | | | | | | | | | | | |
| | 彰明 | | | | | | | | | | | |
| | 北川 | | | | | | | | | | | |
| | 平武 | | | | | | | 1 | | | | 1 |
| | 计 | | | | | | | | | | | 2 |
| 第十五行政督察区 | 达县 | | | | | | | | | 1 | | 1 |
| | 巴中 | | | | | | | | | | | |
| | 开江 | | | | | | | | | | | |
| | 宣汉 | | | | | | | | | | | |
| | 万源 | | | | | | | | | | | |
| | 通江 | | | | | | | | | | | |
| | 南江 | | | | | | | | | | | |
| | 计 | | | | | | | | | | | 1 |

续表

| 区名 | 县市名 | 师范学校 | | | | 简易师范学校 | | | | 简易乡村师范学校 | | 合计 |
|---|---|---|---|---|---|---|---|---|---|---|---|---|
| | | 省立 | 联立 | 县立 | 私立 | 国立 | 联立 | 县立 | 未备案私立 | 县立 | 区立 | |
| 第十六行政督察区 | 茂县 | | | | | | | | | | | |
| | 理番 | | | | | | | | | | | |
| | 懋功 | | | | | | | | | | | |
| | 松潘 | | | | | | | | | | | |
| | 汶川 | | | | | | | | | | | |
| | 靖化 | | | | | | | | | | | |
| | 计 | | | | | | | | | | | 0 |
| 第十七行政督察区 | 雅安 | | | | | | | | | | | |
| | 汉源 | | | | | | | | | | | |
| | 天全 | | | | | | | | | | | |
| | 名山 | | | | | | | | | | | |
| | 宝兴 | | | | | | | | | | | |
| | 芦山 | | | | | | | | | | | |
| | 荥经 | | | | | | | | | | | |
| | 金汤 | | | | | | | | | | | |
| | 计 | | | | | | | | | | | 0 |
| 第十八行政督察区 | 西昌 | 1 | | | | | | | | | | 1 |
| | 会理 | | | | | | | | | | | |
| | 越嶲 | | | | | | | | | 1 | | 1 |
| | 冕宁 | | | | | | | | | | | |
| | 盐源 | | | | | | | | | | | |
| | 盐边 | | | | | | | | | | | |
| | 昭觉 | | | | | | | | | | | |
| | 宁南 | | | | | | | | | | | |
| | 宁东 | | | | | | | | | | | |
| | 计 | | | | | | | | | | | 2 |
| 西康 | 康定 | 1 | | | | 1 | | | | | | 2 |
| 合计 | | 9 | 2 | 1 | 1 | 1 | 1 | 6 | 1 | 15 | 1 | 38 |

资料来源：教育部统计室编：《中华民国二十五年度全国中等学校一览表》，上海：商务印书馆，1937年，第43—44、47页。

2. 特点

四川省的师范学校由1918年的8所增加到1936年的38所，近20年的时间仅增加30所，说明民国以来，四川师范教育发展缓慢。

第一，学校类别多样化。学校类别有师范学校、简易师范学校和简易乡村师范学校三大类，并有国立、省立、县立、区立、联立、私立等多种办学形式，以适应不同县市教育、政治和经济发展之需。

第二，以政府出资办学为主。38所中等师范学校，其中县立22所、省立9所，两类合计约占中等师范学校总数的82%，说明这一时期中等师范学校以政府出资办学为主。

第三，简易师范学校和简易乡村师范学校占绝对的数量优势。38所中等师范学校，其中简易师范学校有9所，简易乡村师范学校16所，两类合计25所，约占中等师范学校总数的66%，说明这一时期简易型的师范学校是主要的形式。究其原因，义务教育的推行，小学数量的骤然增加，急需大量的小学教师，而仅靠师范学校的培养，无法满足其需求。简易师范学校和简易乡村师范学校的设置，能在较短的时间内迅速培养出小学所需之教师。

第四，学校数量小，但分布均衡。18个行政督察区，总计38所师范学校，平均每个行政督察区仅约2所，说明此时四川省师范教育水平仍不高。但师范学校分布较均衡，18个行政督察区，有16个行政督察区都设有师范学校，其中第一、第二行政督察区最多，分别有4所；第三、第六、第七、第九行政督察区分别有3所；第四、第五、第八、第十一、第十四、第十八行政督察区和西康分别有2所；第十、第十二、第十三、第十五行政督察区分别有1所；除第十六、第十七行政督察区无师范学校外，其余行政督察区师范学校数量上差距不大。

## 三、中等职业教育

### （一）发展概况

职业教育又称实业教育，职业学校又称实业学校。我国最早的职业教育机构，当属同治五年（1866年）设立的福建船政学堂及次年上海江南机器制造总局附设之机器学堂。随后天津电报学堂（1879年）、上海电报学堂（1882

年）、天津北洋武备学堂铁路班（1885 年）相继设立。光绪二十九年（1903 年）《钦定学堂章程》公布，分实业学堂为三级：简易实业学堂、中等实业学堂和高等实业学堂。①

四川近代的职业教育首创于 1902 年春，合州举人张森楷在合州大河坝（今合川县太和镇）创办四川蚕桑公社，并自任社长。后其又开办了“四川民立蚕桑中学堂”，这是四川最早的实业教育。②

民国建立后，四川省教育司于 1912 年 5 月拟订《职业学校章程》，1913 年春在省城办职业学校 1 所。不久，根据南京临时政府教育部公布的《实业学校令》及《实业学校规程令》，四川各职业（实业）学校先后分别改为甲种或乙种实业学校。1914 年，四川的实业学校在清末的基础上有所发展。据不完全统计，1914 年上半年全省有实业学校 29 所，其中，甲种实业学校 4 所，乙种实业学校 25 所；省立实业学校 2 所，县立及联合县立实业学校 27 所；按学校类别，农业学校 18 所，工业学校 10 所，商业学校 1 所。③

1915—1930 年，四川曾先后建立过 22 所职业学校，而此时先后停办的职业学校达 27 所。1930 年，四川全省仅有各种职业学校 24 所，其中省立 2 所，共立、联立 2 所，县立 17 所，私立 3 所。④

1935 年，四川职业教育的萎缩状况开始改变。据该年的统计，四川增加“高级职校省立 4、联立 1、初级联校省立 1、县立 7、附设职业科之校 5”⑤。到 1936 年，四川各类职业学校共计 40 所。⑥

### （二）学校分布及其特点

#### 1. 学校分布

1936 年四川中等职业学校统计，如表 1-5 所示。

---

① 教育部教育年鉴编纂委员会编：《第二次中国教育年鉴》（第八编职业教育），上海：商务印书馆，1948 年，第 1 页。

② 四川省地方志编纂委员会编：《四川省志·教育志》（上），北京：方志出版社，2000 年，第 219 页。

③ 四川省地方志编纂委员会编：《四川省志·教育志》（上），北京：方志出版社，2000 年，第 220—221 页。

④ 四川省地方志编纂委员会编：《四川省志·教育志》（上），北京：方志出版社，2000 年，第 221 页。

⑤《四川教育概况》，《申报》（上海）1935 年 5 月 21 日。

⑥ 教育部统计室编：《中华民国二十五年度全国中等学校一览表》，上海：商务印书馆，1937 年，第 44—46 页。

**表 1-5　1936 年四川中等职业学校统计表**　　（单位：所）

| 区名 | 县市名 | 职业学校 | | | 高级职业学校 | | | 初级职业学校 | | | | 合计 |
|---|---|---|---|---|---|---|---|---|---|---|---|---|
| | | 省立 | 县立 | 私立 | 省立 | 私立 | 未备案私立 | 省立 | 县立 | 私立 | 未备案私立 | |
| 第一行政督察区 | 成都 | 1 | | | 1 | 3 | 1 | | | | 1 | 7 |
| | 温江 | | | | | | | | | | | |
| | 华阳 | | | | | | | | 1 | | | 1 |
| | 灌县 | | | | | | | | | | | |
| | 新津 | | | | | | | | | | | |
| | 崇庆 | | | | | | | | | | | |
| | 新都 | | | | | | | | 1 | | | 1 |
| | 郫县 | | | | | | | | | | | |
| | 双流 | | | | | | | | | | | |
| | 彭县 | | | | | | | | | | | |
| | 新繁 | | | | | | | | | | | |
| | 崇宁 | | | | | | | | | | | |
| | 计 | | | | | | | | | | | 9 |
| 第二行政督察区 | 资中 | | | | | | | | 1 | | | 1 |
| | 资阳 | | | | | | | | | | | |
| | 内江 | | | | | | | | | | | |
| | 荣县 | | | | | | 1 | | | | | 1 |
| | 仁寿 | | | | | | | | | | | |
| | 简阳 | | | | | | | | | | | |
| | 威远 | | | | | | | | | | | |
| | 井研 | | | | | | | | | | | |
| | 计 | | | | | | | | | | | 2 |
| 第三行政督察区 | 重庆 | | | 1 | 2 | 3 | 1 | | | | | 7 |
| | 永川 | | | | | | | | | | | |
| | 巴县 | | 1 | | 1 | | | 1 | | | | 3 |
| | 江津 | | | | | | | | 1 | | 1 | 2 |
| | 江北 | | | | | | | | | | | |
| | 合川 | | | | | | | | | | | |
| | 荣昌 | | | | | | | | 1 | | | 1 |
| | 綦江 | | | | | | | | | | | |
| | 大足 | | | | | | | | | | | |
| | 璧山 | | | | | | | | 1 | | | 1 |
| | 铜梁 | | | | | | | | 1 | | | 1 |
| | 计 | | | | | | | | | | | 15 |

续表

| 区名 | 县市名 | 职业学校 | | | 高级职业学校 | | | 初级职业学校 | | | | 合计 |
|---|---|---|---|---|---|---|---|---|---|---|---|---|
| | | 省立 | 县立 | 私立 | 省立 | 私立 | 未备案私立 | 省立 | 县立 | 私立 | 未备案私立 | |
| 第四行政督察区 | 眉山 | | | | | | | | | | | |
| | 蒲江 | | | | | | | | | | | |
| | 邛崃 | | | | | | | | | 1 | | 1 |
| | 大邑 | | | | | | | | | | | |
| | 彭山 | | | | | | | | | | | |
| | 洪雅 | | | | | | | | | | | |
| | 夹江 | | | | | | | | | | | |
| | 青神 | | | | | | | | | | | |
| | 丹棱 | | | | | | | | 1 | | | 1 |
| | 计 | | | | | | | | | | | 2 |
| 第五行政督察区 | 乐山 | | | | | | | | | | | |
| | 屏山 | | | | | | | | | | | |
| | 马边 | | | | | | | | | | | |
| | 峨边 | | | | | | | | | | | |
| | 雷波 | | | | | | | | | | | |
| | 犍为 | | | | | | | | 1 | | | 1 |
| | 峨眉 | | | | | | | | | | | |
| | 计 | | | | | | | | | | | 1 |
| 第六行政督察区 | 宜宾 | | | | | | | | 1 | | | 1 |
| | 南溪 | | | | | | | | | | | |
| | 庆符 | | | | | | | | | | | |
| | 江安 | | | | | | | | | | | |
| | 兴文 | | | | | | | | | | | |
| | 珙县 | | | | | | | | | | | |
| | 高县 | | | | | | | | 1 | | | 1 |
| | 筠连 | | | | | | | | | | | |
| | 长宁 | | | | | | | | | | | |
| | 计 | | | | | | | | | | | 2 |
| 第七行政督察区 | 泸县 | | | | | | | | 1 | 1 | | 2 |
| | 隆昌 | | | | | | | | | | | |
| | 富顺 | | | | | | | | | | | |
| | 自贡 | | | | | | | | | | | |
| | 叙永 | | | | | | | | | | | |
| | 合江 | | | | | | | | 1 | | | 1 |
| | 纳溪 | | | | | | | | | | | |
| | 古宋 | | | | | | | | | | | |
| | 古蔺 | | | | | | | | | | | |
| | 计 | | | | | | | | | | | 3 |

续表

| 区名 | 县市名 | 职业学校 | | | 高级职业学校 | | | 初级职业学校 | | | | 合计 |
|---|---|---|---|---|---|---|---|---|---|---|---|---|
| | | 省立 | 县立 | 私立 | 省立 | 私立 | 未备案私立 | 省立 | 县立 | 私立 | 未备案私立 | |
| 第八行政督察区 | 酉阳 | | | | | | | | | | | |
| | 涪陵 | | | | | | | | | | | |
| | 丰都 | | | | | | | | | | | |
| | 南川 | | | | | | | | | | | |
| | 彭水 | | | | | | | | | | | |
| | 黔江 | | | | | | | | | | | |
| | 秀山 | | | | | | | | | | | |
| | 石柱 | | | | | | | | | | | |
| | 计 | | | | | | | | | | | 0 |
| 第九行政督察区 | 万县 | | | | | | | | | | | |
| | 奉节 | | | | | | | | | | | |
| | 开县 | | | | | | | | | | | |
| | 忠县 | | | | | | | | 1 | | | 1 |
| | 巫山 | | | | | | | | | | | |
| | 巫溪 | | | | | | | | | | | |
| | 云阳 | | | | | | | | | | | |
| | 城口 | | | | | | | | | | | |
| | 计 | | | | | | | | | | | 1 |
| 第十行政督察区 | 大竹 | | | | | | | | | | | |
| | 渠县 | | | | | | | | | | | |
| | 广安 | | | | | | | | | | | |
| | 梁山 | | | | | | | | 1 | | | 1 |
| | 邻水 | | | | | | | | | | | |
| | 垫江 | | | | | | | | | | | |
| | 长寿 | | | | | | | | | | | |
| | 计 | | | | | | | | | | | 1 |
| 第十一行政督察区 | 南充 | | | | | | | | 1 | | | 1 |
| | 岳池 | | | | | | | | | | | |
| | 蓬安 | | | | | | | | | | | |
| | 营山 | | | | | | | | | | | |
| | 南部 | | | | | | | | 1 | | | 1 |
| | 武胜 | | | | | | | | | | | |
| | 西充 | | | | | | | | | | | |
| | 仪陇 | | | | | | | | | | | |
| | 计 | | | | | | | | | | | 2 |

续表

| 区名 | 县市名 | 职业学校 | | | 高级职业学校 | | | 初级职业学校 | | | | 合计 |
|---|---|---|---|---|---|---|---|---|---|---|---|---|
| | | 省立 | 县立 | 私立 | 省立 | 私立 | 未备案私立 | 省立 | 县立 | 私立 | 未备案私立 | |
| 第十二行政督察区 | 遂宁 | | | | | | | | | | | |
| | 安岳 | | | | | | | | 1 | | | 1 |
| | 中江 | | | | | | | | | | | |
| | 三台 | | | | | | | | | | | |
| | 潼南 | | | | | | | | | | | |
| | 蓬溪 | | | | | | | | | | | |
| | 乐至 | | | | | | | | | | | |
| | 射洪 | | | | | | | | | | | |
| | 盐亭 | | | | | | | | | | | |
| | 计 | | | | | | | | | | | 1 |
| 第十三行政督察区 | 绵阳 | | | | | | | | | | | |
| | 绵竹 | | | | | | | | | | | |
| | 广汉 | | | | | | | | | | | |
| | 安县 | | | | | | | | | | | |
| | 德阳 | | | | | | | | | | | |
| | 什邡 | | | | | | | | | | | |
| | 金堂 | | | | | | | | | | | |
| | 梓潼 | | | | | | | | | | | |
| | 罗江 | | | | | | | | | | | |
| | 计 | | | | | | | | | | | 0 |
| 第十四行政督察区 | 剑阁 | | | | | | | | | | | |
| | 苍溪 | | | | | | | | | | | |
| | 广元 | | | | | | | | | | | |
| | 江油 | | | | | | | | | | | |
| | 阆中 | | | | | | | | | | | |
| | 昭化 | | | | | | | | | | | |
| | 彰明 | | | | | | | | 1 | | | 1 |
| | 北川 | | | | | | | | | | | |
| | 平武 | | | | | | | | | | | |
| | 计 | | | | | | | | | | | 1 |
| 第十五行政督察区 | 达县 | | | | | | | | | | | |
| | 巴中 | | | | | | | | | | | |
| | 开江 | | | | | | | | | | | |
| | 宣汉 | | | | | | | | | | | |
| | 万源 | | | | | | | | | | | |
| | 通江 | | | | | | | | | | | |
| | 南江 | | | | | | | | | | | |
| | 计 | | | | | | | | | | | 0 |

续表

| 区名 | 县市名 | 职业学校 | | | 高级职业学校 | | | 初级职业学校 | | | | 合计 |
|---|---|---|---|---|---|---|---|---|---|---|---|---|
| | | 省立 | 县立 | 私立 | 省立 | 私立 | 未备案私立 | 省立 | 县立 | 私立 | 未备案私立 | |
| 第十六行政督察区 | 茂县 | | | | | | | | | | | |
| | 理番 | | | | | | | | | | | |
| | 懋功 | | | | | | | | | | | |
| | 松潘 | | | | | | | | | | | |
| | 汶川 | | | | | | | | | | | |
| | 靖化 | | | | | | | | | | | |
| | 计 | | | | | | | | | | | 0 |
| 第十七行政督察区 | 雅安 | | | | | | | | | | | |
| | 汉源 | | | | | | | | | | | |
| | 天全 | | | | | | | | | | | |
| | 名山 | | | | | | | | | | | |
| | 宝兴 | | | | | | | | | | | |
| | 芦山 | | | | | | | | | | | |
| | 荥经 | | | | | | | | | | | |
| | 金汤 | | | | | | | | | | | |
| | 计 | | | | | | | | | | | 0 |
| 第十八行政督察区 | 西昌 | | | | | | | | | | | |
| | 会理 | | | | | | | | | | | |
| | 越嶲 | | | | | | | | | | | |
| | 冕宁 | | | | | | | | | | | |
| | 盐源 | | | | | | | | | | | |
| | 盐边 | | | | | | | | | | | |
| | 昭觉 | | | | | | | | | | | |
| | 宁南 | | | | | | | | | | | |
| | 宁东 | | | | | | | | | | | |
| | 计 | | | | | | | | | | | 0 |
| 合计 | | 1 | 1 | 1 | 4 | 6 | 3 | 1 | 19 | 2 | 2 | 40 |

资料来源：教育部统计室编：《中华民国二十五年度全国中等学校一览表》，上海：商务印书馆，1937年，第44—46页。

2. 特点

第一，学校层次和类型全面。学校既有高初级合设的职业学校，也有单设的高级职业学校或初级职业学校；且各层次职业学校均有省立、县立和私立等办学形式，从而保证了此时四川省农业、工业、商业发展对人才之需求。

第二，办学形式以县立为主，私立为辅。40 所职业学校，其中县立职业学校 20 所，占职业学校总数的 50%，说明职业教育以当地政府出资办学为主。私立学校（包括未备案之私立）14 所，占职业学校总数的 35%，私立成为该时期职业教育的辅助办学形式。

第三，职业教育地区分布极不均衡。一是从行政督察区看，18 个行政督察区，无职业学校的有第八、第十三、第十五、第十六、第十七、第十八行政督察区，占总行政督察区的三分之一。二是行政督察区之间职业学校的数量差距甚大，重庆所在的第三行政督察区独占鳌头，职业学校有 15 所；成都所在的第一行政督察区次之，有 9 所；其余行政督察区只有 1—3 所。三是从县级职业学校的分布来看，154 个县（局）中有职业学校的仅 24 个，其余 130 个县（局）无职业学校。

## 第三节　高等教育之学校分布

民国时期，高等教育包括大学、独立学院及专科学校。

### 一、发展概况[①]

1874 年，张之洞任四川学政，建尊经书院于成都南较场，以试验其“中学为体、西学为用”的改良主张，在四川乃至全国影响较大。1896 年川督鹿传霖创办四川中西学堂，培养洋务运动所需译才，初以教授英、法文为主，后考虑到富强致用，算术为测绘格致之源，遂增设算学馆。这是近代四川高等教育的肇端。

1902 年 3 月，川督奎俊奉旨以四川中西学堂、尊经书院、锦江书院（1704 年在成都文翁石室遗址创办）为基础创办四川大学堂，12 月改称四川高等学堂，校址在成都南较场，为文、理学科齐全，本、专、预科兼备的综合性学堂，是当时四川的最高学府。

① 四川省地方志编纂委员会编：《四川省志·教育志》（下），北京：方志出版社，2000 年，第 14—18 页。

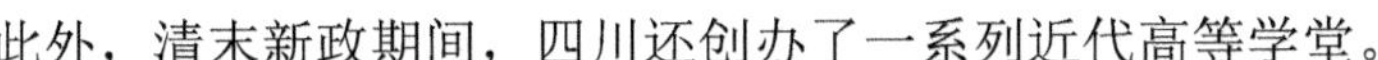

此外，清末新政期间，四川还创办了一系列近代高等学堂。

1903年，创办四川武备学堂，校址在成都北较场。

1904年，为了培养翻译人才，洋务局创办英法文官学堂。

1905年，创办四川师范学堂，校址在成都皇城原贡院府试院。

1906年，创办四川法政学堂，校址分设成都总府街内务旧署和五世同堂街财政旧署。同年，四川农政学堂、高等蚕业讲习所（后更名为四川公立蚕业专门学校）、四川测绘学堂（1908年停办）、四川铁路学堂（辛亥革命后停办）、四川藏文学堂（1907年改名为四川方言学堂）等校相继建立。

1908年，四川提学使方旭创办四川工业学堂，1910年改称四川高等工业学堂。同年，重庆体育学堂创办（校址在重庆武库隙地）。

1909年，劝业道道台周孝怀呈川督创办四川商业学堂。

1910年，四川存古学堂创办，校址在成都簧门街“四先生祠”。

此外，1905年美国、英国、加拿大三国的五个基督教会筹建私立华西协合大学（1910年开学），校址在成都市华西坝。

民国建立后，1912年7月，全国划分为6个国立高等师范区（北京区、沈阳区、南京区、武昌区、广州区和成都区），每区各设1所高等师范学校，直属教育部管辖。次年春，四川正式将四川师范学堂改名为四川高等师范学校。1916年，经教育部决定，其与四川高等学校合并，改名为国立成都高等师范学校。该校成为全国具有重要地位的高等学校。

根据1912年北洋政府颁布的《专门学校令》，省立各专门学堂均改为省立专门学校。四川响应部令，纷纷由学堂改为学校。

1912年，原四川法政学堂改名四川法政专门学校，1915年1月，又改称四川公立法政专门学校。

1912年4月，四川农政学堂改名为四川公立农业专门学校，1914年，又改名为四川农业专门学校。

1912年，四川工业学堂改名为四川高等工业学校，后又改名为四川公立工业专门学校。

1912年4月，原英、法文官堂与藏文学堂合并，初名四川省方言学堂，后改名为四川公立外国语专门学校。

1912年，原四川商业学堂改名为四川省城中等商业学校，次年改名为四川公立商业专门学校。

1913年6月，重庆法政专门学堂改名为重庆公立法政专门学校，1914年

7月，按教育部各省公立法专只办一所的规定，该校学生并入四川公立法政专门学校，学校停办。

1919年，四川国学院改为四川公立国学专门学校，其前身为四川存古学堂。

1927年，成都的高等学校主要有三所，即国立成都大学、国立成都师范大学和公立四川大学。[①]1931年10月，经国民政府同意，“将三大学悉行合并，报教育部核准，由省府派员组织四川省政府整理大学委员会，办理合并事宜。十一月合并告成，定名国立四川大学。……该校计成立文、理、法三学院”[②]。

1929年10月12日，重庆大学正式成立并开学，由四川善后督办兼国民革命军第二十一军军长刘湘任校长，本科院系迁入沙坪坝。

1935年，“川省高等教育，大学方面，有国立四川大学、私立华西协合大学、又重庆大学（川大设文理法三院，华大设文理医三院，重大设文理农三院），学院方面有省立农科学院（设农林两系）、工科学院（设机械、应用化学、采冶三系）（该两院后分别并入四川大学和重庆大学）。此外尚有未立案专科以上学校八校：四川乡村建设学院、四川省立陶业专科、重庆法政专校、西南美术专校、四川医学专校、四川艺术专校、东方美术专校、重庆艺术专校”[③]。

## 二、学校分布及其特点

### （一）学校分布

据教育部1936年的统计，在部备案的高校，四川仅有3所（表1-6），未备案的高校有8所（表1-7）。

**表1-6　1936年四川公、私立专科以上学校一览表**

| 类别 | 立别 | 学校名称 | 校址 | 所设院系 |
|---|---|---|---|---|
| 大学 | 国立 | 四川大学 | 成都 | 理：数理、化学、生物<br>农：农林<br>文：中国文学、外国文学、史学、教育<br>法：法律、政治、经济 |
| | 省立 | 重庆大学 | 重庆 | 工：土木、电机、采冶<br>理：数理、化学 |
| | 私立 | 华西协合大学 | 成都 | 理：数理、化学、生物、制药业<br>医：医学、牙科<br>文：中国文、外国文、社会科学、哲学教育 |

资料来源：根据教育部编印《全国公私立专科以上学校一览表》（1936年）整理。

① 教育部高教司：《全国高等学校统计》，1930年8月。
② 教育部编：《第一次中国教育年鉴》（丙编教育概况），上海：开明书店，1934年，第37页。
③《四川教育概况》，《申报》（上海）1935年5月21日。

**表 1-7　1936 年四川未备案之高校一览表**

| 校名 | 校址 | 备注 |
| --- | --- | --- |
| 四川乡村建设学院 | 重庆 | 1936 年 8 月，四川省教育厅将四川乡村建设学院改为四川省立教育学院。1937 年 2 月教育部核准立案 |
| 四川省立陶业专科 | 重庆 | |
| 重庆法政专校 | 重庆 | |
| 西南美术专校 | 重庆 | |
| 四川医学专校 | 成都 | |
| 四川艺术专校 | 成都 | |
| 东方美术专校 | 成都 | |
| 重庆艺术专校 | 重庆 | |

资料来源：《四川教育概况》，《申报》（上海）1935 年 5 月 21 日。

（二）特点

（1）四川省高校数量位居全国中下水平。据教育部 1932 年之统计，四川（不含西康）人口 47 992 000 人，专科以上在校学生 2853 人，每百万人口中有 60 人是在校大学生，位于全国第 14 位（排列前 13 位的分别是江苏、广东、福建、山西、浙江、河北、辽宁、广西、黑龙江、安徽、吉林、江西、察哈尔）。①从 1936 年全国专科以上学校的分布计，上海 26 校，北平 16 校，河北 9 校，广东 8 校，湖北、江苏各 6 校，南京、山西、福建各 4 校，四川、河南、山东、江西等各 3 校，湖南、广西各 2 校，安徽、云南、甘肃、陕西、新疆各 1 校。②四川高等教育水平偏低。

（2）高校集中分布于成都和重庆。在教育部正式备案的三所大学，其中成都有 2 所，重庆 1 所，其他地区无高校。未在教育部备案之学校，也均分布于成都和重庆两地。

（3）三所大学各具特色。国立、省立和私立三种类型各一所，且三所大学的特色各一，四川大学理、农、文、法 4 学院有 11 个专业，凸显其综合性；省立重庆大学设理工 2 院 5 个专业，是典型的理工大学；华西协合大学设理、医、文 3 院 10 个专业，其中医学专业突出。

## 本章小结

清末四川近代教育起步，民国建立后，四川各类教育获得初步发展，学

① 教育部高等教育司编：《二十一年度全国高等教育概况统计》，1934 年，第 43 页。

② 教育部编印：《全国公私立专科以上学校一览表》，1936 年。

段完备。到全面抗战前四川有小学 24 474 所，中学 197 所，中等师范学校 38 所，中等职业学校 40 所，在部备案之高校 3 所，未备案高校 8 所。

这一时期学校类别多样，有国立、省立、县立、区立、联立、私立等多种办学形式，中学有高级中学、初级中学、初高级合设中学；师范有师范学校、简易师范学校和简易乡村师范学校；职业学校有高初级合设的职业学校、单设的高级职业学校或初级职业学校；高校有大学、独立学院和专科学校。从学校分布情况来看，除中等师范学校分布相对均衡外，小学、中学、中等职业学校和大学都不均衡，其中第一行政督察区、第二行政督察区、第三行政督察区和成都、重庆等地学校相对集中，各行政督察区和各县学校数量差距较大。从全省看，中等教育和高等教育还较薄弱，62 个县（局）无中学，121 个县（局）无中等师范学校，130 个县（局）无中等职业学校。高校仅集中分布于成都和重庆两地。

# 第二章　1938—1945年四川地区之学校分布

1939年5月，重庆升为中央直辖市，市区范围较原来扩大了三倍半，人口迅速增加。国民政府内迁重庆，陪都的地位和教育的发展，使得重庆的教育行政建制由省辖市的教育科迅速提升，1943年2月1日，重庆市教育局正式建立。①

1939年西康建省，除康属19个县外，还包括宁、雅两属15个县。西康省筹建初即设有教育科，后改教育厅。②

1940年4月，教育部根据政府“新县制”于教育方面的规定，制定了《国民教育实施纲要》。所谓国民教育制度，就是“义务教育与民众补习教育合流”，把小学教育和补习教育合并进行，具体办法是各县设教育科主管全县教育，乡镇设中心学校，保设国民学校，普遍推行义务教育及失学民众补习教育。中心学校和国民学校均设小学部和国民教育部，“均包括儿童、成人、妇女三部分”③。“全国自6足岁至12足岁之学龄儿童除可能受六年制小学教育者外，应依照本纲领受四年或二年或一年之义务教育。全国自15足岁至45足岁之失学民众应依本纲领分期受初级或高级民众补习教育，且得先自15足岁至35足岁之男女实施，继续推及年龄较长者之民众，其12足岁至15足岁之失学儿童，得视当地实际情形及其身心发育状况，施以相当之义务教育或民众补习教育。”④

关于国民教育的实施期限，《国民教育实施纲要》明确规定国民教育的普及以五年为期，从1940年8月至1945年7月分三期进行。⑤

（1）1940年8月至1942年7月为第一期：各乡镇应成立中心国民小学1

---

① 涂文涛主编：《四川教育史》（上），成都：四川教育出版社，2007年，第443页。
② 涂文涛主编：《四川教育史》（上），成都：四川教育出版社，2007年，第539页。
③ 教育部教育年鉴编纂委员会编：《第二次中国教育年鉴》（第三编初等教育），上海：商务印书馆，1948年，第5页。
④ 教育部教育年鉴编纂委员会编：《第二次中国教育年鉴》（第二编教育行政），上海：商务印书馆，1948年，第5页。
⑤ 教育部教育年鉴编纂委员会编：《第二次中国教育年鉴》（第三编初等教育），上海：商务印书馆，1948年，第5—6页。

所，至少每三保成立国民学校 1 所，入学儿童达到学龄儿童的 65%以上，入学民众达到失学民众的 30%以上。

（2）1942 年 8 月至 1944 年 8 月为第二期：国民学校逐渐增加，或原有国民学校增加班级。学龄儿童入学率达到入学儿童的 80%以上，入学民众达到失学民众的 50%以上。

（3）1944 年 8 月至 1945 年 7 月为第三期：应达到每保 1 校，入学儿童达到学龄儿童的 90%以上，入学民众达到失学民众的 60%以上。

全面抗战时期，许多大中学校内迁四川，四川当局和地方各界对内迁学校给予诸多帮助，并利用迁川学校的人才优势和自身条件，大力发展本省的教育科研。全面抗战时期成为四川近代教育发展史上的黄金时期，并奠定了四川现代教育发展的坚实基础。

## 第一节　初等教育之学校分布

### 一、小学学校发展概况

1938 年，国民政府通令学校实施“战时教育”；1939 年 4 月，限令成都各省立小学疏散，与省立临时小学合并办理；至 1940 年秋，除保留省立实验小学及师范附小外，其余中城、南城、西城、北城等小学均交归当地县教育行政机关领导管理。

1939 年，四川全省各类小学共有 25 481 所，在校学生 204.5 万人，教职员 52 465 人，入学儿童约占学龄儿童总数的 44%。[①]1939 年比 1935 年增加了学校 8304 所、学生 1 022 938 人、教职员 14 663 人。[②]1939 年，西康省有学校 1204 所，比 1935 年增加了 1127 所；教职员 2342 人，比 1935 年增加了 2187 人。[③]两项均是 1935 年的 15 倍还多。

1940 年，初等教育实施重大改革，小学改称“国民学校”及“中心国民学校”，实施政教合一及儿童教育与成人教育合一。3 月，教育部公布了《国民教育实施纲领》，规定国民教育分义务教育及失学民众补习教育两部分，在保国民学校及乡（镇）中心国民学校内同时实施，并优先实施义务教育部分。

① 教育部教育年鉴编纂委员会编：《第二次中国教育年鉴》（第三编初等教育），上海：商务印书馆，1948 年，第 56 页。

② 教育部教育年鉴编纂委员会编：《第二次中国教育年鉴》（第三编初等教育），上海：商务印书馆，1948 年，第 56 页。

③ 教育部教育年鉴编纂委员会编：《第二次中国教育年鉴》（第三编初等教育），上海：商务印书馆，1948 年，第 60 页。

四川“共编 3517 乡镇，约 5 万保。中心学校应设 3517 所，于一年内设置完成。据 29 年（1940 年）下半年各县报告，已设 3285 所，30 年（1941 年）则仍继续设置 232 所。保国民学校应约设立 5 万所，分三年设置完成，第一年拟三保设国民学校 1 所，应为 16667 所，然因各县努力推行，数量则大增，29 年（1940 年）下半年各县呈报已改设和增设共计 25 190 所……至 30 年（1941 年）下半年再增设 8500 校”[①]。“33 年（1944 年），教育厅充实江北、巴县、璧山三县中心国民学校之内容。34 年又充实成都、自贡两市，既双流、黔江、灌县、资中、荣县、内江、大足、青神、江安、隆昌、南充、蓬溪、绵竹、德阳、彰明、华阳、犍为等共 20 县中心国民学校及国民学校之内容。其中荣县成绩特佳，学校概属新建，教学用具亦整齐划一。”[②]

至 1945 年 7 月第三期施行计划终结，中心国民学校发展到 4978 所，国民学校发展到 46 625 所，连同私立小学，全省共有小学 52 711 所，入学儿童 3 824 743 人，入学儿童达到学龄儿童总数的 80%。[③]这是民国时期四川地区小学教育发展的最佳时期。

西康国民教育分期逐步推进，第一期（1941 年）有西昌、会理、雅安、汉源四县；第二期（1942 年）增越嶲 、冕宁、盐源、天全、荥经等 5 县；第三期（1943 年）增康定、泸定、盐边、宁南、芦山等 5 县；第四期（1945 年）增德昌、宝兴、甘孜、道孚、九龙、巴安、丹巴等 7 县。[④]根据西康省教育厅的统计，西康省的小学在 1941 年和 1942 年达到了高峰，其学校数分别是 243 所和 144 所。[⑤]国民教育在实施的五年里，还收容了大量的学龄儿童和失学成人，1945 年收容 165 281 人，毕业儿童 165 178 人，比 1941 年刚实施国民教育时，分别增加了 125 501 人和 133 358 人；失学成人入学数和毕业数 1944 年为最高，分别是 9750 人和 8891 人，比 1941 年分别增加了 7750 人和 7291 人。入学学龄儿童占学龄儿童总数百分比、毕业儿童占学龄儿童总数百分比均是 1945 年最高，分别为 57%和 50%；入学失学成人占失学成人数的百分比、毕业成人占失学成人总数的百分比是 1944 年最高，分别为 2.1%和 1.7%。[⑥]

---

① 四川省政府教育厅第三科：《四川省国民教育实施概况》，上海：中华书局，1941 年。

② 教育部教育年鉴编纂委员会编：《第二次中国教育年鉴》（第三编初等教育），上海：商务印书馆，1948 年，第 67 页。

③ 教育部教育年鉴编纂委员会编：《第二次中国教育年鉴》（第三编初等教育），上海：商务印书馆，1948 年，第 63 页。

④ 教育部教育年鉴编纂委员会编：《第二次中国教育年鉴》（第三编初等教育），上海：商务印书馆，1948 年，第 137 页。

⑤ 四川省档案馆全宗号 228，案卷号 11，西康省边疆小学历年统计比较表。

⑥ 教育部教育年鉴编纂委员会编：《第二次中国教育年鉴》（第三编初等教育），上海：商务印书馆，1948 年，第 138 页。

## 二、小学学校分布及其特点

### （一）学校分布

1940 年下学期四川地区（含重庆）各县中心学校及国民学校统计，如表 2-1 所示。

**表 2-1　1940 年下学期四川地区（含重庆）各县中心学校及国民学校统计表**

（单位：所）

| 区名 | 县名 | 中心学校数 | 国民学校数 |
| --- | --- | --- | --- |
| 第一行政督察区 | 温江 | 16 | 91 |
| | 成都 | 14 | 88 |
| | 华阳 | 27 | 100 |
| | 灌县 | 19 | 175 |
| | 新津 | 12 | 84 |
| | 崇庆 | 31 | 249 |
| | 新都 | 14 | 106 |
| | 郫县 | 13 | 120 |
| | 双流 | 14 | 140 |
| | 彭县 | 31 | 121 |
| | 新繁 | 6 | 75 |
| | 崇宁 | 10 | 68 |
| | 计 | 207 | 1 417 |
| 第二行政督察区 | 资中 | 41 | 290 |
| | 资阳 | 29 | 307 |
| | 内江 | 45 | 323 |
| | 荣县 | 55 | 357 |
| | 仁寿 | 60 | 301 |
| | 简阳 | 59 | 352 |
| | 威远 | 26 | 157 |
| | 井研 | 16 | 108 |
| | 计 | 331 | 2 195 |
| 第三行政督察区 | 永川 | 28 | 164 |
| | 巴县 | 54 | 450 |
| | 江津 | 30 | 294 |
| | 江北 | 42 | 223 |
| | 合川 | 50 | 498 |
| | 荣昌 | 24 | 272 |
| | 綦江 | 31 | 144 |
| | 大足 | 28 | 204 |
| | 璧山 | 34 | 191 |
| | 铜梁 | 38 | 233 |
| | 计 | 359 | 2 673 |

续表

| 区名 | 县名 | 中心学校数 | 国民学校数 |
|---|---|---|---|
| 第四行政督察区 | 眉山 | 38 | 252 |
| | 蒲江 | 6 | 75 |
| | 邛崃 | 31 | 228 |
| | 大邑 | 25 | 184 |
| | 彭山 | 9 | 90 |
| | 洪雅 | 11 | 107 |
| | 夹江 | 17 | 70 |
| | 青神 | 18 | 85 |
| | 名山 | 9 | 125 |
| | 丹稜 | 5 | 82 |
| | 计 | 169 | 1 298 |
| 第五行政督察区 | 乐山 | 33 | 197 |
| | 屏山 | 37 | 105 |
| | 马边 | 8 | 18 |
| | 峨边 | 8 | 43 |
| | 雷波 | 4 | 14 |
| | 犍为 | 29 | 190 |
| | 峨眉 | 7 | 137 |
| | 计 | 126 | 704 |
| 第六行政督察区 | 宜宾 | 60 | 473 |
| | 南溪 | 24 | 103 |
| | 庆符 | 11 | 113 |
| | 江安 | 22 | 124 |
| | 兴文 | 12 | 31 |
| | 珙县 | 8 | 112 |
| | 高县 | 23 | 80 |
| | 筠连 | 7 | 63 |
| | 长宁 | 12 | 143 |
| | 计 | 179 | 1 242 |
| 第七行政督察区 | 泸县 | 54 | 650 |
| | 隆昌 | 31 | 189 |
| | 富顺 | 45 | 216 |
| | 叙永 | 24 | 224 |
| | 合江 | 20 | 135 |
| | 纳溪 | 7 | 30 |
| | 古宋 | 9 | 77 |
| | 古蔺 | 30 | 156 |
| | 计 | 220 | 1 677 |
| 第八行政督察区 | 酉阳 | 38 | 180 |
| | 涪陵 | 93 | 249 |
| | 丰都 | 54 | 510 |
| | 南川 | 14 | 138 |
| | 彭水 | 30 | 83 |
| | 黔江 | 18 | 131 |
| | 秀山 | 31 | 120 |
| | 石柱 | 9 | 105 |
| | 计 | 287 | 1 516 |

续表

| 区名 | 县名 | 中心学校数 | 国民学校数 |
|---|---|---|---|
| 第九行政督察区 | 万县 | 49 | 192 |
| | 奉节 | 15 | 46 |
| | 开县 | 37 | 209 |
| | 忠县 | 29 | 254 |
| | 巫山 | 13 | 70 |
| | 巫溪 | 14 | 72 |
| | 云阳 | 31 | 231 |
| | 城口 | 7 | 50 |
| | 计 | 195 | 1 124 |
| 第十行政督察区 | 大竹 | 33 | 366 |
| | 渠县 | 36 | 486 |
| | 广安 | 38 | 441 |
| | 梁山 | 29 | 379 |
| | 邻水 | 22 | 268 |
| | 垫江 | 15 | 162 |
| | 长寿 | 20 | 330 |
| | 计 | 193 | 2 432 |
| 第十一行政督察区 | 南充 | 45 | 814 |
| | 岳池 | 27 | 371 |
| | 蓬安 | 12 | 250 |
| | 营山 | 28 | 302 |
| | 南部 | 36 | 541 |
| | 武胜 | 14 | 135 |
| | 西充 | 23 | 285 |
| | 仪陇 | 11 | 194 |
| | 计 | 196 | 2 892 |
| 第十二行政督察区 | 遂宁 | 32 | 308 |
| | 安岳 | 46 | 445 |
| | 中江 | 51 | 312 |
| | 三台 | 60 | 350 |
| | 潼南 | 21 | 186 |
| | 蓬溪 | 41 | 327 |
| | 乐至 | 27 | 250 |
| | 射洪 | 22 | 243 |
| | 盐亭 | 12 | 130 |
| | 计 | 312 | 2 551 |
| 第十三行政督察区 | 绵阳 | 36 | 230 |
| | 绵竹 | 18 | 183 |
| | 广汉 | 19 | 140 |
| | 安县 | 18 | 133 |
| | 德阳 | 15 | 114 |
| | 什邡 | 14 | 80 |
| | 金堂 | 41 | 229 |
| | 梓潼 | 12 | 137 |
| | 罗江 | 14 | 80 |
| | 计 | 187 | 1 326 |

续表

| 区名 | 县名 | 中心学校数 | 国民学校数 |
|---|---|---|---|
| 第十四行政督察区 | 剑阁 | 17 | 147 |
| | 苍溪 | 15 | 136 |
| | 广元 | 23 | 87 |
| | 江油 | 14 | 181 |
| | 阆中 | 21 | 234 |
| | 昭化 | 10 | 82 |
| | 彰明 | 12 | 102 |
| | 北川 | 6 | 27 |
| | 平武 | 20 | 92 |
| | 计 | 138 | 1 088 |
| 第十五行政督察区 | 达县 | 45 | 300 |
| | 巴中 | 16 | 160 |
| | 开江 | 17 | 115 |
| | 宣汉 | 34 | 244 |
| | 万源 | 24 | 67 |
| | 通江 | 18 | 88 |
| | 南江 | 13 | 111 |
| | 计 | 167 | 1 085 |
| 第十六行政督察区 | 茂县 | 5 | 20 |
| | 理番 | 3 | 21 |
| | 懋功 | 2 | 10 |
| | 松潘 | 3 | 21 |
| | 汶川 | 4 | 15 |
| | 靖化 | 2 | 16 |
| | 计 | 19 | 103 |
| 合计 | | 3 285 | 25 323 |

资料来源：四川省政府教育厅第三科：《四川省国民教育实施概况》，上海：中华书局，1941年。

（二）特点

（1）小学学校数迅速增加，包括中心学校和国民学校。教育部公布《国民教育实施纲领》后，小学学校如雨后春笋般地建立起来，与1939年相比，各县都有大幅增加，其中，学校数量增加较多的县有温江、华阳、崇庆、双流、资中、内江、荣县、仁寿、简阳、井研、江北、合川、綦江、蒲江、邛崃、大邑等，大部分县已提前实现了“各乡镇应成立中心国民小学1所，至少每三保成立国民学校1所，入学儿童达到学龄儿童的65%以上，入学民众达到失学民众的30%以上”[①]的目标。

（2）第三行政督察区学校绝对数位居各行政督察区前列。第三行政督察区中心学校359所，居四川地区第一位；国民学校2673所，仅次于第十一行

① 教育部教育年鉴编纂委员会编：《第二次中国教育年鉴》（第三编初等教育），上海：商务印书馆，1948年，第5—6页。

政督察区，居四川地区第二位，两类学校总计3032所，次于第十一行政督察区总计3088所，亦居四川地区第二位。

（3）各行政督察区差异突出。中心学校和国民学校总数在2000所以上的行政督察区有第二、第三、第十、第十一、第十二行政督察区，而第十六行政督察区两类学校共仅122所。

（4）成都、重庆国民教育成就瞩目。成都作为省会城市，加之教育基础良好，到1942年时，共有市立中心学校32所、县立小学6所、私立小学47所、公立小学3所，计88所，若加上省立小学6所，共计94所。在各类小学中，成都市立中心小学是成都市小学教育的骨干。[①]重庆1940年全市小学有42所，1941年有136所，到1944年各类小学达到284所。[②]

综上所述，全面抗战时期，四川初等教育获得较大发展，从全国来看，以1939年为例，四川地区（含重庆、西康）初等教育学校数为27 185所，占全国初等学校总数的12.78%，在全国位列第一。从四川地区初等教育发展的纵向看，1943年学校数4.75万所，为最多的一年；1942年教职员和学生数分别为13.7万人和370.1万人，为最多的一年。[③]

## 第二节　中等教育之学校分布

1938年，教育部令各省市实行中等学校分区设立，“中学、师范学校及职业学校之设置，依照省内各地交通、人口、经济、文化、（，）及现有学校情形，酌量划分若干区，分别办理。每区内之公私立中学，应有适当之分配，每区内以有高初合设之中学一所为原则，无省立中学者，应设联立中学或择一私立中学，优先整理充实，无联立私立中学时，应以次就公立或私立初级中学内择一校予以整理充实，以示楷模。每区内除应有中学或初级中学一所外，并应有女子中学一所。如尚无设立之必要时，应先设中学或初级中学附设女生部，俾女子教育得以发展”[④]。

① 涂文涛主编：《四川教育史》（上），成都：四川教育出版社，2007年，第443页。

② 教育部教育年鉴编纂委员会编：《第二次中国教育年鉴》（第三编初等教育），上海：商务印书馆，1948年，第161页。

③ 阮湘编：《第一回中国年鉴》，上海：商务印书馆，1924年，第1840—1863页。

④ 教育部教育年鉴编纂委员会编：《第二次中国教育年鉴》（第四编中学教育），上海：商务印书馆，1948年，第2页。

1937年全面抗战爆发后，入川的人口日益增多，要求进入中等学校的学生相应增加；加之国民政府内迁，政府机关、工矿企业、社会团体等部门相应增多，对中等学历人才的需求为之大增，故刺激了更多的人进入中等学校学习；再加之抗战时期“教育救国”之风蔚起，四川的中等教育无论是量还是质都有较快发展。从1937年到1945年，四川地区中等学校的数量有了显著的增加。1937年，四川仅有中等学校267所，学生共有7.3万人，教职员3829人（其中中学196所，学生6.36万人，教职员2862人；师范39所，学生5753人，教职员481人；职业学校32所，学生4137人，教职员486人）。[①]次年因少数学校裁并，中等学校数量减少为247所，以后又逐年增加。1939年，四川地区（含重庆、西康）中等教育学校共计319所，占全国中等教育学校总数的16.2%，位居全国第一。[②]1940年，四川地区中等教育学校总计316所，学生10.2万人，教职员5857人（其中中学203所，学生8.89万人，教职员4306人；职业学校52所，学生6655人，教职员1017人；师范学校61所，学生6934人，教职员534人）。其中，迁川中学19所，学生5126人，教职员362人。[③]到1945年中等学校已增到671所，学生24.77万人，几乎是全面抗战前的3倍。此外，国立中等学校有22所。此671所学校中属省立的65所，县立的303所，私立的303所。[④]

## 一、中学教育

### （一）发展概况

遵照教育部“各省应依各地交通、人口、经济、文化及现有学校情况酌量划分若干学区的训令”，四川省教育厅曾三次划分全省学区。1936年，四川地区依行政督察区划分为18个中学区；1939年重新划为10个中学区（西康划分为4个未计入），每区指定示范中学一所（表2-2）；从1940年起调整各区中学，增设中学及校班。[⑤]

① 四川省档案馆藏：《四川省中等教育统计》附表二，46辑4号，卷宗号107/3。
② 教育部统计室编：《全国教育统计简编》，1941年。
③ 四川省档案馆藏：《四川省中等教育统计》附表五，46辑4号，卷宗号107/3。
④ 温贤美主编：《四川通史》第七册，成都：四川大学出版社，1994年，第327页。
⑤ 四川省地方志编纂委员会编：《四川省志·教育志》（上），北京：方志出版社，2000年，第199—200页。

表 2-2　1939 年四川地区中学区一览表

| 学区别 | 辖县及其所属中学 | 指定示范中学 |
| --- | --- | --- |
| 成都区 | 成都、华阳、温江、郫县、崇宁、灌县、崇庆、新津、双流、彭山、大邑、邛崃、名山、新都、新繁、彭县、什邡、金堂、广汉、成都市 | 省立成都中学 |
| 资中区 | 资中、资阳、内江、仁寿、威远、荣县、隆昌、富顺、安岳、乐至、简阳、自贡市 | 省立资中中学 |
| 重庆区 | 巴县、江北、合川、铜梁、大足、荣昌、永川、江津、綦江、璧山、合江 | 重庆县联立中学 |
| 乐山区 | 乐山、眉山、青神、夹江、洪雅、蒲江、丹稜、峨边、犍为、井研 | 嘉属联立中学 |
| 江安区 | 江安、泸县、宜宾、南溪、纳溪、叙永、古宋、古蔺、兴文、长宁、珙县、高县、筠连、庆符、屏山、雷波 | 省立江安中学 |
| 涪陵区 | 涪陵、长寿、南川、丰都、垫江、石柱、彭水、黔江、酉阳、秀山 | 省立涪陵中学 |
| 万县区 | 万县、忠县、梁山、开县、云阳、奉节、巫山、巫溪 | 省立奉节中学 |
| 达县区 | 达县、开江、大竹、宣汉、城口、万源、通江、南江、巴中 | 十五区联立中学 |
| 南充区 | 南充、西充、遂宁、蓬溪、潼南、武胜、邻水、岳池、广安、渠县、营山、蓬安、仪陇、南部、阆中、苍溪 | 省立南充中学 |
| 绵阳区 | 绵阳、罗江、德阳、中江、射洪、盐亭、三台、梓潼、昭化、剑阁、广元、江油、平武、北川、安县、绵竹 | 省立绵阳中学 |

资料来源：四川省教育委员会编：《四川省志·教育志》（普通教育第一辑），第 98 页。

注：松潘、茂县、理番、汶川、懋功、靖化等县未设中学，暂不划归中学区。

全面抗战时期，四川的公私立中学发展很快，1930 年有 230 所，1940 年以后，公私立中学达 448 所。同时，国立中学异军突起，全面抗战时期，国民政府所开办的国立中学大部分在四川地区。①

由于中学校数增大，原划定的学区仍极辽阔，1945 年又将学区划为 20 个（茂县区仅有县立中学一所，地处偏远交通不便，暂附华阳区内）：成都区（成都石室中学、省立成都中学）、华阳区（省立列五中学）、巴县区（省立重庆中学）、资中区（省立资中中学）、永川区（铜梁县立中学）、荣县区（荣县县立中学）、眉山区（省立眉山中学）、乐山区（省立乐山中学）、南充区（省立南充中学）、宜宾区（省立宜宾中学）、万县区（省立万县中学）、叙永区（省立叙永中学）、遂宁区（省立三台高级中学）、泸县区（泸县县立中学）、绵阳区（省立绵阳中学）、涪陵区（省立涪陵中学）、达县区（省立达县中学）、酉阳区（省立龙潭中学）、剑阁区（省立阆中中学）、大竹区（广安县立中学）。②

全面抗战时期，四川地区的中学数量除 1938 年因少数学校裁并及西昌、雅安等 14 个县改隶西康，除学校略有减少外，其余各年度均呈增长趋势。1937 年，全省中学有 196 所，1006 级，平均每校 5.13 级（班），计学生 63 637 人。至 1945

① 熊明安、徐仲林、李定开主编：《四川教育史稿》，成都：四川教育出版社，1993 年，第 336—338 页。

② 四川省地方志编纂委员会编：《四川省志·教育志》（上），北京：方志出版社，2000 年，第 200—201 页。

年，中学发展到521所，3812班，每校平均7.32级（班），计学生20.3万人。校数增加1.66倍，学生增加2.2倍。这还不包括设立后的西康省和重庆直辖市所属的公私立中学70所（西康24、重庆46），约600班，22 600人。增加的中学主要是县立和私立。所有联立中学，于1940年经省务会议决定改为省立。①

全面抗战前的西康地区，中学附设于师范学校。1938年宁（西昌）、雅（雅安）14县划归西康，计有中学9所，其中省立3所，县立5所，私立1所，共49个班，2168名学生。至1945年中学发展到24所，139个班，5300名学生。②重庆直辖市，1939年有公私立中学20所，以后增至50余所。1945年由于学校复员，中学由50所减为46所。③

（二）学校分布及其特点

1. 学校分布

1941年四川地区（含重庆）中学学校统计，如表2-3所示。

**表2-3　1941年四川地区（含重庆）中学学校统计表**　　（单位：所）

| 区名 | 县名 | 国立 | 省立 | 县立 | 私立 | 合计 |
|---|---|---|---|---|---|---|
| 第一行政督察区 | 温江 | | | 1 | | 1 |
| | 成都 | | 2 | 2 | 27 | 31 |
| | 华阳 | | 1 | 1 | | 2 |
| | 灌县 | | | 1 | 1 | 2 |
| | 新津 | | | 1 | | 1 |
| | 崇庆 | | | 1 | | 1 |
| | 新都 | | | 1 | | 1 |
| | 郫县 | | | 1 | | 1 |
| | 双流 | | | 1 | | 1 |
| | 彭县 | | 1 | 1 | 1 | 3 |
| | 新繁 | | 1 | 1 | | 2 |
| | 崇宁 | | | 1 | | 1 |
| | 计 | | | | | 47 |
| 第二行政督察区 | 资中 | | 1 | 2 | 2 | 5 |
| | 资阳 | | | 1 | 1 | 2 |
| | 内江 | | | 1 | | 1 |
| | 荣县 | | | 1 | 2 | 3 |
| | 仁寿 | | | 2 | 1 | 3 |
| | 简阳 | | | 2 | 1 | 3 |
| | 威远 | 2 | | 1 | | 3 |
| | 井研 | | | 1 | | 1 |
| | 计 | | | | | 21 |

① 四川省地方志编纂委员会编：《四川省志·教育志》（上），北京：方志出版社，2000年，第169页。
② 四川省地方志编纂委员会编：《四川省志·教育志》（上），北京：方志出版社，2000年，第170页。
③ 四川省地方志编纂委员会编：《四川省志·教育志》（上），北京：方志出版社，2000年，第170页。

续表

| 区名 | 县名 | 国立 | 省立 | 县立 | 私立 | 合计 |
|---|---|---|---|---|---|---|
| 第三行政督察区 | 重庆 | | | 1 | 14 | 15 |
| | 永川 | 1 | | 1 | 1 | 3 |
| | 巴县 | 3 | | 1 | 5 | 9 |
| | 江津 | 4 | | 1 | | 5 |
| | 江北 | 1 | | 2 | 1 | 4 |
| | 合川 | 1 | | 2 | 3 | 6 |
| | 荣昌 | | | 2 | 1 | 3 |
| | 綦江 | | | 1 | | 1 |
| | 大足 | | | 2 | 1 | 3 |
| | 璧山 | 1 | | 1 | 3 | 5 |
| | 铜梁 | | | 2 | 2 | 4 |
| | 计 | | | | | 58 |
| 第四行政督察区 | 眉山 | | 1 | 1 | | 2 |
| | 蒲江 | | | 1 | | 1 |
| | 邛崃 | | | 1 | 1 | 2 |
| | 大邑 | | | 2 | | 2 |
| | 彭山 | | | 1 | | 1 |
| | 洪雅 | | | 1 | | 1 |
| | 夹江 | | | 1 | | 1 |
| | 青神 | | | | 1 | 1 |
| | 名山 | | | 1 | | 1 |
| | 丹棱 | | | | | |
| | 计 | | | | | 12 |
| 第五行政督察区 | 乐山 | | 1 | 2 | 2 | 5 |
| | 屏山 | | | | | |
| | 马边 | | | 1 | | 1 |
| | 峨边 | | | | | |
| | 雷波 | | | | | |
| | 犍为 | | | 2 | 2 | 4 |
| | 峨眉 | | | 1 | | 1 |
| | 计 | | | | | 11 |
| 第六行政督察区 | 宜宾 | | | 2 | 4 | 6 |
| | 南溪 | | 1 | 1 | | 2 |
| | 庆符 | | | 1 | | 1 |
| | 江安 | | 1 | 1 | | 2 |
| | 兴文 | | | | | |
| | 珙县 | | | | | |
| | 高县 | | | 1 | | 1 |
| | 筠连 | | | 1 | | 1 |
| | 长宁 | | | | | |
| | 计 | | | | | 13 |

续表

| 区名 | 县名 | 国立 | 省立 | 县立 | 私立 | 合计 |
|---|---|---|---|---|---|---|
| 第七行政督察区 | 泸县 | | | 1 | 2 | 3 |
| | 隆昌 | | | 1 | 1 | 2 |
| | 富顺 | | | 2 | 5 | 7 |
| | 叙永 | | | 1 | | 1 |
| | 合江 | 1 | | 1 | | 2 |
| | 纳溪 | | | 1 | | 1 |
| | 古宋 | | | 1 | | 1 |
| | 古蔺 | | | 1 | | 1 |
| | 计 | | | | | 18 |
| 第八行政督察区 | 酉阳 | | | 1 | | 1 |
| | 涪陵 | | 1 | 2 | 2 | 5 |
| | 丰都 | | | 1 | 2 | 3 |
| | 南川 | | | | 2 | 2 |
| | 彭水 | | | 1 | | 1 |
| | 黔江 | | | 1 | | 1 |
| | 秀山 | 1 | | 1 | | 2 |
| | 石柱 | | | 1 | | 1 |
| | 计 | | | | | 16 |
| 第九行政督察区 | 万县 | | | 2 | 5 | 7 |
| | 奉节 | | 1 | | 2 | 3 |
| | 开县 | | | 2 | | 2 |
| | 忠县 | | | 1 | 1 | 2 |
| | 巫山 | | | 1 | | 1 |
| | 巫溪 | | | 1 | | 1 |
| | 云阳 | | | 1 | | 1 |
| | 城口 | | | | | |
| | 计 | | | | | 17 |
| 第十行政督察区 | 大竹 | | | 2 | | 2 |
| | 渠县 | | | 2 | | 2 |
| | 广安 | | | 2 | 1 | 3 |
| | 梁山 | | | 1 | | 1 |
| | 邻水 | | | 1 | | 1 |
| | 垫江 | | | 1 | | 1 |
| | 长寿 | 1 | 1 | 1 | | 3 |
| | 计 | | | | | 13 |

续表

| 区名 | 县名 | 国立 | 省立 | 县立 | 私立 | 合计 |
|---|---|---|---|---|---|---|
| 第十一行政督察区 | 南充 | | 1 | 1 | 2 | 4 |
| | 岳池 | | | 2 | | 2 |
| | 蓬安 | | | 1 | 1 | 2 |
| | 营山 | | | 1 | | 1 |
| | 南部 | | | 1 | | 1 |
| | 武胜 | | | 1 | | 1 |
| | 西充 | | | | 1 | 1 |
| | 仪陇 | | | 1 | | 1 |
| | 计 | | | | | 13 |
| 第十二行政督察区 | 遂宁 | | | 2 | 2 | 4 |
| | 安岳 | | | 2 | 1 | 3 |
| | 中江 | | | 3 | | 3 |
| | 三台 | 1 | 1 | 2 | 1 | 5 |
| | 潼南 | | | 1 | 1 | 2 |
| | 蓬溪 | | | 1 | 1 | 2 |
| | 乐至 | | | 1 | | 1 |
| | 射洪 | | | 2 | | 2 |
| | 盐亭 | | | 1 | | 1 |
| | 计 | | | | | 23 |
| 第十三行政督察区 | 绵阳 | | 2 | 1 | 3 | 6 |
| | 绵竹 | | | 1 | | 1 |
| | 广汉 | | | 2 | | 2 |
| | 安县 | | | 1 | | 1 |
| | 德阳 | | | 1 | | 1 |
| | 什邡 | | | 1 | | 1 |
| | 金堂 | | | 1 | 2 | 3 |
| | 梓潼 | | | 1 | | 1 |
| | 罗江 | | | | | |
| | 计 | | | | | 16 |
| 第十四行政督察区 | 剑阁 | | | 1 | | 1 |
| | 苍溪 | | | 1 | | 1 |
| | 广元 | | | | 1 | 1 |
| | 江油 | | | 1 | | 1 |
| | 阆中 | 1 | 1 | 1 | | 3 |
| | 昭化 | | | 1 | | 1 |
| | 彰明 | | | 1 | | 1 |
| | 北川 | | | | | |
| | 平武 | | | | | |
| | 计 | | | | | 9 |

续表

| 区名 | 县名 | 国立 | 省立 | 县立 | 私立 | 合计 |
|---|---|---|---|---|---|---|
| 第十五行政督察区 | 达县 | | 1 | 1 | | 2 |
| | 巴中 | | | | | |
| | 开江 | | | 1 | | 1 |
| | 宣汉 | | | | 1 | 1 |
| | 万源 | | | 1 | | 1 |
| | 通江 | | | 1 | | 1 |
| | 南江 | | | 1 | | 1 |
| | 计 | | | | | 7 |
| 第十六行政督察区 | 茂县 | | | 1 | | 1 |
| | 理番 | | | | | |
| | 懋功 | | | | | |
| | 松潘 | | | | | |
| | 汶川 | | | | | |
| | 靖化 | | | | | |
| | 计 | | | | | 1 |
| 合计 | | 18 | 19 | 141 | 117 | 295 |

资料来源：据四川省政府教育厅编印《四川省教育文化地图》（1941年初版）整理。

另西康的泰宁、荥经、雅安、天全、汉源、西昌、盐源、盐边、宁南各有中学1所。四川地区包括西康在内，共计304校。

2. 特点

（1）国立中学异军突起。全面抗战爆发后，教育部为“救济战区撤退之公私立中等学校员生，乃在后方各省市逐次设立国立中等学校予以收容，俾得继续求学以充实民族力量”①。1939年，教育部颁行《国立中学暂行规程》，至1945年全国国立中学共计29所②，其中在四川的有18所，它们是：国立第一中学、国立第二中学、国立第四中学、国立第六中学、国立第七中学、国立第八中学、国立第九中学、国立第十中学、国立第十二中学、国立第十六中学、国立第十八中学、国立第十九中学、国立第二十一中学、国立第二十二中学、国立第二华侨中学、国立第三华侨中学、国立女子中学、国立东北中山中学。四川地区的18所国立中学，第三行政督察区占11所。国立中学在四川发展良好，以国立第二中学为例，1945年有34个班，学生1529人，毕业生439人。③

① 教育部中等教育司编：《中等教育概况》，南京：民生印书馆，1949年，第21页。
② 教育部中等教育司编：《中等教育概况》，南京：民生印书馆，1949年，第26页。
③ 教育部教育年鉴编纂委员会编：《第二次中国教育年鉴》（第四编中学教育），上海：商务印书馆，1948年，第34页。

（2）私立中学大增。全面抗战时期，私立中学有很大增长，与全面抗战前的 1936 年相比，私立中学由 71 所增加到 117 所，几近翻倍。其中，私立中学最多的是成都，有 27 所；其次是重庆，有 14 所；再次是巴县、万县、富顺各 5 所，宜宾 4 所。

（3）县立中学仍居主导地位。1936 年，四川中学总计 197 所，其中县立 102 所，约占中学总数的 52%。1941 年，县立中学增加至 146 所（含西康 5 所县立中学），占中学总数的 48%，虽比 1936 年的比例有所下降，但县立中学在中学学校中居主导地位的事实并未改变。

（4）学校分布不均的现象依旧存在。16 个行政督察区，中学数最多的是第三行政督察区，其次是第一行政督察区，这两区的中学数量遥遥领先。其他中学数量在 20 所以上的行政督察区有第二和第十二行政督察区；中学数量在 10—20 所的有第四、第五、第六、第七、第八、第九、第十、第十一、第十三行政督察区；中学数量在 10 所以下的有第十四、第十五、第十六行政督察区，且第十六行政督察区只有中学 1 所，说明行政督察区之间差异较大。再有，丹稜、屏山、峨边、雷波、兴文、珙县、长宁、城口、罗江、北川、平武、巴中、理番、懋功、松潘、汶川、靖化诸县无中学。

## 二、中等师范教育

### （一）发展概况

全面抗战期间，四川地区成为抗战大后方，一方面为了收容沦陷区失学青年及教职员，以发挥教育功能，增强抗战力量，使教师、学生各得其所；另一方面为了储备沦陷区师资及培养后方优良小学教师，国民政府教育部在四川地区设立了 7 所国立师范学校，即国立重庆师范学校、国立劳作师范学校、国立童子军师范学校、国立梓潼师范学校、国立江津师范学校、国立荣县师范学校、国立女子师范学校。

1940 年实施新县制，“各县市普设中心国民学校及国民学校，师荒问题，更趋严重”[①]，为解决师资问题，四川省大力发展师范教育。四川省教育厅将全省划为十六个师范学校区划，即第一师范学校区（省立成都师范学校区）、第二师范学校区（省立资中师范学校区）、第三师范学校区（省立重庆师范学校区）、第四师范学校区（省立彭山师范学校区）、第五师范学校区（省立乐

① 教育部教育年鉴编纂委员会编：《第二次中国教育年鉴》（第七编师范教育），上海：商务印书馆，1948 年，第 53 页。

山师范学校区）、第六师范学校区（省立宜宾师范学校区）、第七师范学校区（省立泸县师范学校区）、第八师范学校区（省立酉阳师范学校区）、第九师范学校区（省立万县师范学校区）、第十师范学校区（省立大竹师范学校区）、第十一师范学校区（省立南充师范学校区）、第十二师范学校区（省立遂宁师范学校区）、第十三师范学校区（省立绵阳师范学校区）、第十四师范学校区（省立剑阁师范学校区）、第十五师范学校区（省立达县师范学校区）、第十六师范学校区（省立威州乡村师范学校区）。

1940 年，四川地区先后增设了省立达县、乐山、大竹、宜宾、绵阳师范学校及省立威州乡村师范学校。

1942 年，四川地区又增设了省立酉阳师范学校和省立眉山师范学校。

1943 年，省立成都幼稚师范学校成立。年内，彭县、灌县、綦江、璧山、犍为、庆符、泸县、富顺、江油等地增设了简易师范学校。

1944 年，铜梁、南溪、大足、什邡、简阳、乐山、蓬溪、德阳等 9 县设立了简易师范学校。

1945 年，内江设立省女子师范学校 1 所，三台、广安、荣县设立县师范各 1 所，同时华阳、安县、罗江、通江、安岳、洪雅各县增设了简易师范学校。

到抗日战争胜利前，四川地区已完成每一师范学校区至少设立省立师范 1 所，每三县至少设县立师范 1 所的目标。“三十四年度增至八十九所……一年制师资训练班尚未计算在内。”①

西康在建省前，仅有西康师范、省立西昌师范、越巂县立简易乡村师范三所师范学校。1939 年，教育厅为发展师范教育大计，将西康划为三个师范教育区。第一区为康属各县，以省立康定师范（原西康师范改设）为中心，除原有师范班继续办理外，还增设简易师范班。第二区为宁属各县，以省立西昌师范为中心，除越巂县立简易乡村师范继续办理外，还于 1939 年添设冕宁县立简易乡村师范 1 所。第三区为雅属各县，以省立始阳师范为中心……另规定省立西昌师范增设体育师范科，以造就体育师资。会理、荥经两县，各筹设简易乡村师范 1 所，增培国教师资。②

① 教育部教育年鉴编纂委员会编：《第二次中国教育年鉴》（第七编师范教育），上海：商务印书馆，1948 年，第 59 页。

② 教育部教育年鉴编纂委员会编：《第二次中国教育年鉴》（第七编师范教育），上海：商务印书馆，1948 年，第 62 页。

## （二）学校分布及其特点

### 1. 学校分布

1941 年四川地区（含重庆）中等师范学校统计，如表 2-4 所示。

**表 2-4　1941 年四川地区（含重庆）中等师范学校统计表**　（单位：所）

| 区名 | 县名 | 国立 | 省立 | 县立 | 私立 | 合计 |
|---|---|---|---|---|---|---|
| 第一行政督察区 | 温江 | | | | | |
| | 成都 | | 2 | | 1 | 3 |
| | 华阳 | | 1 | | | 1 |
| | 灌县 | | | | | |
| | 新津 | | | 1 | | 1 |
| | 崇庆 | | | | | |
| | 新都 | | | | | |
| | 郫县 | | | | | |
| | 双流 | | | | | |
| | 彭县 | | | | | |
| | 新繁 | | | | | |
| | 崇宁 | | | | | |
| | 计 | | | | | 5 |
| 第二行政督察区 | 资中 | | 1 | | | 1 |
| | 资阳 | | | 1 | | 1 |
| | 内江 | | | 1 | | 1 |
| | 荣县 | | | | | |
| | 仁寿 | | | | | |
| | 简阳 | | | | | |
| | 威远 | | | 1 | | 1 |
| | 井研 | | | | | |
| | 计 | | | | | 4 |
| 第三行政督察区 | 重庆 | | | | | |
| | 永川 | | | | | |
| | 巴县 | 1 | | | | 1 |
| | 江津 | | 2 | 1 | | 3 |
| | 江北 | | | | | |
| | 合川 | | | | | |
| | 荣昌 | | | | | |
| | 綦江 | | | | | |
| | 大足 | | | | | |
| | 璧山 | | | | | |
| | 铜梁 | | | | | |
| | 计 | | | | | 4 |

续表

| 区名 | 县名 | 国立 | 省立 | 县立 | 私立 | 合计 |
|---|---|---|---|---|---|---|
| 第四行政督察区 | 眉山 | | | | | |
| | 蒲江 | | | | | |
| | 邛崃 | | | | | |
| | 大邑 | | | | | |
| | 彭山 | | 1 | | | 1 |
| | 洪雅 | | | | | |
| | 夹江 | | | | | |
| | 青神 | | | 1 | | 1 |
| | 名山 | | | | | |
| | 丹稜 | | | | | |
| | 计 | | | | | 2 |
| 第五行政督察区 | 乐山 | | 1 | | | 1 |
| | 屏山 | | | 1 | | 1 |
| | 马边 | | | | | |
| | 峨边 | | | | | |
| | 雷波 | | | | | |
| | 犍为 | | | | | |
| | 峨眉 | | | 1 | | 1 |
| | 计 | | | | | 3 |
| 第六区行政督察区 | 宜宾 | | 1 | 1 | | 2 |
| | 南溪 | | | | | |
| | 庆付 | | | | | |
| | 江安 | | | | | |
| | 兴文 | | | | | |
| | 珙县 | | | 1 | | 1 |
| | 高县 | | | | | |
| | 筠连 | | | | | |
| | 长宁 | | | 1 | | 1 |
| | 计 | | | | | 4 |
| 第七行政督察区 | 泸县 | | 1 | | | 1 |
| | 隆昌 | | | 1 | | 1 |
| | 富顺 | | | | | |
| | 叙永 | | | | | |
| | 合江 | | | | | |
| | 纳溪 | | | | | |
| | 古宋 | | | | | |
| | 古蔺 | | | | | |
| | 计 | | | | | 2 |

续表

| 区名 | 县名 | 国立 | 省立 | 县立 | 私立 | 合计 |
|---|---|---|---|---|---|---|
| 第八行政督察区 | 酉阳 | | | 1 | | 1 |
| | 涪陵 | | | 1 | | 1 |
| | 丰都 | | | | | |
| | 南川 | | | 1 | | 1 |
| | 彭水 | | | | | |
| | 黔江 | | | | | |
| | 秀山 | | | | | |
| | 石柱 | | | | | |
| | 计 | | | | | 3 |
| 第九行政督察区 | 万县 | | 1 | 1 | | 2 |
| | 奉节 | | | | | |
| | 开县 | | | | | |
| | 忠县 | | | | | |
| | 巫山 | | | | | |
| | 巫溪 | | | | | |
| | 云阳 | | | 1 | | 1 |
| | 城口 | | | | | |
| | 计 | | | | | 3 |
| 第十行政督察区 | 大竹 | | | 1 | | 1 |
| | 渠县 | | | | | |
| | 广安 | | | | | |
| | 梁山 | | | | | |
| | 邻水 | | | | | |
| | 垫江 | | | 1 | | 1 |
| | 长寿 | | | | | |
| | 计 | | | | | 2 |
| 第十一行政督察区 | 南充 | | 1 | | | 1 |
| | 岳池 | | | | | |
| | 蓬安 | | | | | |
| | 营山 | | | | | |
| | 南部 | | | | | |
| | 武胜 | | | 1 | | 1 |
| | 西充 | | | | | |
| | 仪陇 | | | | | |
| | 计 | | | | | 2 |

续表

| 区名 | 县名 | 国立 | 省立 | 县立 | 私立 | 合计 |
|---|---|---|---|---|---|---|
| 第十二行政督察区 | 遂宁 | | 1 | | | 1 |
| | 安岳 | | | | | |
| | 中江 | | | 1 | | 1 |
| | 三台 | | | | | |
| | 潼南 | | | | | |
| | 蓬溪 | | | | | |
| | 乐至 | | | | | |
| | 射洪 | | | | | |
| | 盐亭 | | | | | |
| | 计 | | | | | 2 |
| 第十三行政督察区 | 绵阳 | | 1 | | | 1 |
| | 绵竹 | | | | | |
| | 广汉 | | | 1 | | 1 |
| | 安县 | | | | | |
| | 德阳 | | | | | |
| | 什邡 | | | | | |
| | 金堂 | | | | | |
| | 梓潼 | | | | | |
| | 罗江 | | | | | |
| | 计 | | | | | 2 |
| 第十四行政督察区 | 剑阁 | | 1 | | | 1 |
| | 苍溪 | | | | | |
| | 广元 | | | 1 | | 1 |
| | 江油 | | | | | |
| | 阆中 | | | | | |
| | 昭化 | | | | | |
| | 彰明 | | | | | |
| | 北川 | | | | | |
| | 平武 | | | 1 | | 1 |
| | 计 | | | | | 3 |
| 第十五行政督察区 | 达县 | | 1 | 1 | | 2 |
| | 巴中 | | | 1 | | 1 |
| | 开江 | | | | | |
| | 宣汉 | | | 1 | | 1 |
| | 万源 | | | | | |
| | 通江 | | | | | |
| | 南江 | | | | | |
| | 计 | | | | | 4 |

续表

| 区名 | 县名 | 国立 | 省立 | 县立 | 私立 | 合计 |
|---|---|---|---|---|---|---|
| 第十六行政督察区 | 茂县 | | | | | |
| | 理番 | | | | | |
| | 懋功 | | | | | |
| | 松潘 | | | | | |
| | 汶川 | | | | | |
| | 靖化 | | | | | |
| | 计 | | | | | 0 |
| 合计 | | 1 | 16 | 27 | 1 | 45 |

资料来源：据四川省政府教育厅编印《四川省教育文化地图》（1941 年初版）整理。

另：西康省立第一边疆师范学校，成立于 1944 年 1 月。西康省立第二边疆师范学校成立于 1945 年 7 月。[①]1945 年，会理简易师范学校开办，招收 1 个班，学生 45 人，学制 1 年。[②]

2. 特点

（1）师范学校以省立和县立为主。四川地区有 45 所（未含西康）师范学校，其中省立 16 所，县立 27 所，约占师范学校总数的 96%，私立仅 1 所，这说明师范学校以政府办学为主。

（2）四川师范学校分布相对均衡。16 个行政督察区，除第十六行政督察区无师范学校外，其余 15 个行政督察区都设有师范学校，其中最多的是第一行政督察区，有 5 所；第二、第三、第六、第十五行政督察区分别有 4 所；第五、第八、第九、第十四行政督察区分别有 3 所；第四、第七、第十、第十一、第十二、第十三行政督察区分别有 2 所。各行政督察区之间师范学校数量差异较小。

（3）其中西康的师范学校分布不均。康定、荥经、雅安、西昌、越嶲、冕宁、会理各有 1 所师范学校，西康共有 7 所师范学校，其中，第一行政督察区 1 所、第二行政督察区 2 所，第三行政督察区 4 所，第四、第五行政督察区无师范学校。

① 教育部教育年鉴编纂委员会编：《第二次中国教育年鉴》（第十编边疆教育），上海：商务印书馆，1948 年，第 37 页。

② 凉山州教育志编纂委员会编：《凉山彝族自治州教育志》，成都：四川民族出版社，1997 年，第 303 页。

## 三、中等职业教育

### （一）发展概况

全面抗战前，职业教育较为发达的地区，"在沿江沿海地带，后方各省，殊少基础。抗战军兴，沿江沿海地区既相继沦陷，川、康、陕、甘、宁、青、滇、黔、桂九省，为大后方一切资源之所出，职业教育之推进，急不容缓"[①]。全面抗战爆发后，国家建设急需各种技术人才，"后方物质渐感匮乏，生产技术人员，尤不易罗致，当时为谋养成实际技术人员，以解决一县人民衣食住行日常生活之必需起见……各县应选择一地生活需要最切要而最感缺乏之职业，分别缓急，决定办（理）"[②]。

四川省教育厅为推进职业教育的发展，于 1939 年开始对本地区职业教育进行全面筹划，依照区域经济、物产、交通、文化及已设与拟设各职业学校分布情况，划分全省为成都、重庆、万县、宜宾、南充 5 个职业学校区，分布于中、东、南、北 4 个区域，以期带动本地区职业教育，并得以平衡发展。

由于沦陷区不少大专院校、中等学校和企业内迁，以及著名教育家先后入川的有力促进，这一时期四川的职业学校有了较快的发展。1945 年，四川省教育厅将职业学校区调整为温茂、资遂、眉乐、宜泸、巴西、万达、大南、绵剑等 8 个区，即每两个行政督察区划为一区，四川的职业学校增加到 69 所。其中，省立职业学校 22 所，县立职业学校 27 所，私立职业学校 20 所。从学校类别看，69 所学校中，农业类 37 所，工业类 7 所，商业类 15 所，医事类 8 所，家事类 1 所，艺术类 1 所。省立职业学校中，农业和其他类职业学校各占一半，县立的 80%为农业职业学校，私立的 75%为商业和医事类职业学校。同年，西康有职业学校 7 所，重庆有职业学校 24 所，总计四川地区 1945 年职业学校的学校数、学生数分别为 1937 年的 3.1 倍和 4.2 倍。[③]

### （二）学校分布及其特点

1. 学校分布

1941 年四川地区（含重庆）中等职业学校统计，如表 2-5 所示。

① 教育部教育年鉴编纂委员会编：《第二次中国教育年鉴》（第八编职业教育），上海：商务印书馆，1948 年，第 2 页。
② 教育部中等教育司编：《中等教育概况》，南京：民生印书馆，1949 年，第 87—88 页。
③ 四川省地方志编纂委员会编：《四川省志・教育志》（上），北京：方志出版社，2000 年，第 222 页。

**表 2-5　1941 年四川地区（含重庆）中等职业学校统计表**

| 区名 | 县名 | 国立 | 省立 | 县立 | 私立 | 合计 |
|---|---|---|---|---|---|---|
| 第一行政督察区 | 温江 | | | | | |
| | 成都 | | 11 | | | 11 |
| | 华阳 | | 1 | 1 | | 2 |
| | 灌县 | | | | | |
| | 新津 | | | | | |
| | 崇庆 | | | | | |
| | 新都 | | | 1 | | 1 |
| | 郫县 | | | | 1 | 1 |
| | 双流 | | | | | |
| | 彭县 | | | | | |
| | 新繁 | | | | | |
| | 崇宁 | | | | 1 | 1 |
| | 计 | | | | | 16 |
| 第二行政督察区 | 资中 | | | 1 | | 1 |
| | 资阳 | | | | | |
| | 内江 | | | 1 | | 1 |
| | 荣县 | | | | | |
| | 仁寿 | | | | | |
| | 简阳 | | | | | |
| | 威远 | | | | | |
| | 井研 | | | | | |
| | 计 | | | | | 2 |
| 第三行政督察区 | 重庆 | 1 | | | 6 | 7 |
| | 永川 | | 1 | | | 1 |
| | 巴县 | | 1 | 1 | | 2 |
| | 江津 | | | | 1 | 1 |
| | 江北 | | | | | |
| | 合川 | | | | | |
| | 荣昌 | | 1 | 1 | | 2 |
| | 綦江 | | | | | |
| | 大足 | | | | | |
| | 璧山 | | | 1 | 1 | 2 |
| | 铜梁 | | | | | |
| | 计 | | | | | 15 |

续表

| 区名 | 县名 | 国立 | 省立 | 县立 | 私立 | 合计 |
|---|---|---|---|---|---|---|
| 第四行政督察区 | 眉山 | | 1 | 1 | | 2 |
| | 蒲江 | | | | | |
| | 邛崃 | | | | | |
| | 大邑 | | | | | |
| | 彭山 | | | | | |
| | 洪雅 | | | | | |
| | 夹江 | | | | | |
| | 青神 | | | | | |
| | 名山 | | | | | |
| | 丹稜 | | | 1 | | 1 |
| | 计 | | | | | 3 |
| 第五行政督察区 | 乐山 | | | | | |
| | 屏山 | | | | | |
| | 马边 | | | | | |
| | 峨边 | | | | | |
| | 雷波 | | | | | |
| | 犍为 | | | | | |
| | 峨眉 | | | | | |
| | 计 | | | | | 0 |
| 第六行政督察区 | 宜宾 | | 1 | | 1 | 2 |
| | 南溪 | | | | | |
| | 庆付 | | | | | |
| | 江安 | | | | | |
| | 兴文 | | | 1 | | 1 |
| | 珙县 | | | | | |
| | 高县 | | | 1 | | 1 |
| | 筠连 | | | | | |
| | 长宁 | | | | | |
| | 计 | | | | | 4 |
| 第七行政督察区 | 泸县 | | | 1 | 1 | 2 |
| | 隆昌 | | | | | |
| | 富顺 | | | | 1 | 1 |
| | 叙永 | | | | | |
| | 合江 | | | 1 | | 1 |
| | 纳溪 | | | | | |
| | 古宋 | | | | | |
| | 古蔺 | | | | | |
| | 计 | | | | | 4 |

续表

| 区名 | 县名 | 国立 | 省立 | 县立 | 私立 | 合计 |
|---|---|---|---|---|---|---|
| 第八行政督察区 | 酉阳 | | | | | |
| | 涪陵 | | | 1 | 1 | 2 |
| | 丰都 | | | | | |
| | 南川 | | | | | |
| | 彭水 | | | | | |
| | 黔江 | | | | | |
| | 秀山 | | | | | |
| | 石柱 | | | | | |
| | 计 | | | | | 2 |
| 第九行政督察区 | 万县 | | 1 | | | 1 |
| | 奉节 | | | | 1 | 1 |
| | 开县 | | | | | |
| | 忠县 | | | 1 | | 1 |
| | 巫山 | | | | | |
| | 巫溪 | | | | | |
| | 云阳 | | | 1 | | 1 |
| | 城口 | | | | | |
| | 计 | | | | | 4 |
| 第十行政督察区 | 大竹 | | 1 | | | 1 |
| | 渠县 | | | | | |
| | 广安 | | | | | |
| | 梁山 | | | 1 | | 1 |
| | 邻水 | | | | | |
| | 垫江 | | | | | |
| | 长寿 | | | | | |
| | 计 | | | | | 2 |
| 第十一行政督察区 | 南充 | | 1 | | | 1 |
| | 岳池 | | | | | |
| | 蓬安 | | | | | |
| | 营山 | | | | | |
| | 南部 | | | | | |
| | 武胜 | | | | | |
| | 西充 | | | | | |
| | 仪陇 | | | | | |
| | 计 | | | | | 1 |

续表

| 区名 | 县名 | 国立 | 省立 | 县立 | 私立 | 合计 |
|---|---|---|---|---|---|---|
| 第十二行政督察区 | 遂宁 | | 1 | | | 1 |
| | 安岳 | | | 1 | | 1 |
| | 中江 | | | | | |
| | 三台 | | | | 1 | 1 |
| | 潼南 | | | | | |
| | 蓬溪 | | | | | |
| | 乐至 | | | | | |
| | 射洪 | | | | | |
| | 盐亭 | | | | | |
| | 计 | | | | | 3 |
| 第十三行政督察区 | 绵阳 | | | 1 | | 1 |
| | 绵竹 | | 1 | | | 1 |
| | 广汉 | | | | | |
| | 安县 | | | | | |
| | 德阳 | | | | | |
| | 什邡 | | | | | |
| | 金堂 | | | | | |
| | 梓潼 | | | | | |
| | 罗江 | | | | | |
| | 计 | | | | | 2 |
| 第十四行政督察区 | 剑阁 | | | | | |
| | 苍溪 | | | | | |
| | 广元 | | | | | |
| | 江油 | | 1 | | | 1 |
| | 阆中 | | | | | |
| | 昭化 | | | | | |
| | 彰明 | | | | | |
| | 北川 | | | | | |
| | 平武 | | | | | |
| | 计 | | | | | 1 |
| 第十五行政督察区 | 达县 | | | | | |
| | 巴中 | | 1 | | | 1 |
| | 开江 | | | | | |
| | 宣汉 | | | | | |
| | 万源 | | | | | |
| | 通江 | | | | | |
| | 南江 | | | | | |
| | 计 | | | | | 1 |

续表

| 区名 | 县名 | 国立 | 省立 | 县立 | 私立 | 合计 |
|---|---|---|---|---|---|---|
| 第十六行政督察区 | 茂县 | | | | | |
| | 理番 | | | | | |
| | 懋功 | | | | | |
| | 松潘 | | | | | |
| | 汶川 | | | | | |
| | 靖化 | | | | | |
| | 计 | | | | | 0 |
| 合计 | | 1 | 24 | 19 | 16 | 60 |

资料来源：据四川省政府教育厅编印《四川省教育文化地图》（1941 年初版）整理。

西康省：1939 年西康省立西昌农业职业学校成立；1940 年西康省立西昌高级护士职业学校、西康省立雅安工业职业学校成立；1943 年西康省立康定商业职业学校、西康省立西昌高级助产职业学校成立；1944 年西康省立康定农业职业学校成立；1945 年西康省立康定医事职业学校成立。①

2. 特点

（1）以“国立”的形式开办职业学校。此前的职业学校，只有省立、县立和私立等形式，全面抗战开始后，国家重视职业教育，加之重庆陪都的地位，国民政府在重庆开办了国立职业学校 1 所。虽仅有 1 所，但“国立”之形式无疑说明了国家对职业教育重要性的足够认识。

（2）省立、县立、私立为职业学校办学的主要形式。四川有 60 所职业学校，其中省立 24 所，县立 19 所，私立 16 所，三类学校占总数的 98.33%，说明此时职业学校仍以省立、县立和私立三种形式为主。其中，省立数略多，说明四川以国家利益为重，为抗战时期国家需要大量人才而兴办职业学校。

（3）职业学校在中等教育中居弱势地位。全面抗战时期，四川地区的职业学校虽在原有基础上有较大的发展，但其在整个中等教育中仍然是最薄弱的部分。1941 年，中等职业学校数占中等学校总数 15%；1945 年度四川省职业学校学生仅占中等学校学生总数的 5%。②中学、师范、职业三类学校的校

① 教育部教育年鉴编纂委员会编：《第二次中国教育年鉴》（第十编边疆教育），上海：商务印书馆，1948 年，第 37 页；马廷中：《民国时期西康省民族教育的发展》，《西南民族大学学报（人文社会科学版）》2012 年第 12 期，第 205—209 页。

② 四川省地方志编纂委员会编：《四川省志·教育志》（上），北京：方志出版社，2000 年，第 222 页。

数，省立的“与教育部规定设校之比例，尚属相符”；县立中等学校中，则“职业、师范略嫌过少”；私立中等学校多为中学，“盖以师范校限于公立，职校以设备师资既感困难，学生来源亦属不易，因而捐资助学者虽大有人在，但竟趋于设置中学之一途，遂成今日之偏枯现象”[①]。

（4）学校分布不均，成都、重庆的职业学校最多。16个行政督察区，第一行政督察区和第三行政督察区共有31所，占四川地区职业学校总数的一半以上，且主要集中于成都和重庆两地。无职业学校的县达到100个，占总数的74%。西康的职业学校集中分布于西昌、雅安和康定3县，其中西昌最多，而其他县亦无职业学校，说明西康职业学校的分布也极不均衡。

## 第三节　高等教育之学校分布

### 一、发展概况

全面抗战前夕，中国的高等院校主要集中在平津、沪宁等沿海沿江地区。“自二十六年七月七日，卢沟桥事变爆发以后，平、津、京、沪一带，相继不守。寇骑所至，庐舍为墟，而学校及学术文化机关，尤为敌人所嫉视，摧残破坏，惟恐不力。当时平、津、京、沪各地之机关学校，均以变起仓卒，不及准备，其能将图书仪器设备择要移运内地者，仅属少数，其余大都随校舍毁于炮火，损失之重，实难数计。”[②]鉴于此，各大高校自1937年夏就被迫开始了大规模西迁，一些原本设在后方的学校，为躲避日机的轰炸，也迁至较偏僻的地区。

全面抗战时期，战区内迁的院校主要落脚在西南地区，其中又主要集中于四川，当时内迁四川的战区高校共48所，占内迁西南高校数的78.6%。内迁四川的战区院校多在重庆、成都两地。[③]从沦陷区迁川的48所高校，迁川时间大体分为三个阶段[④]。

① 四川省地方志编纂委员会编：《四川省志·教育志》（上），北京：方志出版社，2000年，第223页。

② 教育部教育年鉴编纂委员会编：《第二次中国教育年鉴》（第一编总述），上海：商务印书馆，1948年，第8页。

③ 涂文涛主编：《四川教育史》（上），成都：四川教育出版社，2007年，第482页。

④ 四川省地方志编纂委员会编：《四川省志·教育志》（下），北京：方志出版社，2000年，第18—19页。

第一阶段（1937—1939 年），全部或部分迁川的高校 29 所。

时任国立中央大学校长的罗家伦致函教育部，力陈迁校之必要："自被空袭以来，家伦未尝一日离校，以身殉职理所当然。但考察客观事实及为国家保全文化与维持教育事业之有效的继续进行计，似不能不作迁移打算……兹综合各项报告，考察结果以重庆大学地点较为合宜。"[①]1937 年 8 月，国立中央大学迁重庆沙坪坝，同年 10 月在省立重庆大学内建临时校舍开学，其医学院、农学院畜牧兽医系迁成都，附设在国立中央大学的国立牙医专科学校亦随迁成都，此为全面抗战时期高校内迁的开端。随后，国立山东大学（原设青岛）于 1937 年 10 月先迁万县，后迁重庆，因师生人数过少，教育部令停办，师生并入国立中央大学。

1938 年，高校迁川达到高潮，先后迁重庆的高校有 14 所：国立医学专科学校、国立中央工业职业学校（后改为中央工业专科学校）、国立北平大学劳作专修科、私立复旦大学（1942 年改为国立）、私立武昌中华大学、私立武昌文华图书馆专科学校、江苏省立医政学院和私立南通学院医科合并组建的国立江苏医学院、国立上海音乐学院等。迁成都的高校有 5 所：私立金陵大学、私立东吴大学、私立金陵女子文理学院、私立齐鲁大学、私立光华大学。迁乐山的高校有 2 所：国立武汉大学、江苏省立蚕丝专科学校。迁三台的有国立东北大学 1 所。迁万县的有山东省立医学专科学校 1 所。迁江安的有国立戏剧专科学校 1 所。迁金堂的有私立铭贤学院 1 所。

第二阶段（1940 年下半年—1943 年春），在太平洋战争爆发，华南岌岌可危的形势下，原迁上海租界及东南沿海省份的高校继续迁川，共 12 所：原在上海的国立交通大学、私立沪江大学、私立立信会计专科学校；原迁昆明的上海医学院、国立国术体育专科学校和原迁广西的江苏省立教育学院，均迁重庆（江苏省立教育学院迁川后并入国立社会教育学院）。原留居北京的私立燕京大学、私立协合护士专科学校迁成都。原迁昆明的国立北平艺术专科学校和国立杭州艺术专科学校再迁璧山。国立同济大学曾迁浙江金华、江西赣州和吉安、广西八步、云南昆明后，再迁至四川南溪。原迁皖南的私立上海法学院一部分迁万县。

第三阶段（1944 年），因日本打通大陆交通线，深入华南和贵州，原迁华南的高校又迁川 7 所，它们是：原由香港迁广西的私立华侨工商学院；原迁

① 《罗家伦力陈迁校之必要》，《南大百年实录》编辑组编：《南大百年实录》（上卷），南京：南京大学出版社，2002 年，第 384—386 页。

贵州的国立唐山土木工程学院、国立北平铁道管理学院、私立之江文理学院、湖南的国立湘雅医学院和云南的国立东方语言专科学校均迁重庆；原在上海的私立东亚体育专科学校由皖南迁泸州。

四川在容纳内迁高校外，随着大量机关、企事业单位的迁川，人口大量涌入，“高等教育在连年战乱之中，数量上仍能不断增加”①。全面抗战期间，四川新建高校共 16 所。②国立高校 7 所：国立女子师范学院（1940 年在江津白沙镇建立）、国立社会教育学院（1941 年为培养推广社会教育的师资和管理人员在璧山建立）、国立体育师范专科学校（1941 年在江津建立）、国立西康技艺专科学校（1938 年在西昌建立）、国立中央技艺专科学校（1939 年在乐山建立）、国立自贡工业专科学校（1944 年在自贡建立）、国立音乐院（专科）（1940 年在重庆青木关建立）。

省立专科学校 3 所：四川省立技艺专科学校（其前身为 1939 年在中华工艺社基础上建立的四川省立高级工艺职业学校，1941 年改为此名，同年，四川省立戏剧音乐学校音乐科并入）、四川省立体育专科学校（1942 年为适应当时四川各级学校日益增加而体育师资匮乏而设，建校之初附设于省立重庆大学，1943 年由渝迁蓉，独立建校）、省立会计专科学校（1942 年在成都建立）。

私立院校 6 所：私立中国乡村建设育才院（1940 年由中华平民促进会总干事长晏阳初在重庆筹设）、重庆私立立信会计专科学校（由重庆立信会计学校改名，并与 1942 年从上海迁川的私立立信会计专科学校合并）、私立重庆求精商业专科学校（1940 年由中华基督教卫理公会举办）、私立东方文教学院（1942 年创设于内江，1947 年迁成都）、私立中华工商专科学校（1943 年新建于重庆）、私立储才农业专科学校（1944 年新建于重庆）。

## 二、学校分布及其特点

### （一）学校分布

全面抗战时期四川地区（含重庆）高等学校统计，如表 2-6 所示。

① 教育部教育年鉴编纂委员会编：《第二次中国教育年鉴》（第五编高等教育），上海：商务印书馆，1948 年，第 2 页。

② 四川省地方志编纂委员会编：《四川省志·教育志》（下），北京：方志出版社，2000 年，第 19—20 页。

**表 2-6　全面抗战时期四川地区（含重庆）高等学校情况统计表**　（单位：所）

| 地区名 | 类别 | | | 合计 |
|---|---|---|---|---|
| | 国立 | 省立 | 私立 | |
| 重庆 | 17 | 2 | 15 | 34 |
| 成都 | 2 | 3 | 8 | 13 |
| 自贡 | 2 | | | 2 |
| 南溪 | 1 | | | 1 |
| 三台 | 1 | | | 1 |
| 乐山 | 2 | 1 | | 3 |
| 峨眉 | 1 | | | 1 |
| 江安 | 1 | | | 1 |
| 江津 | 2 | | 2 | 4 |
| 万县 | 1 | 1 | 1 | 3 |
| 璧山 | 1 | 1 | | 2 |
| 西昌 | 1 | | | 1 |
| 泸县 | | | 1 | 1 |
| 内江 | | | 1 | 1 |
| 总计 | 32 | 8 | 28 | 68 |

资料来源：《新教育旬刊》1939 年第 1 卷第 11 期，第 11 页；《四川省志·教育志》（下），北京：方志出版社，2000 年，第 19—20 页；涂文涛主编：《四川教育史》（上），成都：四川教育出版社，2007 年，第 484—489 页。

### （二）特点

#### 1. 四川地区成为中国高等教育的中心

据统计，全面抗战前全国高等学校共计 110 所，其中上海 26 所，北平 16 所，广东 8 所，而四川仅 3 所[①]；其他省份如吉林、察哈尔、绥远、贵州、青海、宁夏、西康、西藏、黑龙江和内蒙古等则连一所大学也没有。上海、北平及部分沿海地区无疑是当时高等教育的中心。全面抗战开始后，高校的大迁徙，改变了中国高等教育的布局。1938 年，全国公立高等院校统一招生考试，全国应考生 11 119 人，四川有考生 2489 人；全国录取生 5460 人，四川录取生 1167 人，四川考生最多，录取数占应考数的 46.89%[②]，位居全国前列。又据教育部《历年度全国专科以上学校概况》统计，到 1945 年中国高等院校已发展到 141 所[③]，而四川就占了 68 所，接近总数的一半。这表明四川地区

① 教育部编印：《全国公私立专科以上学校一览表》，1936 年。
② 教育部教育年鉴编纂委员会编：《第二次中国教育年鉴》（第十四编教育统计），上海：商务印书馆，1948 年，第 22 页。
③ 教育部教育年鉴编纂委员会编：《第二次中国教育年鉴》（第十四编教育统计），上海：商务印书馆，1948 年，第 4 页。

已成为当时中国高等教育的中心。

2. 学校集中分布于成、渝两地

全面抗战时期四川有68所高校，其中重庆34所，占据四川地区高校总数的一半，成都13所，两地合计47所，占整个四川高等教育学校总数的69%，表明重庆、成都是此时四川高等教育的中心地区。特别是重庆，全面抗战时期，国立、私立高校发展迅速，两项均占四川地区国立、私立高校总数的50%以上，这缘于重庆的陪都地位。1942年，教育部划分考区进行高校联合招生，重庆、成都成为两个重要的考区（当时另外几个考区分别是昆明区、贵阳区、西北区、粤桂区、浙赣区、福建区、湖南区、湖北区①）。当时，重庆考区联合招生的大学有国立中央大学、国立同济大学、国立复旦大学、省立重庆大学、国立江苏医学院、国立上海医学院、国立女子师范学院、国立社会教育学院、国立交通大学分校、省立教育学院，指定白沙、合川、南溪、长寿为招考分处，并指定国立中央大学为召集学校。成都区联合招生的大学有国立四川大学、国立武汉大学、国立东北大学，指定乐山、三台、阆中为招考分处，并指定国立四川大学为召集学校。②

3. 部分县市始设高等院校

一直以来，高等院校主要分布于大城市或省会城市，少有中等城市和县城有高校。全面抗战时期，为避战乱，一些高校主动迁移至相对安全的后方县市，如四川的自贡市有国立东方语专科学校和国立自贡工业专科学校两校，南溪、三台、乐山、峨眉、江安、江津、万县等县均设国立高校各1所，乐山、万县、璧山还有省立高校各1所，江津私立高校2所，泸县、内江私立高校各1所，从而推动了相关地区教育文化的发展和人口文化素质的全面提高。

4. 内迁高校在四川地区的支持下继续发展

国立中央大学在决定西迁重庆前，对迁移地进行了周密考察和细致筹划。时任校长罗家伦提出两条迁校原则：一、迁至新校址之处，一定能轮运抵达；二、迁至新校址之地，在整个抗战中绝无再作第二次迁校之必要。③重庆成为国立中央大学西迁最为理想之地。在国立中央大学西迁过程中，民生轮船公

① 教育部教育年鉴编纂委员会编：《第二次中国教育年鉴》（第五编高等教育），上海：商务印书馆，1948年，第50—51页。

② 教育部教育年鉴编纂委员会编：《第二次中国教育年鉴》（第五编高等教育），上海：商务印书馆，1948年，第50页。

③ 中国人民政治协商会议、西南地区文史资材协作会议编：《抗战时期内迁西南的高等院校》，贵阳：贵州人民出版社，1988年，第248页。

司给予中央大学图书、仪器无偿运抵重庆等帮助。同时省立重庆大学在校舍方面亦伸出援助之手，自愿将濒临嘉陵江之松林坡，借予国立中央大学营建校舍。“1938 年暑期，中大在重庆招收新生及二年级转学生，共录取千余人。中大学生一下突增到 2000 人之多……到 1939 年底，中大在重庆已完全恢复正常的教学秩序，并设置研究院，下设理科、法科、农科、工科四个研究所。”①

## 本章小结

全面抗战时期，国民政府迁都重庆，大量行政机构、文化教育机关、工矿企业、人才和人口的内迁，使四川教育赢得了一次极佳的发展机会。这一时期是中国近代史上四川教育发展的黄金时期。

由于义务教育和国民教育制度的推行，四川小学数量迅猛增加至 54 049 所。小学数量的增加、学龄儿童入学率的提高和毕业生人数的增加，助推了中等教育的发展。全面抗战时期四川有中学 304 所，中等师范学校 52 所，中等职业学校 67 所。高等教育更是获得了跨越式发展，此时在川高校数量达到 68 所，四川已成为中国的教育文化中心。

此时，“国立”不仅仅属于高等教育，因抗战和大后方教育的需要，四川出现了国立中学、国立中等师范学校和国立中等职业学校。虽然国立中等师范学校和国立中等职业学校各仅有 1 所，且都建立于陪都重庆，但“国立”已充分体现出政府对教育的高度重视。

在各类教育大发展之时，其发展的不平衡性亦更加突出。就小学而言，第二、第三、第十、第十一、第十二行政督察区小学总数均在 2000 所以上，而第十六行政督察区学校总数仅 122 所。中等教育学校除师范学校相对均衡外，其余仍主要集中于成都、重庆和第一、第二、第三、第十二等行政督察区。高等教育学校集中程度更高，主要分布于成都和重庆两城市。

① 刘敬坤：《八年抗战中的中央大学》，《炎黄春秋》2002 年第 5 期，第 75—79 页。

# 第三章 1946—1949年四川地区之学校分布

抗战胜利后，内迁各校纷纷要求复员，为此，国民政府针对此问题，拟具了如下复员原则①：

一、战后全国人力物力，均极困难，所在公私立专科以上学校及研究机关，在复员期内，应集中力量，以求内容之充实，及素质之提高，除因特殊需要外，暂不设新校。

二、现在全国专科以上学校及研究机关，应依据各地人口、经济、交通、文化等条件，一面注重全国教育文化重心之建立，一面顾及地理上之平衡发展，酌予调整，作合理之分布。

三、抗战期内公私立专科学校，凡已停办或归并而其历史悠久成绩卓著有恢复设置之必要者，得予恢复。

四、公私立专科以上学校，各院系科，应在同一地区设置，并不得设分校。

五、规定全国教育文化重心若干处，各就原有或迁设之大学，尽量予以充实，俾成为规模完备之学府，并酌量配设图书馆、博物馆、及其他独立学院及专科学校。

国立中等学校复员："国立中等学校之设置，系抗战期间，为保存国家元气，鼓励沦陷区员生内迁之一种临时措施……先后设立国立中等学校五十余所，胜利以后，此类学校理须改交各省市办理。"②

四川应政府和教育部的要求，积极配合相关机构的复员，同时对省内的国立中等学校进行接收和改编。

---

① 教育部教育年鉴编纂委员会编：《第二次中国教育年鉴》（第一编总述），上海：商务印书馆，1948年，第13页。

② 教育部教育年鉴编纂委员会编：《第二次中国教育年鉴》（第一编总述），上海：商务印书馆，1948年，第13—14页。

## 第一节　初等教育之学校分布

### 一、小学发展概况

据国民政府四川省教育厅统计，在完成国民教育第一个五年计划之后的1945年，四川地区（含重庆、西康）拥有各类小学54 049所[①]，是五年期内最好的情况。1946年起，国民政府实施国民教育第二期计划，“以充实学校内容，求得质的改进为原则”。由于全面内战爆发，财政枯竭，物价飞涨，教员大量裁减，教职员生计艰难，不断为改善待遇“请愿”，正常教学秩序难以维持，致使小学数量和师生人数急剧下降，到1949年，该地区仅有小学24 487所，学生139万人，教师57 000人。[②]按当时四川地区总人口计算，平均每万人中有小学生243人，学龄儿童入学率在20%左右，而且集中分布在以成、渝为中心的盆内地区，盆周山区，特别是甘孜、阿坝、凉山等少数民族地区学校极少，不少乡镇竟没有一所小学，全省85%以上人口是文盲。[③]四川教育处于停滞状态。至1950年，四川有小学2.7万所，教职工7.74万人，在校学生229.95万人。[④]

### 二、小学学校分布及其特点

#### （一）学校分布

在此，笔者重点分析西康小学分布情况。

西康有国立、省立和县立三种小学。国立小学是由民国政府教育部直接在边疆民族地区设立的。

国立小学有国立康定师范附属小学、国立巴安师范附属小学、德格小学、越嶲小学和木里小学等。[⑤]国立康定师范附属小学，有高年级2个班

① 教育部教育年鉴编纂委员会编：《第二次中国教育年鉴》（第三编初等教育），上海：商务印书馆，1948年，第63、138页。
② 四川省地方志编纂委员会编：《四川省志·教育志》（上），北京：方志出版社，2000年，第99页。
③ 涂文涛主编：《四川教育史》（上），成都：四川教育出版社，2007年，第528页。
④ 中共四川省委研究室主编：《四川省情》，成都：四川人民出版社，1984年，736页。
⑤ 马廷中：《民国时期西康省民族教育的发展》，《西南民族大学学报（人文社会科学版）》2012年第12期，第205—209页。

33 名学生，初年级 4 个班 118 名学生，全校共有 6 个班 151 名学生；国立巴安师范附属小学有高年级 2 个班 27 名学生，初年级 6 个班 198 名学生[①]；德格小学到 1947 年时有高年级 2 个班 9 名学生，初年级 4 个班 58 名学生，全校共有 6 个班 67 名学生；越嶲小学有高年级 2 个班 36 名学生，初年级 5 个班 237 名学生，共有教职员 13 人；木里小学有初年级 2 个班 115 名学生。[②]

省立小学也有较大发展，据 1946 年统计[③]有：省立道孚小学（5 个班，126 名学生，9 名教职员）、省立甘孜小学（5 个班，128 名学生，9 名教职员）、省立九龙小学（5 个班，190 名学生，7 名教职员）、省立理化小学（5 个班，181 名学生，9 名教职员）、省立北山边民小学（2 个班，34 名学生，4 名教职员）、省立硗矿小学（2 个班，113 名学生，4 名教职员）、省立巴安竹瓦寺小学（2 个班，60 名学生，4 名教职员）、省立东俄洛实验小学（2 个班，43 名学生，7 名教职员）、省立雅江小学（7 个班，166 名学生，12 名教职员）、省立金汤小学（5 个班，102 名学生，9 名教职员）、省立冕宁小学（2 个班，33 名学生，5 名教职员）、省立瞻化小学（5 个班，133 名学生，9 名教职员）、省立腹田小学（2 个班，69 名学生，4 名教职员）、省立拖乌小学（2 个班，58 名学生，5 名教职员）、省立靖远小学（2 个班，38 名学生，4 名教职员）、省立西昌实验小学（2 个班，34 名学生，7 名教职员）、省立昭觉小学（2 个班，56 名学生，4 名教职员）、省立丹巴小学（5 个班，58 名学生，9 名教职员）。

县立小学有：康定县立北城小学（3 个班，51 名学生，7 名教职员）、金汤局立第一边校（2 个班，35 名学生，1 名教职员）、炉霍县立初级小学（2 个班，58 名学生，2 名教职员）、石渠县立初级小学（1 个班，15 名学生，1 名教职员）、邓柯县立初级小学（2 个班，50 名学生，3 名教职员）、白玉县立初级小学（2 个班，61 名学生，3 名教职员）、得荣县立初级小学（2 个班，27 名学生，3 名教职员）、乾宁县立初级小学（4 个班，59 名学生，4 名教职

① 马廷中：《论民国时期甘孜地区的学校教育》，《西南民族大学学报（人文社会科学版）》2008 年第 5 期，第 68—74 页。

② 行政院新闻局：《边疆教育》附表六，1947 年。

③ 教育部教育年鉴编纂委员会编：《第二次中国教育年鉴》（第十编边疆教育），上海：商务印书馆，1948 年，第 38 页。

员）、稻城县立初级小学（2 个班，35 名学生，11 名教职员）、宁南县立初级小学（6 个班，140 名学生，10 名教职员）、昭觉县立初级小学（2 个班，35 名学生，2 名教职员）、宝兴县立初级小学（2 个班，40 名学生，3 名教职员）、盐边私立同化边民小学（2 个班，58 名学生，3 名教职员）。①

（二）特点

抗战胜利后，西康小学教育有较大发展，有国立、省立和县立小学，特别是国立小学的建立，充分说明国民政府重视民族地区的教育，着力提高民族地区国民的文化教育水平。省立小学有 18 所，分布于九龙、雅江、道孚、丹巴、金汤、西昌、冕宁、昭觉、甘孜等县，西康五区均设有省立小学。县立小学有 13 所，分布于康定、金汤、宝兴、盐边、宁南、昭觉、邓柯、石渠等县。西康地区小学教育基本得以普及，但总体学校数量少，规模小，如石渠县立初级小学仅 1 个班，15 名学生，1 名教职员，说明西康小学教育仍很落后。

## 第二节　中等教育之学校分布

抗战胜利后，根据全国教育善后会议决议，中等教育仍以地方办理为原则。对国立学校之处理，“教育部提经教育善后委员会会决，对于中等学校之复员……以交由各省市办理为原则。共设置后方省份者，为充实后方省份教育计，即交由原在省份办理”②。

四川省的国立中等学校复员办法为③：

国立第四中学：原校取消，员生各返原籍。

国立第十六中学：留川，改省立，非川籍员生各返原籍。

国立第十八中学：留川，改省立，非川籍员生各返原籍。

国立女子中学：留川，改省立，非川籍员生各返原籍。

国立重庆师范学校：留川，改省立，非川籍员生各回原籍。

国立女子师范学校：留川，改省立，非川籍员生各回原籍。

① 教育部教育年鉴编纂委员会编：《第二次中国教育年鉴》（第十编边疆教育），上海：商务印书馆，1948 年，第 38 页。
② 行政院新闻局：《学校复员》，1947 年，第 16 页。
③ 教育部中等教育司编：《中等教育概况》，南京：民生印书馆，1949 年，第 21—22 页。

国立劳作师范学校：留川，改省立，非川籍员生各回原籍。

国立江津师范学校：留川，改省立，非川籍员生各回原籍。

国立荣昌师范学校：留川，改省立，非川籍员生各回原籍。

国立中央工业专科职业学校：留渝，续办。

国立四川印刷科职业学校：原址交重庆市教育局接办，保留番号。

国立商业职业学校：原址交重庆市教育局接办，保留番号。

1946年第二学期，四川地区中等教育有教员1.4万余人（其中中学1.1万人，师范1711人，职业1365人），职员5797人（其中中学4234人，师范875人，职业688人），学生约23.7万人（其中中学19.48万人，师范学校2.8万人，职业学校1.4万人）。①

## 一、中学教育

### （一）发展概况

据统计，1945年四川地区（含重庆、西康）有中学591所，在校学生20.3万人。1946—1947年四川地区的中学数量略有增长。据统计，1948年四川地区中学有564所（其中省立28所，县立254所，私立282所），学生19.4万人。私立中学开始减少。中学总共的班级数及学生数开始下降。至中华人民共和国成立前夕，四川地区仅有中学469所，比1948年减少95所；学生9.9万人，比1948年减少9.5万人。②四川地区还有40多个县无初级中学、120多个县无高中，一般少数民族地区、边远山区的县都没有中学。③

西康“到1947学年度第二学期，省立和县立中学23所，其中设有高中的有9所；有134个班级，其中高中班级33个；有学生4340人，其中高中生1089人；毕业生512人，其中高中毕业生有176人”④。

### （二）学校分布及其特点

1．学校分布

1946学年度四川地区（含重庆、西康）中学学校统计，如表3-1所示。

① 《四川统计月报》第2卷第4期，第7页。

② 四川省地方志编纂委员会编：《四川省志·教育志》（上），北京：方志出版社，2000年，第173页。

③ 涂文涛主编：《四川教育史》（上），成都：四川教育出版社，2007年，第529页。

④ 四川省档案馆全宗号228，案卷号11，西康省中等教育统计比较表。

**表 3-1　1946 学年度四川地区（含重庆、西康）中学学校统计表**

（单位：所）

| 区名 | 县市名 | 中学（高级初级合设） | | | 高级中学 | | 初级中学 | | | 合计 | 备注 |
|---|---|---|---|---|---|---|---|---|---|---|---|
| | | 省立 | 县市立 | 私立 | 省立 | 私立 | 县市立 | 私立 | 未备案私立 | | |
| | 成都 | 4 | 2 | | | 1 | 1 | | | 8 | |
| | 重庆 | | 6 | 34 | 1 | | | 18 | | 59 | |
| | 自贡 | | | 2 | | | | 2 | | 4 | |
| 第一行政督察区 | 成都 | | 2 | 24 | | | | 3 | | 29 | |
| | 温江 | | | | | | 2 | | | 2 | |
| | 华阳 | | 1 | 1 | | | 1 | | | 3 | |
| | 灌县 | | | | | | 2 | | | 2 | |
| | 新津 | | | | | | 2 | | | 2 | |
| | 崇庆 | | 1 | 1 | | | 3 | | | 5 | |
| | 新都 | | | 1 | | | | | | 1 | |
| | 郫县 | | | | | | 2 | | | 2 | |
| | 双流 | | | | | | 1 | | | 1 | |
| | 彭县 | | 1 | | | | 2 | 1 | | 4 | |
| | 新繁 | | | | | | 1 | | | 1 | |
| | 崇宁 | | | | | | 1 | | | 1 | |
| | 计 | | | | | | | | | 53 | |
| 第二行政督察区 | 资中 | 1 | 2 | 2 | | | | 7 | | 12 | |
| | 资阳 | | 2 | 2 | | | | 5 | | 9 | |
| | 内江 | | 2 | 1 | | | | 4 | | 7 | |
| | 荣县 | | 2 | | | | | 6 | | 8 | |
| | 仁寿 | | 2 | | | | | 2 | | 4 | |
| | 简阳 | | 1 | | | | 2 | 4 | | 7 | |
| | 威远 | | | | | | 1 | 2 | | 3 | |
| | 井研 | | 1 | | | | | | | 1 | |
| | 计 | | | | | | | | | 51 | |
| 第三行政督察区 | 永川 | | 1 | 1 | | | 1 | 4 | | 7 | |
| | 巴县 | | 2 | 8 | | | | 9 | | 19 | |
| | 北碚 | | | 2 | | | | 2 | | 4 | |
| | 江津 | | 2 | 4 | | | 2 | 6 | | 14 | |
| | 江北 | | | | | | 2 | 1 | | 3 | |
| | 合川 | | 1 | | | | 3 | 4 | | 8 | |
| | 荣昌 | | | 2 | | | 2 | 1 | | 5 | |
| | 綦江 | | | 1 | | | 1 | 2 | | 4 | |
| | 大足 | | | | | | 2 | 1 | | 3 | |
| | 璧山 | | | 1 | | | 2 | 2 | | 5 | |
| | 铜梁 | 1 | 1 | 1 | | | 1 | 1 | | 5 | |
| | 计 | | | | | | | | | 77 | |

续表

| 区名 | 县市名 | 中学（高级初级合设） | | | 高级中学 | | 初级中学 | | | 合计 | 备注 |
|---|---|---|---|---|---|---|---|---|---|---|---|
| | | 省立 | 县市立 | 私立 | 省立 | 私立 | 县市立 | 私立 | 未备案私立 | | |
| 第四行政督察区 | 眉山 | 1 | 1 | | | | 1 | 1 | | 4 | |
| | 邛崃 | | | | 1 | | 1 | 4 | | 6 | |
| | 大邑 | | | 2 | | | 2 | | | 4 | |
| | 彭山 | | | | | | 2 | | | 2 | |
| | 洪雅 | | | | | | 2 | 1 | | 3 | |
| | 夹江 | | | | | | 1 | | | 1 | |
| | 青神 | | | | | | | 2 | | 2 | |
| | 名山 | | | | | | 1 | | | 1 | |
| | 丹稜 | | | | | | 1 | | | 1 | |
| | 蒲江 | | | | | | 1 | | | 1 | |
| | 计 | | | | | | | | | 25 | |
| 第五行政督察区 | 乐山 | 1 | 1 | | | | 1 | 2 | | 5 | |
| | 屏山 | | | | | | 1 | | | 1 | |
| | 马边 | | | | | | 1 | | | 1 | |
| | 峨边 | | | | | | 1 | | | 1 | |
| | 雷波 | | | | | | 1 | | | 1 | |
| | 犍为 | | 2 | | | | 1 | 3 | | 6 | |
| | 峨眉 | | | | | | 1 | | | 1 | |
| | 沐川 | | | | | | 1 | | | 1 | 1942年建县 |
| | 计 | | | | | | | | | 17 | |
| 第六行政督察区 | 宜宾 | 1 | 2 | 1 | | | 4 | 3 | | 11 | |
| | 南溪 | | | | | | 2 | 2 | | 4 | |
| | 庆符 | | | | | | 1 | | | 1 | |
| | 江安 | 1 | | | | | 3 | 1 | | 5 | |
| | 兴文 | | | | | | | | | 0 | |
| | 珙县 | | | | | | 1 | 1 | | 2 | |
| | 高县 | | | | 1 | | 1 | | | 2 | |
| | 筠连 | | | | | | 1 | | | 1 | |
| | 长宁 | | | | | | 1 | 1 | | 2 | |
| | 计 | | | | | | | | | 28 | |

续表

| 区名 | 县市名 | 中学（高级初级合设） | | | 高级中学 | | 初级中学 | | | 合计 | 备注 |
|---|---|---|---|---|---|---|---|---|---|---|---|
| | | 省立 | 县市立 | 私立 | 省立 | 私立 | 县市立 | 私立 | 未备案私立 | | |
| 第七行政督察区 | 泸县 | | 2 | 1 | | | | 7 | | 10 | |
| | 隆昌 | | | 2 | | | 2 | 1 | | 5 | |
| | 富顺 | | 2 | | | | | 4 | | 6 | |
| | 叙永 | 1 | | | | | 1 | | | 2 | |
| | 合江 | | | | | | 3 | 1 | | 4 | |
| | 纳溪 | | | | | | 1 | | | 1 | |
| | 古宋 | | | | | | 2 | 1 | | 3 | |
| | 古蔺 | | | | | | 2 | 1 | | 3 | |
| | 计 | | | | | | | | | 34 | |
| 第八行政督察区 | 酉阳 | 1 | | | | | 1 | | | 2 | |
| | 涪陵 | 1 | 1 | 1 | | | 2 | 3 | | 8 | |
| | 丰都 | | | 2 | | | 1 | 3 | | 6 | |
| | 南川 | | | | | | | 3 | | 3 | |
| | 彭水 | | | | | | 1 | | | 1 | |
| | 黔江 | | | | | | 1 | | | 1 | |
| | 秀山 | | 1 | | | | 1 | 2 | | 4 | |
| | 石柱 | | | | | | 1 | | | 1 | |
| | 武隆 | | | | | | 1 | | | 1 | |
| | 计 | | | | | | | | | 27 | |
| 第九行政督察区 | 万县 | 1 | 2 | 3 | | | | 5 | | 11 | |
| | 奉节 | 1 | | | | | 1 | | | 2 | |
| | 开县 | | 1 | | | | 2 | | | 3 | |
| | 忠县 | | | 2 | | | 2 | 2 | | 6 | |
| | 巫山 | | | | | | 1 | | | 1 | |
| | 巫溪 | | | | | | 1 | | | 1 | |
| | 云阳 | | 1 | | | | 1 | 1 | | 3 | |
| | 城口 | | | | | | 1 | | | 1 | |
| | 计 | | | | | | | | | 28 | |
| 第十行政督察区 | 大竹 | | 1 | | | | 1 | 4 | | 6 | |
| | 渠县 | | 1 | | | | 1 | 4 | | 6 | |
| | 广安 | | 2 | 1 | | | | 3 | | 6 | |
| | 梁山 | | | | | | 2 | 1 | | 3 | |
| | 邻水 | | | | | | 2 | 2 | | 4 | |
| | 垫江 | | | | | | 2 | 2 | | 4 | |
| | 长寿 | | | | | | 2 | 3 | | 5 | |
| | 计 | | | | | | | | | 34 | |

续表

| 区名 | 县市名 | 中学（高级初级合设） | | | 高级中学 | | 初级中学 | | | 合计 | 备注 |
|---|---|---|---|---|---|---|---|---|---|---|---|
| | | 省立 | 县市立 | 私立 | 省立 | 私立 | 县市立 | 私立 | 未备案私立 | | |
| 第十一行政督察区 | 南充 | 1 | | 2 | | | 2 | 2 | | 7 | |
| | 岳池 | | 1 | 1 | | | | 4 | | 6 | |
| | 蓬安 | | | | | | 3 | 1 | | 4 | |
| | 营山 | | | | | | 2 | 2 | | 4 | |
| | 南部 | | | | | | 2 | 2 | | 4 | |
| | 武胜 | | | | | | 1 | 2 | | 3 | |
| | 西充 | | | | | | 1 | 2 | | 3 | |
| | 仪陇 | | | | | | 1 | 1 | | 2 | |
| | 计 | | | | | | | | | 33 | |
| 第十二行政督察区 | 遂宁 | | 1 | 1 | | | 1 | 4 | | 7 | |
| | 安岳 | | 2 | | | | | 7 | | 9 | |
| | 中江 | | 1 | | | | 3 | | | 4 | |
| | 三台 | | 1 | | 1 | | 2 | 1 | | 5 | |
| | 潼南 | | | | | | 2 | 2 | | 4 | |
| | 蓬溪 | | 1 | | | | 2 | 2 | | 5 | |
| | 乐至 | | 1 | | | | | 1 | | 2 | |
| | 射洪 | | | | | | 2 | | | 2 | |
| | 盐亭 | | | | | | 1 | 2 | | 3 | |
| | 计 | | | | | | | | | 41 | |
| 第十三行政督察区 | 绵阳 | 1 | | | | | 3 | 2 | | 6 | |
| | 绵竹 | | 1 | | | | 1 | 1 | | 3 | |
| | 广汉 | | 1 | | | | 1 | 1 | | 3 | |
| | 安县 | | | | | | 2 | | | 2 | |
| | 德阳 | | | | | | 1 | 1 | | 2 | |
| | 什邡 | | | | | | 1 | | | 1 | |
| | 金堂 | | | 1 | | | 2 | | | 3 | |
| | 梓潼 | | | | | | 1 | | | 1 | |
| | 罗江 | | | | | | 1 | | | 1 | |
| | 计 | | | | | | | | | 22 | |

续表

| 区名 | 县市名 | 中学（高级初级合设） | | | 高级中学 | | 初级中学 | | | 合计 | 备注 |
|---|---|---|---|---|---|---|---|---|---|---|---|
| | | 省立 | 县市立 | 私立 | 省立 | 私立 | 县市立 | 私立 | 未备案私立 | | |
| 第十四行政督察区 | 剑阁 | | | | | | 1 | | | 1 | |
| | 苍溪 | | | | | | 1 | 1 | | 2 | |
| | 广元 | | 1 | | | | | 1 | | 2 | |
| | 江油 | | | | 1 | | 1 | 1 | | 3 | |
| | 阆中 | 1 | | | | | 1 | 2 | | 4 | |
| | 昭化 | | | | | | 1 | | | 1 | |
| | 彰明 | | | | | | 1 | | | 1 | |
| | 北川 | | | | | | 1 | | | 1 | |
| | 平武 | | | | | | | | | 0 | |
| | 旺苍 | | | | | | | | | 0 | 1942 年设县 |
| | 青川 | | | | | | 1 | | | 1 | 1942 年设县 |
| | 计 | | | | | | | | | 16 | |
| 第十五行政督察区 | 达县 | 1 | | | | | 2 | 3 | | 6 | |
| | 巴中 | | 1 | | | | | 2 | | 3 | |
| | 开江 | | | | | | 2 | | | 2 | |
| | 宣汉 | | | 1 | | | 2 | | | 3 | |
| | 万源 | | | | | | 1 | | | 1 | |
| | 通江 | | | | | | 1 | | | 1 | |
| | 南江 | | | | | | 1 | | | 1 | |
| | 计 | | | | | | | | | 17 | |
| 第十六行政督察区 | 茂县 | | | | | | 1 | | | 1 | |
| | 理县 | | | | | | | | | | |
| | 懋功 | | | | | | | | | | |
| | 松潘 | | | | | | | | | | |
| | 汶川 | | | | | | | | | | |
| | 靖化 | | | | | | | | | | |
| | 计 | | | | | | | | | 1 | |
| 西康第一行政督察区 | 康定 | 1 | | | | | | | | 1 | |
| | 九龙 | | | | | | | | | | |
| | 雅江 | | | | | | | | | | |
| | 道孚 | | | | | | | | | | |
| | 丹巴 | | | | | | | | | | |
| | 金汤 | | | | | | | | | | |
| | 泰宁 | | | | | | | | | | |
| | 计 | | | | | | | | | 1 | |

续表

| 区名 | 县市名 | 中学（高级初级合设） | | | 高级中学 | | 初级中学 | | | 合计 | 备注 |
|---|---|---|---|---|---|---|---|---|---|---|---|
| | | 省立 | 县市立 | 私立 | 省立 | 私立 | 县市立 | 私立 | 未备案私立 | | |
| 西康第二行政督察区 | 荥经 | | | | | | 1 | | | 1 | |
| | 雅安 | 2 | 1 | | | | | | | 3 | |
| | 芦山 | | | | | | 1 | | 1 | 2 | |
| | 天全 | | | | | | 1 | | | 1 | |
| | 宝兴 | | | | | | | | | | |
| | 汉源 | | 1 | | | | | 1 | | 2 | |
| | 泸定 | | | | | | 1 | | | 1 | |
| | 计 | | | | | | | | | 10 | |
| 西康第三行政督察区 | 西昌 | 1 | 2 | | | | 1 | | 1 | 5 | |
| | 越嶲 | | | | | | 1 | | | 1 | |
| | 冕宁 | | | | | | 1 | | | 1 | |
| | 会理 | | 1 | | | | | | | 1 | |
| | 盐源 | | | | | | 2 | | | 2 | |
| | 盐边 | | | | | | 1 | | | 1 | |
| | 宁南 | | | | | | 1 | | | 1 | |
| | 昭觉 | | | | | | | | | | |
| | 宁东 | | | | | | | | | | |
| | 德昌 | | | | | | 1 | | | 1 | 1946 年建县 |
| | 计 | | | | | | | | | 13 | |
| 西康第四行政督察区 | 甘孜 | | | | | | | | | | |
| | 德格 | | | | | | | | | | |
| | 邓柯 | | | | | | | | | | |
| | 石渠 | | | | | | | | | | |
| | 白玉 | | | | | | | | | | |
| | 瞻化 | | | | | | | | | | |
| | 炉霍 | | | | | | | | | | |
| | 计 | | | | | | | | | 0 | |
| 西康第五行政督察区 | 理化 | | | | | | | | | | |
| | 巴安 | | | | | | | | | | |
| | 得荣 | | | | | | | | | | |
| | 定乡 | | | | | | | | | | |
| | 稻城 | | | | | | | | | | |
| | 义敦 | | | | | | | | | | |
| | 计 | | | | | | | | | 0 | |
| 合计 | | 23 | 69 | 109 | 5 | 1 | 178 | 212 | 2 | 599 | |

资料来源：教育部统计处编：《中华民国三十五学年度全国中等学校一览表》，上海：商务印书馆，1948 年，第 64—84、85—87 页；教育部教育年鉴编纂委员会编：《第二次中国教育年鉴》（第四编中学教育），上海：商务印书馆，1948 年，第 136—137 页。

注：未据承报的私立中学和会德联立初级中学、私立明德初级中学未计算在内。

2. 特点

（1）私立中学数量占据绝对优势。1946 年，私立中学共有 324 所，占中学总数的 54%，与 1941 的 117 所相比，净增加了 207 所，说明私立中学不仅发展快，且已占据中学半壁江山。

（2）县市立中学以初级中学为主体。县市立中学 247 所，仅次于私立中学，平均每县有超过 1 所的县市立中学。其中，县市立中学最多的是宜宾、重庆，有 6 所。县市立中学以初级中学为主体，共 178 所，占中学总数的 29.72%。

（3）成、渝地区仍是教育中心地区。第一行政督察区加上成都，学校共 61 所。第三行政督察区加上重庆市，学校共 136 所。两地共计 197 所，占区域中学总数的 32.89%，领先于其他行政督察区，说明成、渝地区仍是四川的教育中心地区。

（4）西昌和雅安成为西康地区的教育中心。西康的 5 个行政督察区，学校最多的是第三行政督察区，有 13 所；其次是第二行政督察区，有 10 所。第一行政督察区仅 1 所中学，第四、第五行政督察区无中学。第二、第三行政督察区中学分布较合理，只有宝兴、昭觉和宁东没有中学，其他县至少 1 所中学。另外，学校最多的是西昌（5 所）和雅安（3 所），说明西昌和雅安是西康地区中学教育的中心地区。

## 二、中等师范教育

### （一）发展概况

四川地区的中等师范学校，在全面抗战时期有国立、省立、县立和私立四种。抗战胜利后，据国民政府复员办法，国立师范尽数交由四川省教育厅办理，成立省立师范。抗战结束后，四川地区的师范学校数量一度增加。1946 年，省立德阳孝泉师范、省立女子师范均自本年春季开始招生。江安、岳池、开县、夹江等四县成立了简易师范学校。1947 年，四川地区接收国立江津师范学校，改为省立北碚师范学校；接收国立荣昌师范学校，改为省立荣昌师范学校。同时，新都、乐至、开县、长寿、渠县、岳池、江安、夹江、松潘等九县简易师范正式开班，丰都、酉阳两所简易师范学校成立。[①]1945 年四川的各类师范学校有 89 所，1947 年达 102 所[②]，之后略有萎缩，到 1949 年中等师范学校只有 50 所，学生 1.07 万人，教师 576 人。[③]

抗战胜利前夕，西康省府深感建省以后，中等教育亟待扩展，师范教育除重划学区外，还大量增设学校。重新划定的师范学区[④]是：

甲、第一师范区——以省立康定师范为中心——康定、泸定、丹巴、九龙、金汤、乾宁等六县局属之。

乙、第二师范区——以省立第一边疆师范学校为中心——巴安、道孚、雅江、义敦、德荣、理化、定乡、稻城、甘孜、瞻化、炉霍、皇邓柯、德格、石渠等十五县属之。

丙、第三师范区——以省立云定师范学校为中心——会理、宁南、盐边、德昌等四县属之。

丁、第四师范区——以省立西昌师范学校为中心——西昌、盐源、冕宁、昭觉、宁东等六县局属之。

戊、第五师范区——以省立始阳师范学校为中心——雅安、天全、汉源、荥经、芦山、宝兴等六县属之。

抗战胜利后，西康增设专门技能师范科，即在康定师范增设幼稚师范科，在云定师范增设劳作师范科，在始阳师范增音艺师范科，在富林师范增设童子军师范专科，在西昌师范增设体育师范科；督饬德昌、盐源、盐边、宁南四县设立简易师范学校各一所。[⑤]

（二）学校分布及其特点

1. 学校分布

1946 学年度四川地区（含重庆、西康）中等师范学校统计，如表 3-2 所示。

---

① 四川省地方志编纂委员会编：《四川省志·教育志》（上），北京：方志出版社，2000 年，第 309—310 页。
② 涂文涛主编：《四川教育史》（上），成都：四川教育出版社，2007 年，第 539 页。
③ 四川省地方志编纂委员会编：《四川省志·教育志》（上），北京：方志出版社，2000 年，第 314 页。
④ 教育部教育年鉴编纂委员会编：《第二次中国教育年鉴》（第七编师范教育），上海：商务印书馆，1948 年，第 62 页。
⑤ 涂文涛主编：《四川教育史》（上），成都：四川教育出版社，2007 年，第 540 页。

**表 3-2　1946 学年度四川地区（含重庆、西康）中等师范学校统计表**

（单位：所）

| 区名 | 县市名 | 师范学校 | | 乡村师范学校 | 简易师范学校 | 简易乡村师范学校 | 合计 |
|---|---|---|---|---|---|---|---|
| | | 省立 | 县市立 | 省立 | 县市立 | 县市立 | |
| | 成都 | 3 | | | | | 3 |
| | 重庆 | 2 | | | | | 2 |
| | 自贡 | | 1 | | | | 1 |
| 第一行政督察区 | 成都 | | | | | | |
| | 温江 | | | | | | |
| | 华阳 | | | | 1 | | 1 |
| | 灌县 | | | | 1 | | 1 |
| | 新津 | | | | 1 | | 1 |
| | 崇庆 | | | | | | |
| | 新都 | | | | | | |
| | 郫县 | | | | | | |
| | 双流 | | | | | | |
| | 彭县 | | | | 1 | | 1 |
| | 新繁 | | | | | | |
| | 崇宁 | | | | | | |
| | 计 | | | | | | 4 |
| 第二行政督察区 | 资中 | 1 | | | | | 1 |
| | 资阳 | | | | 1 | | 1 |
| | 内江 | 1 | 1 | | | | 2 |
| | 荣县 | | 1 | | | | 1 |
| | 仁寿 | | | | 1 | | 1 |
| | 简阳 | | 1 | | | | 1 |
| | 威远 | | | | | 1 | 1 |
| | 井研 | | | | | | |
| | 计 | | | | | | 8 |
| 第三行政督察区 | 永川 | | | | | | |
| | 巴县 | | | | | | |
| | 北碚 | 1 | | | | | 1 |
| | 江津 | | 1 | | | | 1 |
| | 江北 | | | | | | |
| | 合川 | | | | 1 | | 1 |
| | 荣昌 | 1 | | | | | 1 |
| | 綦江 | | | | 1 | | 1 |
| | 大足 | | | | 1 | | 1 |
| | 壁山 | | | | 1 | | 1 |
| | 铜梁 | | | | 1 | | 1 |
| | 计 | | | | | | 8 |

续表

| 区名 | 县市名 | 师范学校 | | 乡村师范学校 | 简易师范学校 | 简易乡村师范学校 | 合计 |
|---|---|---|---|---|---|---|---|
| | | 省立 | 县市立 | 省立 | 县市立 | 县市立 | |
| 第四行政督察区 | 眉山 | 1 | | | | | 1 |
| | 邛崃 | | | | | 1 | 1 |
| | 大邑 | | | | | | |
| | 彭山 | | | | 1 | | 1 |
| | 洪雅 | | | | 1 | | 1 |
| | 夹江 | | | | 1 | | 1 |
| | 青神 | | | | | 1 | 1 |
| | 名山 | | | | | | |
| | 丹稜 | | | | | | |
| | 蒲江 | | | | | | |
| | 计 | | | | | | 6 |
| 第五行政督察区 | 乐山 | 1 | | | 1 | | 2 |
| | 屏山 | | | | | 1 | 1 |
| | 马边 | | | | | | |
| | 峨边 | | | | | | |
| | 雷波 | | | | | | |
| | 犍为 | | | | 1 | | 1 |
| | 峨眉 | | | | | 1 | 1 |
| | 沐川 | | | | | 1 | 1 |
| | 计 | | | | | | 6 |
| 第六行政督察区 | 宜宾 | 1 | 1 | | | | 2 |
| | 南溪 | | | | 1 | | 1 |
| | 庆符 | | | | 1 | | 1 |
| | 江安 | | | | 1 | | 1 |
| | 兴文 | | | | | | |
| | 珙县 | | | | | 1 | 1 |
| | 高县 | | | | | | |
| | 筠连 | | | | | | |
| | 长宁 | | | | | 1 | 1 |
| | 计 | | | | | | 7 |
| 第七行政督察区 | 泸县 | 1 | | | 1 | | 2 |
| | 隆昌 | | | | | 1 | 1 |
| | 富顺 | | | | 1 | | 1 |
| | 叙永 | | | | | | |
| | 合江 | | | | 1 | | 1 |
| | 纳溪 | | | | | | |
| | 古宋 | | | | | | |
| | 古蔺 | | | | | | |
| | 计 | | | | | | 5 |

续表

| 区名 | 县市名 | 师范学校 | | 乡村师范学校 | 简易师范学校 | 简易乡村师范学校 | 合计 |
|---|---|---|---|---|---|---|---|
| | | 省立 | 县市立 | 省立 | 县市立 | 县市立 | |
| 第八行政督察区 | 酉阳 | 1 | | | | | 1 |
| | 涪陵 | | 1 | | | | 1 |
| | 丰都 | | | | 1 | | 1 |
| | 南川 | | | | | 1 | 1 |
| | 彭水 | | | | | | |
| | 黔江 | | | | | | |
| | 秀山 | | | | 1 | | 1 |
| | 石柱 | | | | 1 | | 1 |
| | 武隆 | | | | | | |
| | 计 | | | | | | 6 |
| 第九行政督察区 | 万县 | 1 | 1 | | | | 2 |
| | 奉节 | | | | | | |
| | 开县 | | | | 1 | | 1 |
| | 忠县 | | | | | 1 | 1 |
| | 巫山 | | | | | | |
| | 巫溪 | | | | | | |
| | 云阳 | | | | 1 | | 1 |
| | 城口 | | | | | | |
| | 计 | | | | | | 5 |
| 第十行政督察区 | 大竹 | 1 | | | | | 1 |
| | 渠县 | | | | | | |
| | 广安 | | 1 | | | | 1 |
| | 梁山 | | | | | | |
| | 邻水 | | | | | | |
| | 垫江 | | | | 1 | | 1 |
| | 长寿 | | | | | | |
| | 计 | | | | | | 3 |
| 第十一行政督察区 | 南充 | 1 | | | | | 1 |
| | 岳池 | | | | | | |
| | 蓬安 | | | | | | |
| | 营山 | | | | | | |
| | 南部 | | | | | | |
| | 武胜 | | | | 1 | | 1 |
| | 西充 | | | | | | |
| | 仪陇 | | | | 1 | | 1 |
| | 计 | | | | | | 3 |

续表

| 区名 | 县市名 | 师范学校 | | 乡村师范学校 | 简易师范学校 | 简易乡村师范学校 | 合计 |
|---|---|---|---|---|---|---|---|
| | | 省立 | 县市立 | 省立 | 县市立 | 县市立 | |
| 第十二行政督察区 | 遂宁 | | | 1 | | | 1 |
| | 安岳 | | | | 1 | | 1 |
| | 中江 | | | | | 1 | 1 |
| | 三台 | | 1 | | | | 1 |
| | 潼南 | | | | | | |
| | 蓬溪 | | | | 1 | | 1 |
| | 乐至 | | | | | | |
| | 射洪 | | | | 1 | | 1 |
| | 盐亭 | | | | | | |
| | 计 | | | | | | 6 |
| 第十三行政督察区 | 绵阳 | 1 | | | 1 | | 2 |
| | 绵竹 | | | | 1 | | 1 |
| | 广汉 | | | | 1 | | 1 |
| | 安县 | | | | 1 | | 1 |
| | 德阳 | 1 | | | 1 | | 2 |
| | 什邡 | | | | 1 | | 1 |
| | 金堂 | | | | | | |
| | 梓潼 | | | | | | |
| | 罗江 | | | | 1 | | 1 |
| | 计 | | | | | | 9 |
| 第十四行政督察区 | 剑阁 | | | 1 | | | 1 |
| | 苍溪 | | | | | | |
| | 广元 | | | | | 1 | 1 |
| | 江油 | | | | 1 | | 1 |
| | 阆中 | | | | | | |
| | 昭化 | | | | | | |
| | 彰明 | | | | | | |
| | 北川 | | | | | | |
| | 平武 | | | | | 1 | 1 |
| | 旺苍 | | | | | | |
| | 青川 | | | | | | |
| | 计 | | | | | | 4 |
| 第十五行政督察区 | 达县 | 1 | 1 | | | | 2 |
| | 巴中 | | | | | 1 | 1 |
| | 开江 | | | | | | |
| | 宣汉 | | | | | 1 | 1 |
| | 万源 | | | | | | |
| | 通江 | | | | 1 | | 1 |
| | 南江 | | | | | | |
| | 计 | | | | | | 5 |

续表

| 区名 | 县市名 | 师范学校 | | 乡村师范学校 | 简易师范学校 | 简易乡村师范学校 | 合计 |
|---|---|---|---|---|---|---|---|
| | | 省立 | 县市立 | 省立 | 县市立 | 县市立 | |
| 第十六行政督察区 | 茂县 | | | 1 | | | 1 |
| | 理县 | | | | | | |
| | 懋功 | | | | | | |
| | 松潘 | | | | | | |
| | 汶川 | | | | | | |
| | 靖化 | | | | | | |
| | 计 | | | | | | 1 |
| 西康第一行政督察区 | 康定 | 2 | | | | | 2 |
| | 九龙 | | | | | | |
| | 雅江 | | | | | | |
| | 道孚 | | | | | | |
| | 丹巴 | | | | | | |
| | 金汤 | | | | | | |
| | 泰宁 | | | | | | |
| | 计 | | | | | | 2 |
| 西康第二行政督察区 | 荥经 | | | | 1 | | 1 |
| | 雅安 | | | | | | |
| | 芦山 | | | | | | |
| | 天全 | 1 | | | 1 | | 2 |
| | 宝兴 | | | | | | |
| | 汉源 | 1 | | | 1 | | 2 |
| | 泸定 | | | | | | |
| | 计 | | | | | | 5 |
| 西康第三行政督察区 | 西昌 | 2 | | | 1 | | 3 |
| | 越嶲 | | | | | 1 | 1 |
| | 冕宁 | | | | | 1 | 1 |
| | 会理 | 1 | | | 1 | | 2 |
| | 盐源 | | | | | | |
| | 盐边 | | | | | | |
| | 宁南 | | | | | | |
| | 昭觉 | | | | | | |
| | 宁东 | | | | | | |
| | 计 | | | | | | 7 |

续表

| 区名 | 县市名 | 师范学校 | | 乡村师范学校 | 简易师范学校 | 简易乡村师范学校 | 合计 |
|---|---|---|---|---|---|---|---|
| | | 省立 | 县市立 | 省立 | 县市立 | 县市立 | |
| 西康第四行政督察区 | 甘孜 | | | | | | |
| | 德格 | | | | | | |
| | 邓柯 | | | | | | |
| | 石渠 | | | | | | |
| | 白玉 | | | | | | |
| | 瞻化 | | | | | | |
| | 炉霍 | | | | | | |
| | 计 | | | | | | 0 |
| 西康第五行政督察区 | 理化 | | | | | | |
| | 巴安 | | | | | | |
| | 得荣 | | | | | | |
| | 定乡 | | | | | | |
| | 稻城 | | | | | | |
| | 义敦 | | | | | | |
| | 计 | | | | | | 0 |
| 合计 | | 27 | 11 | 3 | 47 | 18 | 106 |

资料来源：教育部统计处编：《中华民国三十五学年度全国中等学校一览表》，上海：商务印书馆，1948年，第64—84、85—87页。

2. 特点

（1）中等师范学校有师范学校、乡村师范学校、简易师范学校和简易乡村师范学校四类。师范学校有38所，乡村师范学校有3所，简易师范学校有47所，简易乡村师范学校有18所，其中师范学校和简易师范学校共计85所，占全部师范学校总数的80.19%，表明乡村师范学校在师范办学中不居于主导地位。

（2） 办学形式为省立和县市立两种。106 所师范学校，均为省立和县市立，其中省立 30 所，县市立 76 所。县市立为师范办学的最主要形式，无私立形式的师范学校。

（3）师范学校分布相对均衡，但仍有差异。综观四川全省各行政督察区，除西康第四、第五行政督察区无师范学校外，其余行政督察区都至少有 1 所师范学校，分布相对均衡。其中，师范学校最多的是第十三行政督察区，有9所，最少的是第十六行政督察区，有1所。

（4）有90县无师范学校。它们是：第一行政督察区，成都、温江、崇庆、新都、郫县、双流、新繁、崇宁；第二行政督察区，井研；第三行政督察区，永川、巴县、江北；第四行政督察区，大邑、名山、丹稜、蒲江；第五行政督察区，马边、峨边、雷波；第六行政督察区，兴文、高县、筠连；第七行政督察区，叙永、纳溪、古宋、古蔺；第八行政督察区，彭水、黔江、武隆；第九行政督察区，奉节、巫山、巫溪、城口；第十行政督察区，渠县、梁山、邻水、长寿；第十一行政督察区，岳池、蓬安、营山、南部、西充；第十二行政督察区，潼南、乐至、盐亭；第十三行政督察区，金堂、梓潼；第十四行政督察区，苍溪、阆中、昭化、彰明、北川、旺苍、青川；第十五行政督察区，开江、万源、南江；第十六行政督察区，理县、懋功、松潘、汶川、靖化；西康第一行政督察区，九龙、雅江、道孚、丹巴、金汤、泰宁；西康第二行政督察区，雅安、芦山、宝兴、泸定；西康第三行政督察区，盐源、盐边、宁南、昭觉、宁东；西康第四行政督察区，甘孜、德格、邓柯、石渠、白玉、瞻化、炉霍；西康第五行政督察区，理化、巴安、得荣、定乡、稻城、义敦。

## 三、中等职业教育

### （一）发展概况

战后的职业教育，“一面致力于复员，一面致力更谋推广改进”[①]。

四川既地居后方，又为战时首都，各级教育在抗战中均有长足之进展，学校数量亦扩充甚多。截止到1947年上学期，单独的职业学校省立有23所，县立27所，私立24所。[②]另西康有职业学校6所。[③]

全面内战爆发后，社会经济日益衰败，通货恶性膨胀，教育经费匮乏，四川地区职业教育发展缓慢，1948年秋四川地区共计职业学校72所，仅比1945年多3所。到1949年四川解放前夕，国民政府面临彻底崩溃，职业学校处于混乱状态，无该地区情况的统计记载。[④]

### （二）学校分布及其特点

1. 学校分布

1946学年度四川地区（含重庆、西康）中等职业学校统计，如表3-3所示。

① 教育部教育年鉴编纂委员会编：《第二次中国教育年鉴》（第八编职业教育），上海：商务印书馆，1948年，第4页。

② 教育部教育年鉴编纂委员会编：《第二次中国教育年鉴》（第八编职业教育），上海：商务印书馆，1948年，第39页。

③ 四川省地方志编纂委员会编：《四川省志・教育志》（上），北京：方志出版社，2000年，第223页。

④ 四川省地方志编纂委员会编：《四川省志・教育志》（上），北京：方志出版社，2000年，第223—224页。

**表 3-3　1946 学年度四川地区（含重庆、西康）中等职业学校统计表**

（单位：所）

| 区名 | 县市名 | 职业学校（高级初级合设） | | 高级职业学校 | | | 初级职业学校 | | | 合计 |
|---|---|---|---|---|---|---|---|---|---|---|
| | | 省市立 | 县市立 | 省市立 | 县立 | 私立 | 省市立 | 县立 | 私立 | |
| | 成都 | 1 | | 5 | | 6 | | | | 12 |
| | 重庆 | 1 | 3 | 2 | | 17 | | | | 23 |
| | 自贡 | | | | | 1 | | | | 1 |
| 第一行政督察区 | 成都 | | | | | | | | | |
| | 温江 | | | | | | | | | |
| | 华阳 | | | | 1 | | | | | 1 |
| | 灌县 | | 1 | | | | | | | 1 |
| | 新津 | | | | | | | 1 | | 1 |
| | 崇庆 | | | | | | | | | |
| | 新都 | | | | | | | 1 | | 1 |
| | 郫县 | | | | | | | | | |
| | 双流 | | | | | | | | | |
| | 彭县 | | | | | | | | | |
| | 新繁 | | | | | | | | | |
| | 崇宁 | | | | | | | | | |
| | 计 | | | | | | | | | 4 |
| 第二行政督察区 | 资中 | | 1 | | | 1 | | | | 2 |
| | 资阳 | | | | | | | | | |
| | 内江 | 1 | | | | | | | | 1 |
| | 荣县 | | | | | | | | | |
| | 仁寿 | | | | | | | | | |
| | 简阳 | | | | | | | | | |
| | 威远 | | | | | | | | | |
| | 井研 | | | | | | | | | |
| | 计 | | | | | | | | | 3 |
| 第三行政督察区 | 永川 | | | | | | | | | |
| | 巴县 | | | | 1 | | | | | 1 |
| | 北碚 | | | | | | | | | |
| | 江津 | 1 | | | | 1 | | 1 | 1 | 4 |
| | 江北 | | | | | 1 | | | | 1 |
| | 合川 | | | | | | | 2 | | 2 |
| | 荣昌 | 1 | | | | | | 1 | | 2 |
| | 綦江 | | | | | | | | | |
| | 大足 | | | | | | | | | |
| | 壁山 | | | | | | | 1 | | 1 |
| | 铜梁 | | | | | | | 1 | | 1 |
| | 计 | | | | | | | | | 12 |

续表

| 区名 | 县市名 | 职业学校（高级初级合设） | | 高级职业学校 | | | 初级职业学校 | | | 合计 |
|---|---|---|---|---|---|---|---|---|---|---|
| | | 省市立 | 县市立 | 省市立 | 县立 | 私立 | 省市立 | 县立 | 私立 | |
| 第四行政督察区 | 眉山 | | | 1 | | | | | | 1 |
| | 邛崃 | | | | | | | | | |
| | 大邑 | | | | | | | | | |
| | 彭山 | | | | | | | | | |
| | 洪雅 | | | | | | | | | |
| | 夹江 | | | | | | | | | |
| | 青神 | | | | | | | | | |
| | 名山 | | | | | | | | | |
| | 丹稜 | | | | | | | | | |
| | 蒲江 | | | | | | | | | |
| | 计 | | | | | | | | | 1 |
| 第五行政督察区 | 乐山 | | | | | | | | | |
| | 屏山 | | | | | | | 1 | | 1 |
| | 马边 | | | | | | | | | |
| | 峨边 | | | | | | | | | |
| | 雷波 | | | | | | | | | |
| | 犍为 | | | 1 | | | | 1 | | 2 |
| | 峨眉 | | | | | | | | | |
| | 沐川 | | | | | | | | | |
| | 计 | | | | | | | | | 3 |
| 第六行政督察区 | 宜宾 | | | 1 | | 2 | | | | 3 |
| | 南溪 | | | | | | | | | |
| | 庆符 | | | | | | | | | |
| | 江安 | | | | | | | | | |
| | 兴文 | | | | | | | 1 | | 1 |
| | 珙县 | | | | | | | | | |
| | 高县 | | | | | | | 1 | | 1 |
| | 筠连 | | | | | | | | | |
| | 长宁 | | | | | | | | | |
| | 计 | | | | | | | | | 5 |
| 第七行政督察区 | 泸县 | | | | | | | 1 | 1 | 2 |
| | 隆昌 | | | | | | | | | |
| | 富顺 | | | | | | | | | |
| | 叙永 | | | | | | | | | |
| | 合江 | | | | | | | 1 | | 1 |
| | 纳溪 | | | | | | | | | |
| | 古宋 | | | | | | | | | |
| | 古蔺 | | | | | | | | | |
| | 计 | | | | | | | | | 3 |

续表

| 区名 | 县市名 | 职业学校（高级初级合设） | | 高级职业学校 | | | 初级职业学校 | | | 合计 |
|---|---|---|---|---|---|---|---|---|---|---|
| | | 省市立 | 县市立 | 省市立 | 县立 | 私立 | 省市立 | 县立 | 私立 | |
| 第八行政督察区 | 酉阳 | | | | | | | | | |
| | 涪陵 | | 1 | | | 1 | | | | 2 |
| | 丰都 | | | | | | | | | |
| | 南川 | | | | | | | 1 | | 1 |
| | 彭水 | | | | | | | | | |
| | 黔江 | | | | | | | | | |
| | 秀山 | | | | | | | | | |
| | 石柱 | | | | | | | | | |
| | 武隆 | | | | | | | | | |
| | 计 | | | | | | | | | 3 |
| 第九行政督察区 | 万县 | | | 2 | | | | | | 2 |
| | 奉节 | | | | | | | | | |
| | 开县 | | | | | | | | | |
| | 忠县 | | | | | | | | | |
| | 巫山 | | | | | | | | | |
| | 巫溪 | | | | | | | | | |
| | 云阳 | | | | | | | 1 | | 1 |
| | 城口 | | | | | | | | | |
| | 计 | | | | | | | | | 3 |
| 第十行政督察区 | 大竹 | | | 1 | | | | | | 1 |
| | 渠县 | | | | | | | | 1 | 1 |
| | 广安 | | | | | | | | | |
| | 梁山 | | | | | | | 1 | | 1 |
| | 邻水 | | | | | | | | | |
| | 垫江 | | | | | | | | | |
| | 长寿 | | | | | | | | | |
| | 计 | | | | | | | | | 3 |
| 第十一行政督察区 | 南充 | | | 1 | | 1 | | | | 2 |
| | 岳池 | | | | | | | | | |
| | 蓬安 | | | | | | | | | |
| | 营山 | | | | | | | | | |
| | 南部 | | | | | | | | | |
| | 武胜 | | | | | | | | | |
| | 西充 | | | | | | | | | |
| | 仪陇 | | | | | | | | | |
| | 计 | | | | | | | | | 2 |

续表

| 区名 | 县市名 | 职业学校（高级初级合设） | | 高级职业学校 | | | 初级职业学校 | | | 合计 |
|---|---|---|---|---|---|---|---|---|---|---|
| | | 省市立 | 县市立 | 省市立 | 县立 | 私立 | 省市立 | 县立 | 私立 | |
| 第十二行政督察区 | 遂宁 | | | 1 | | | | | | 1 |
| | 安岳 | | | | | | | 1 | | 1 |
| | 中江 | | | | | | | | | |
| | 三台 | | | | | 1 | | 1 | | 2 |
| | 潼南 | | | | | | | | | |
| | 蓬溪 | | | | | | | 1 | | 1 |
| | 乐至 | | | | | | | | | |
| | 射洪 | | | | | 1 | | | | 1 |
| | 盐亭 | | | | | | | | | |
| | 计 | | | | | | | | | 6 |
| 第十三行政督察区 | 绵阳 | | | 1 | | | | | | 1 |
| | 绵竹 | | | | | | | 1 | | 1 |
| | 广汉 | | | | | | | | | |
| | 安县 | | | | | | | | | |
| | 德阳 | | | | | | | | | |
| | 什邡 | | | | | | | | | |
| | 金堂 | | | | | | | 1 | | 1 |
| | 梓潼 | | | | | | | | | |
| | 罗江 | | | | | | | | | |
| | 计 | | | | | | | | | 3 |
| 第十四行政督察区 | 剑阁 | | | | | | | | | |
| | 苍溪 | | | | | | | | | |
| | 广元 | | | | | | | | | |
| | 江油 | 1 | | | | | | | | 1 |
| | 阆中 | | | | | 1 | | | | 1 |
| | 昭化 | | | | | | | | | |
| | 彰明 | | | | | | | | | |
| | 北川 | | | | | | | | | |
| | 平武 | | | | | | | | | |
| | 旺苍 | | | | | | | | | |
| | 青川 | | | | | | | | | |
| | 计 | | | | | | | | | 2 |

续表

| 区名 | 县市名 | 职业学校（高级初级合设） | | 高级职业学校 | | | 初级职业学校 | | | 合计 |
|---|---|---|---|---|---|---|---|---|---|---|
| | | 省市立 | 县市立 | 省市立 | 县立 | 私立 | 省市立 | 县立 | 私立 | |
| 第十五行政督察区 | 达县 | | | | | | | | | |
| | 巴中 | 1 | | | | | | | | 1 |
| | 开江 | | | | | | | | | |
| | 宣汉 | | | | | | | | | |
| | 万源 | | | | | | | | | |
| | 通江 | | | | | | | | | |
| | 南江 | | | | | | | | | |
| | 计 | | | | | | | | | 1 |
| 第十六行政督察区 | 茂县 | | | | | | | | | |
| | 理县 | | | | | | | | | |
| | 懋功 | | | | | | | | | |
| | 松潘 | | | | | | | | | |
| | 汶川 | | | | | | | | | |
| | 靖化 | | | | | | | | | |
| | 计 | | | | | | | | | 0 |
| 西康第一行政督察区 | 康定 | 2 | | 1 | | | | | | 3 |
| | 九龙 | | | | | | | | | |
| | 雅江 | | | | | | | | | |
| | 道孚 | | | | | | | | | |
| | 丹巴 | | | | | | | | | |
| | 金汤 | | | | | | | | | |
| | 泰宁 | | | | | | | | | |
| | 计 | | | | | | | | | 3 |
| 西康第二行政督察区 | 荥经 | | | | | | | | | |
| | 雅安 | 1 | | | | | | | | 1 |
| | 芦山 | | | | | | | | | |
| | 天全 | | | | | | | | | |
| | 宝兴 | | | | | | | | | |
| | 汉源 | | | | | | | | | |
| | 泸定 | | | | | | | | | |
| | 计 | | | | | | | | | 1 |

续表

| 区名 | 县市名 | 职业学校（高级初级合设） | | 高级职业学校 | | | 初级职业学校 | | | 合计 |
|---|---|---|---|---|---|---|---|---|---|---|
| | | 省市立 | 县市立 | 省市立 | 县立 | 私立 | 省市立 | 县立 | 私立 | |
| 西康第三行政督察区 | 西昌 | 1 | | | | | | | | 1 |
| | 越嶲 | | | | | | | | | |
| | 冕宁 | | | | | | | | | |
| | 会理 | | | | | | | | | |
| | 盐源 | | | | | | | | | |
| | 盐边 | | | | | | | | | |
| | 宁南 | | | | | | | | | |
| | 昭觉 | | | | | | | | | |
| | 宁东 | | | | | | | | | |
| | 计 | | | | | | | | | 1 |
| 西康第四行政督察区 | 甘孜 | | | | | | 1 | | | 1 |
| | 德格 | | | | | | | | | |
| | 邓柯 | | | | | | | | | |
| | 石渠 | | | | | | | | | |
| | 白玉 | | | | | | | | | |
| | 瞻化 | | | | | | | | | |
| | 炉霍 | | | | | | | | | |
| | 计 | | | | | | | | | 1 |
| 西康第五行政督察区 | 理化 | | | | | | | | | |
| | 巴安 | | | | | | | | | |
| | 得荣 | | | | | | | | | |
| | 定乡 | | | | | | | | | |
| | 稻城 | | | | | | | | | |
| | 义敦 | | | | | | | | | |
| | 计 | | | | | | | | | 0 |
| 合计 | | 11 | 6 | 17 | 2 | 34 | 1 | 22 | 3 | 96 |

资料来源：教育部统计处编：《中华民国三十五学年度全国中等学校一览表》，上海：商务印书馆，1948年，第82—84页，第87页；教育部教育年鉴编纂委员会编：《第二次中国教育年鉴》（第八编职业教育），上海：商务印书馆，1948年，第62页。

2. 特点

（1）中等职业学校仍有职业学校、高级职业学校和初级职业学校三类别。全面抗战后，因国家建设需要人才，国民政府重视职业教育。据前统计，职业学校有17所，高级职业学校有53所，初级职业学校有26所，高级职业学校数量最多。

（2）省市立、县立和私立三种办学形式并驾齐驱。省市立有29所，县立

有 30 所，私立有 37 所，这三种办学形式是当时职业学校办学的基本方式。

（3）重庆、成都职业学校数量遥遥领先。重庆市有 23 所，占职业学校总数的 24%；成都市有 12 所，占职业学校总数的 12.5%，这是四川地区其他任何县市所无法比拟的。

（4）西康职业教育起步。无论与前西康的职业教育相比，还是与同时的西康其他中等教育相比，此时的西康各区职业教育均处于起步阶段。西康的五个行政督察区中，除了第五行政督察区，其他四行政督察区均至少有 1 所职业学校。

## 第三节　高等教育之学校分布

1948 年 1 月 12 日，国民政府公布了新的《大学法》，规定："大学修业年限，医学院五年，余均四年，且医学生及师范生须另加实习一年。"大学各学院附设专修科，招收高级中学或其同等学校毕业生，或具有同等学力者，修业二年。《专科学校法》规定："专科学校修业年限二年，医科三年，但医学生及师范生应另加实习一年。音乐艺术学科宜提前修习者，得招收初级中学毕业生，修业年限五年。"①国民政府再次规范了高等教育学制。

### 一、发展概况

抗战胜利以后，国民政府教育部对高校复员工作进行了全面规划，"将国立专科以上学校设置地点，作合理之支配，使勿集中于少数之大城市，而令较偏僻之处向隅。……拨发大量经费，为全国公私立专科以上学校修建校舍，添购设备及其员工眷属学生等复员之用"②。

关于教育机关的复员问题，教育部一方面主张专科以上教育机关复员，另一方面又鼓励教师留在后方继续任教。其具体规定如下。③

（1）专科以上学校及研究机关的复员：凡在抗战中已合并或停办而有悠久历史、成绩卓著的学校，应予恢复；公私立专科以上学校各院系科，应在同一地区设置，不得设立分校；规定全国教育文化中心若干处，原有或新迁的大学成为完备的

① 教育部教育年鉴编纂委员会编：《第二次中国教育年鉴》（第二编教育行政），上海：商务印书馆，1948 年，第 8 页。

② 教育部教育年鉴编纂委员会编：《第二次中国教育年鉴》（第五编高等教育），上海：商务印书馆，1948 年，第 1 页。

③ 教育部教育年鉴编纂委员会编：《第二次中国教育年鉴》（第一编总述），上海：商务印书馆，1948 年，第 13—14 页。

学府，并配置图书馆、博物馆及其他独立学院与专科学校；政府应宽筹经费，帮助高等学校复员；侵略者掠夺的文物及破坏学校的设备，应责令其归还和赔偿。

（2）奖励迁至后方 8 省的专科学校以上学校的教师继续留在后方 8 省任教。凡由战区来后方的教员留在川、康、滇、黔、桂、陕、甘、新 8 省工作，如教员有家属在学校所在地，由学校按照人数免费供给住房及必要的家具设备；凡单身教师，每年由学校补助回家旅费一次；如携带家眷回家者，每三年补助全部旅费一次；教师的待遇按聘约加一成至二成支薪；图书仪器及各种教学设备应尽量充实，以供教师研究学术的方便。

教育部关于善后复员会议决，“（国立）中央大学迁南京，交通大学迁上海，复旦大学迁无锡，浙江大学迁杭州，武汉大学迁武昌，西南联大分别复校，清华北大均回北平，南开迁天津，该校师范学院将留昆明，改为昆明师范学院，北师大仍在北平复校，改为北平师范学院，现西北师范学院仍留兰州，西北大学则迁西安，燕京大学仍回北平，金陵迁南京，光华大学在上海复校，成都新校继续保留”①。

规定部分迁川高校仍留川继续办学。“川教厅以近年中学学生人数增多，极需升学场所，而迁川大学乃相继复员，兹为响应地方需要及造就各项人才计……教部保留迁川部分学校，计有乐山国立技艺专科学校，拟改为国立乐山工业专科学校，白沙国立女子师范学院拟改设北碚，沙坪坝之国立中央工业学校乃拟留渝继续办理。……以使川籍中学生毕业生升学云。”②

遵教育部令，全面抗战期间迁川的 48 所高等学校，除中央工校、铭贤学院留川办学，两江体专停办外，其他都迁回战前原址，或在沿海省份另觅地点建校，到 1947 年春回迁工作完毕。此时四川地区仅有高等学校 21 所，其中包括重庆 7 所，西康 2 所。③1947 年底四川有高等学校 24 所。④后私立院校有所发展，到 1949 年全川私立院校发展到 22 所（含未备案）。其中，设在重庆的有 15 所（私立乡村建设学院、私立西南农学院、私立中国公学、私立南林学院、私立白屋文学院、私立勉仁文学院、私立重庆法商学院、私立正阳法学院、私立求精商学院、私立群治学院、私立长江文理学院、私立新辉法

① 《四川教育通讯》1945 年第 7 期，第 16 页。
② 《四川教育通讯》1946 年第 9 期，第 15 页。
③ 教育部教育年鉴编纂委员会编：《第二次中国教育年鉴》（第十四编教育统计），上海：商务印书馆，1948 年，第 5 页。
④ 教育部教育年鉴编纂委员会编：《第二次中国教育年鉴》（第五编高等教育），上海：商务印书馆，1948 年，第 90—99 页。

商学院、私立中华戏剧专科学校、私立蜀中艺术专科学校、私立立信会计专科学校）；设在成都的有 4 所（私立成华大学、私立大川学院、私立西南学院、私立东方文教学院）；设在三台的有 1 所（私立川北大学）；设在万县的有 1 所（私立辅成法学院）；设在南充的有 1 所（私立川北文学院）。[①]四川地区高校的数量比全面抗战时期大为减少，但比全面抗战前还是多得多。

## 二、学校分布及其特点

### （一）学校分布

1947 年春，全国高校复员工作基本完成，据该年年终统计，全国专科以上学校共有 207 所，其中国立大学 31 所，私立大学 24 所，独立学院及专科学校 23 所，省立学院 21 所，私立学院 31 所，国立专科学校 20 所，省市立专科学校 33 所，私立专科学校 24 所。其中，四川地区（含重庆、西康）高校共计 24 所（表 3-4）。[②]

**表 3-4　1947 年底四川地区（含重庆、西康）专科以上学校统计表**

（单位：所）

| 地点 | 大学 | | 独立学院 | | | 专科学校 | | | 合计 |
|---|---|---|---|---|---|---|---|---|---|
| | 国立 | 私立 | 国立 | 省立 | 私立 | 国立 | 省立 | 私立 | |
| 重庆 | 1 | | 1 | 1 | 2 | 1 | | 3 | 9 |
| 成都 | 1 | 2 | 1 | | 1 | | 3 | | 8 |
| 自贡 | | | | | | 1 | | | 1 |
| 巴县 | | | | | 1 | | | | 1 |
| 乐山 | | | | | | 1 | | | 1 |
| 万县 | | | | | 1 | | | | 1 |
| 三台 | | | | | 1 | | | | 1 |
| 西康 | | | | | | 1 | | | 1 |
| 康定 | | | | | | 1 | | | 1 |
| 总计 | 2 | 2 | 2 | 1 | 6 | 5 | 3 | 3 | 24 |

资料来源：教育部教育年鉴编纂委员会编.《第二次中国教育年鉴》（第五编高等教育），上海：商务印书馆，1948 年，第 90—99 页。

### （二）特点

（1）四川地区高等教育基础仍存。抗战胜利后，由于大量迁川高校的复

① 四川省地方志编纂委员会编：《四川省志・教育志》（下），北京：方志出版社，2000 年，第 21 页。
② 教育部教育年鉴编纂委员会编：《第二次中国教育年鉴》（第五编高等教育），上海：商务印书馆，1948 年，第 89—99 页。

员，四川地区高校数量大减，全面抗战前高校有68所，到1947年仅存24所，但四川地区高等教育基础仍存。首先，此时高校的三种主要类型即大学、独立学院和专科学校均有，其中大学4所，独立学院9所，专科学校11所，结构合理。其次，高等教育的办学方式仍维持国立、省立和私立三种，其中国立9所，省立4所，私立11所，政府办学与私人资助办学两种形式数量上相差甚少。最后，抗战胜利后，虽内迁四川的高校多已复员，但内迁学校的师生留在四川的亦不在少数，他们或加盟四川院校，或另创新校，如私立相辉文法学院（复旦师生创办）、私立辅成法学院（上海法商学院师生创办）、私立正阳法学院（朝阳学院师生创办）、立信高级会计职业学校（立信会计专科学校师生创办）、成华大学（上海光华大学成都分校改办）、私立川北农工学院（东北大学改办）、重华学院（华侨工商学院改办）[①]，这表明抗战胜利后虽高校回迁，但四川地区高等教育元气未伤。

（2）成、渝地区稳守高等教育的中心地位，并推动周边地区高等教育的发展。24所高校中，成都有8所，重庆有9所，两市占四川高校总数的70.83%，说明成、渝仍是区域高等教育的中心。但同时，与成、渝邻近的部分县市，如自贡、乐山、三台、巴县，都在全面抗战时或抗战胜利后建立了高校。

（3）西康地区高等教育再发展。1948年，西康地区在1938年于西昌建立的西康技艺专科学校的基础上，设立国立康定师范专科学校，改变了过去西康只有 1 所高校的历史，尤其是师范学校的建立，对该地区教师的培养、教育的推动，起到了积极的作用。

## 本章小结

抗战胜利后，由于学校复员和内战的爆发等因素，四川小学的数量下降至24 487所，高等学校数量减少至24所。1946年，中等教育曾获得一定发展，中学学校有599所，中等师范学校有104所，中等职业学校有96所。但到1949年中华人民共和国成立前夕，因财政困难等缘故，学校数量减少，规模缩水，甚至停课停校，学校亦有其名而无其实，四川各类教育呈萎缩趋势。

这一时期，私立中学数量在中学中占据绝对优势，县立中学以初级中学为主体，中学分布仍严重不均，西康地区22县无中学。中等师范学校以省立

① 涂文涛主编：《四川教育史》（上），成都：四川教育出版社，2007年，第531页。

和县立为主，从行政区比较，师范学校分布相对均衡，但仍有90县无师范学校。西康的职业教育兴起，成、渝周边地区和西康地区的高等教育逐渐发展起来。这一时期成、渝仍是四川的教育中心，西昌和雅安是西康地区的教育中心。

# 第四章　民国时期四川地区学校分布的时空特点及其原因分析

## 第一节　民国时期四川地区学校分布的时空特点

### 一、时段性特点

四川地区教育在 1912—1949 年的 38 年里，其发展具有不平衡性，根据从小学、中学、中师、中职到高校的分时段统计，整理成表 4-1。

**表 4-1　民国时期四川地区各类学校数量统计表**　　　（单位：所）

| 阶段 | 小学数量 | 中学数量 | 中等师范学校数量 | 中等职业学校数量 | 高等教育学校数量 | 合计 |
|---|---|---|---|---|---|---|
| 1912—1937 年 | 24 474 | 197 | 38 | 40 | 3 | 24 752 |
| 1938—1945 年 | 54 049 | 304 | 52 | 67 | 68 | 54 540 |
| 1946—1949 年 | 24 487 | 599 | 104 | 96 | 24 | 25 310 |

资料来源：1945 年，四川小学 52 711 所，西康小学 1338 所。两数据均来自教育部教育年鉴编纂委员会编：《第二次中国教育年鉴》（第三编初等教育），上海：商务印书馆，1948 年，第 63、138 页。

注：表 4-1 中，中等职业学校和高等教育学校因 1949 年无统计，故 1949 年一栏中的中等职业学校数量为 1948 年的统计，高等教育学校数量为 1947 年的统计。

由表 4-1 可知，四川地区学校分布具有如下的时段性特点。

（1）四川地区教育的初步发展期（1912—1937 年）：20 世纪初，四川近代教育已在“废科举，兴学校”声中艰难起步了。清末时，四川地区各类小学共计 12 627 所[①]，中学 51 所[②]，中等师范学校 7 所[③]，中等职业学校 14 所[④]。民国建立后，四川在经历了防区制、川政统一以及行政区划调整等重大变革后，近代教育初步发展起来。据表 4-1 可知，此时期四川各类学校达到 24 752 所，其中小学增加了 11 847 所，中学增加了 146 所，中等师范学校增加了 31 所，中等职业学校增加了 26 所，且形成了从幼稚园、小学、中学、中师、中职到高等教育学段齐全的教育体系。

（2）四川地区教育的兴盛期（1938—1945 年）：1937 年全面抗战爆发，四川地区成为中国抗战大后方的中心。随着都城西迁重庆，中国的政治、经济、文化、教育机关，以及大量的人才纷纷内迁，四川人口激增，四川地区教育发展进入兴盛期。此时，小学增加 29 575 所，增加比例为 120.84%；中学增加 107 所，增加比例为 54.31%；中师增加 14 所，增加比例为 36.84%；中职增加 27 所，增加比例为 67.50%；高等教育学校增加 65 所，增加比例为 2166.67%，是战前四川高校数量的 22 倍多。其中，高等教育学校数量的猛增，不仅改变了过去中国高等教育集中于东部大城市的格局，而且奠定了四川在战后直至今天高等教育发展的基础。此时四川高等教育不仅仅是数量上的增加，培养质量亦卓有成效。1940 年，教育部组织了第一届学业竞试，竞试分类分学科进行，四川高校取得了不错的成绩。甲类数学科前 10 名，省立重庆大学有两名（谭惠鼎和李志华）。乙类数学系，国立四川大学梁绍礼获得第二名；地质系前两名均为省立重庆大学学生（李星学和李熙春）；银行学系第一名为省立重庆大学的饶荣堃；工商管理学系前两名为省立重庆大学的欧阳顺坤和陈世共。丙类中，四川大学的王利器是文学院第 5 名；华西协合大学的章雨仓是医学院类第二名；法学院类前两名分别是四川大学的谢国安和华西协合大学的杨介田。[⑤]

此时小学数量增加，原因除了人口大量内迁外，还与政府实行国民教育制度有关。

（3）四川地区教育的萎缩期（1946—1949 年）：抗战胜利后，随着国民政

① 四川省教育委员会编：《四川省志・教育志》（普通教育第一辑），第 17 页。
② 四川省教育委员会编：《四川省志・教育志》（普通教育第一辑），第 68 页。
③ 璩鑫圭、童富勇、张守智编：《中国近代教育史资料汇编・实业教育师范教育》，上海：上海教育出版社，1994 年，第 893—894 页。
④ 四川省地方志编纂委员会编：《四川省志・教育志》（上），北京：方志出版社，2000 年，第 220 页。
⑤ 教育部教育年鉴编纂委员会编：《第二次中国教育年鉴》（第五编高等教育），上海：商务印书馆，1948 年，第 65—67 页。

府还都南京，高校复员，人口大量回迁，四川学校数量大减。据表 4-1 统计，四川地区各类学校总数减少至 25 310 所，小学减少至 24 487 所，回落至接近全面抗战前的学校数量。以通江县为例，中心国民学校的班级数，1946 年 290 班，1947 年 256 班，1948 年 253 班；教职员数，1946 年 332 人，1947 年 278 人，1948 年 264 人；学生数，1946 年 10 556 人，1947 年 11 103 人，1948 年 9482 人。①又据表 4-1，当时减少的学校主要是小学和高校，特别是小学的数量多，因此对学校总数影响大。抗战结束后的 1946 年，中等教育曾发展良好，与全面抗战时期相比，中学增加 295 所，中等师范学校增加 52 所，中等职业学校增加 29 所。但到 1949 年，四川的中等教育亦呈现出萎缩状态，特别是 1949 年中华人民共和国成立前夕，中学减少了 130 所，中等师范学校数量减少了近一半。因财政困难和内战缘故，一些地方出现了停课停校的状况，学校亦是有其名而无其实。此时高校不仅仅是学校数量的减少，还有学校规模的缩水。国立重庆大学 1947 年第一学期，教授 121 人，副教授 39 人，讲师 43 人，助教 96 人，职员 121 人，教职员共计 420 人，学生 1959 人；到 1949 年，教职员减少至 282 人，学生减少至 1575 人；私立西南美术专科学校 1946 学年度第二学期教员 34 人，学生 92 人；到 1949 年，教员减少至 29 人，学生减少至 57 人。私立求精商业专科学校 1947 年第二学期教职员 77 人，学生 315 人；到 1949 年教职员减少至 27 人，学生减少至 108 人。②这说明 1946—1949 年四川地区教育萎缩趋势明显。

## 二、空间性特点

分析民国时期四川地区学校分布的空间性特点，笔者主要以中等学校的分布为参考点，原因在于：第一，1940 年国民教育制度推行后，小学类型多样，有中心小学、国民小学、保国民学校、短期小学、补习学校等，文献资料的记录中，有些县分类记录了学校数，而更多的县只有一个笼统的小学数量；再者，部分县包含有短期小学，而部分县未包含之，从而导致小学数量的可比性不够强。第二，民国时期高等教育还只是少数地区、少数人拥有的教育机会，在四川区域内，高等教育学校也主要分布于成都和重庆两个城市，

① 通江县教育文化体育局编：《通江县教育志》，成都：四川师范大学电子出版社，2010 年，第 80—86 页。
② 重庆教育志编纂委员会编：《重庆教育志》，重庆：重庆出版社，2002 年，第 461 页。

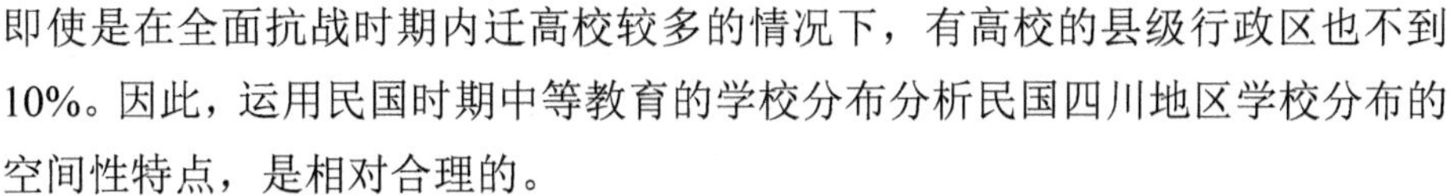

即使是在全面抗战时期内迁高校较多的情况下，有高校的县级行政区也不到10%。因此，运用民国时期中等教育的学校分布分析民国四川地区学校分布的空间性特点，是相对合理的。

（一）形成动态变化的四川教育中心、教育次中心和教育边缘区

根据民国时期教育的实际情况，为便于分区总结其学校分布变迁规律，拟确定各时期中等教育学校总数由多至少排列前20%左右的县市为教育中心区，无中等教育学校的县（局）为教育边缘区，其余地区为教育次中心区。

1. 1912—1937年四川教育中心、教育次中心和教育边缘区

1936年四川中等学校统计，如表4-2所示。

**表4-2　1936年四川中等学校统计表**　　　（单位：所）

| 区名 | 县市名 | 中学 | 中等师范学校 | 中等职业学校 | 合计 |
|---|---|---|---|---|---|
| 第一行政督察区 | 成都 | 30 | 3 | 7 | 40 |
| | 温江 | | | | |
| | 华阳 | 1 | | 1 | 2 |
| | 灌县 | 1 | | | 1 |
| | 新津 | 1 | 1 | | 2 |
| | 崇庆 | 1 | | | 1 |
| | 新都 | | | 1 | 1 |
| | 郫县 | 1 | | | 1 |
| | 双流 | | | | |
| | 彭县 | 3 | | | 3 |
| | 新繁 | | | | |
| | 崇宁 | | | | |
| | 计 | 38 | 4 | 9 | 51 |
| 第二行政督察区 | 资中 | 5 | 1 | 1 | 7 |
| | 资阳 | 3 | 1 | | 4 |
| | 内江 | 2 | 1 | | 3 |
| | 荣县 | 2 | | 1 | 3 |
| | 仁寿 | 1 | | | 1 |
| | 简阳 | 2 | | | 2 |
| | 威远 | 1 | 1 | | 2 |
| | 井研 | 1 | | | 1 |
| | 计 | 17 | 4 | 2 | 23 |

续表

| 区名 | 县市名 | 中学 | 中等师范学校 | 中等职业学校 | 合计 |
|---|---|---|---|---|---|
| 第三行政督察区 | 重庆 | 9 | | 7 | 16 |
| | 永川 | 2 | | | 2 |
| | 巴县 | 9 | 2 | 3 | 14 |
| | 江津 | 5 | 1 | 2 | 8 |
| | 江北 | 1 | | | 1 |
| | 合川 | 2 | | | 2 |
| | 荣昌 | 4 | | 1 | 5 |
| | 綦江 | 1 | | | 1 |
| | 大足 | 2 | | | 2 |
| | 璧山 | 1 | | 1 | 2 |
| | 铜梁 | 3 | | 1 | 4 |
| | 计 | 39 | 3 | 15 | 57 |
| 第四行政督察区 | 眉山 | 2 | | | 2 |
| | 蒲江 | | | | |
| | 邛崃 | 2 | 1 | 1 | 4 |
| | 大邑 | 2 | | | 2 |
| | 彭山 | 1 | | | 1 |
| | 洪雅 | 1 | | | 1 |
| | 夹江 | | | | |
| | 青神 | | 1 | | 1 |
| | 丹稜 | | | 1 | 1 |
| | 计 | 8 | 2 | 2 | 12 |
| 第五行政督察区 | 乐山 | 3 | | | 3 |
| | 屏山 | | 1 | | 1 |
| | 马边 | | | | |
| | 峨边 | | | | |
| | 雷波 | | | | |
| | 犍为 | 3 | | 1 | 4 |
| | 峨眉 | | 1 | | 1 |
| | 计 | 6 | 2 | 1 | 9 |
| 第六行政督察区 | 宜宾 | 4 | 1 | 1 | 6 |
| | 南溪 | 1 | | | 1 |
| | 庆符 | 1 | | | 1 |
| | 江安 | 2 | | | 2 |
| | 兴文 | | | | |
| | 珙县 | | 1 | | 1 |
| | 高县 | | | 1 | 1 |
| | 筠连 | | | | |
| | 长宁 | | 1 | | 1 |
| | 计 | 8 | 3 | 2 | 13 |

续表

| 区名 | 县市名 | 中学 | 中等师范学校 | 中等职业学校 | 合计 |
| --- | --- | --- | --- | --- | --- |
| 第七行政督察区 | 泸县 | 2 | 2 | 2 | 6 |
| | 隆昌 | 2 | 1 | | 3 |
| | 富顺 | 3 | | | 3 |
| | 自贡 | 2 | | | 2 |
| | 叙永 | 1 | | | 1 |
| | 合江 | 1 | | 1 | 2 |
| | 纳溪 | | | | |
| | 古宋 | 1 | | | 1 |
| | 古蔺 | 1 | | | 1 |
| | 计 | 13 | 3 | 3 | 19 |
| 第八行政督察区 | 酉阳 | 1 | 1 | | 2 |
| | 涪陵 | 1 | 1 | | 2 |
| | 丰都 | 2 | | | 2 |
| | 南川 | | | | |
| | 彭水 | | | | |
| | 黔江 | 1 | | | 1 |
| | 秀山 | 1 | | | 1 |
| | 石柱 | | | | |
| | 计 | 6 | 2 | 0 | 8 |
| 第九行政督察区 | 万县 | 4 | 1 | | 5 |
| | 奉节 | 1 | | | 1 |
| | 开县 | 2 | | | 2 |
| | 忠县 | 1 | | 1 | 2 |
| | 巫山 | | 1 | | 1 |
| | 巫溪 | | | | |
| | 云阳 | 1 | 1 | | 2 |
| | 城口 | | | | |
| | 计 | 9 | 3 | 1 | 13 |
| 第十行政督察区 | 大竹 | 2 | | | 2 |
| | 渠县 | 2 | | | 2 |
| | 广安 | 2 | | | 2 |
| | 梁山 | 1 | | 1 | 2 |
| | 邻水 | 1 | | | 1 |
| | 垫江 | 1 | 1 | | 2 |
| | 长寿 | 1 | | | 1 |
| | 计 | 10 | 1 | 1 | 12 |
| 第十一行政督察区 | 南充 | 3 | 1 | 1 | 5 |
| | 岳池 | 2 | | | 2 |
| | 蓬安 | 1 | | | 1 |
| | 营山 | 1 | | | 1 |
| | 南部 | | | 1 | 1 |
| | 武胜 | 1 | 1 | | 2 |
| | 西充 | | | | |
| | 仪陇 | | | | |
| | 计 | 8 | 2 | 2 | 12 |

续表

| 区名 | 县市名 | 中学 | 中等师范学校 | 中等职业学校 | 合计 |
|---|---|---|---|---|---|
| 第十二行政督察区 | 遂宁 | 4 | 1 | | 5 |
| | 安岳 | 2 | | 1 | 3 |
| | 中江 | 2 | | | 2 |
| | 三台 | 2 | | | 2 |
| | 潼南 | 1 | | | 1 |
| | 蓬溪 | 1 | | | 1 |
| | 乐至 | 1 | | | 1 |
| | 射洪 | 1 | | | 1 |
| | 盐亭 | | | | |
| | 计 | 14 | 1 | 1 | 16 |
| 第十三行政督察区 | 绵阳 | 3 | | | 3 |
| | 绵竹 | 1 | | | 1 |
| | 广汉 | 1 | 1 | | 2 |
| | 安县 | | | | |
| | 德阳 | 1 | | | 1 |
| | 什邡 | 1 | | | 1 |
| | 金堂 | 1 | | | 1 |
| | 梓潼 | | | | |
| | 罗江 | | | | |
| | 计 | 8 | 1 | 0 | 9 |
| 第十四行政督察区 | 剑阁 | | 1 | | 1 |
| | 苍溪 | | | | |
| | 广元 | | | | |
| | 江油 | 1 | | | 1 |
| | 阆中 | 1 | | | 1 |
| | 昭化 | | | | |
| | 彰明 | | | 1 | 1 |
| | 北川 | | | | |
| | 平武 | | 1 | | 1 |
| | 计 | 2 | 2 | 1 | 5 |
| 第十五行政督察区 | 达县 | 1 | 1 | | 2 |
| | 巴中 | | | | |
| | 开江 | 1 | | | 1 |
| | 宣汉 | | | | |
| | 万源 | | | | |
| | 通江 | | | | |
| | 南江 | | | | |
| | 计 | 2 | 1 | 0 | 3 |

续表

| 区名 | 县市名 | 中学 | 中等师范学校 | 中等职业学校 | 合计 |
|---|---|---|---|---|---|
| 第十六行政督察区 | 茂县 | | | | |
| | 理番 | | | | |
| | 懋功 | | | | |
| | 松潘 | | | | |
| | 汶川 | | | | |
| | 靖化 | | | | |
| | 计 | 0 | 0 | 0 | 0 |
| 第十七行政督察区 | 雅安 | 2 | | | 2 |
| | 汉源 | 1 | | | 1 |
| | 天全 | | | | |
| | 名山 | 1 | | | 1 |
| | 宝兴 | | | | |
| | 芦山 | | | | |
| | 荥经 | | | | |
| | 金汤 | | | | |
| | 计 | 4 | 0 | 0 | 4 |
| 第十八行政督察区 | 西昌 | 3 | 1 | | 4 |
| | 会理 | 1 | | | 1 |
| | 越嶲 | 1 | 1 | | 2 |
| | 冕宁 | | | | |
| | 盐源 | | | | |
| | 盐边 | | | | |
| | 昭觉 | | | | |
| | 宁南 | | | | |
| | 宁东 | | | | |
| | 计 | 5 | 2 | 0 | 7 |
| 西康 | 康定 | | 2 | | 2 |
| 合计 | | 197 | 38 | 40 | 275 |

注：据本书第一章中学、中等师范学校和中等职业学校的统计数据。西康省的泸定、炉霍、甘孜、瞻化、白玉、德格、邓柯、石渠、丹巴、道孚、九龙、雅江、理化、定乡、巴安、得荣、稻城、义敦，亦均无中等学校。

教育中心：成都、重庆、巴县、江津、资中、宜宾、泸县、荣昌、万县、南充、遂宁、资阳、铜梁、邛崃、犍为、西昌、彭县、内江、荣县、乐山、隆昌、富顺、安岳和绵阳，共24县市。

教育次中心：华阳、新津、简阳、威远、永川、合川、大足、璧山、眉山、大邑、江安、自贡、合江、酉阳、涪陵、丰都、开县、忠县、云阳、大竹、渠县、广安、梁山、垫江、岳池、武胜、中江、三台、广汉、达县、雅安、越嶲、康定、灌县、崇庆、新都、郫县、仁寿、井研、江北、綦江、彭山、洪雅、青神、丹稜、屏山、峨眉、南溪、庆符、珙县、高县、长宁、叙永、古宋、古蔺、黔江、秀山、奉节、巫山、邻水、长寿、蓬安、营山、南部、潼南、蓬溪、乐至、射洪、绵竹、德阳、什邡、金堂、剑阁、江油、阆中、彰明、平武、开江、汉源、名山和会理，共81县（局）。

教育边缘区：温江、双流、新繁、崇宁、蒲江、夹江、马边、峨边、雷波、兴文、筠连、纳溪、南川、彭水、石柱、巫溪、城口、西充、仪陇、盐亭、安县、梓潼、罗江、苍溪、广元、昭化、北川、巴中、宣汉、万源、通江、南江、茂县、理番、懋功、松潘、汶川、靖化、天全、宝兴、芦山、荥经、金汤、冕宁、盐源、盐边、昭觉、宁南、宁东、泸定、炉霍、甘孜、瞻化、白玉、德格、邓柯、石渠、丹巴、道孚、九龙、雅江、理化、定乡、巴安、得荣、稻城和义敦，共67县（局）。

2. 1938—1945年四川地区教育中心、教育次中心和教育边缘区

1941年四川地区（含重庆、西康）中等学校统计，如表4-3所示。

**表4-3　1941年四川地区（含重庆、西康）中等学校统计表**　（单位：所）

| 区名 | 县名 | 中学 | 中等师范学校 | 中等职业学校 | 合计 |
|---|---|---|---|---|---|
| 第一行政督察区 | 温江 | 1 | | | 1 |
| | 成都 | 31 | 3 | 11 | 45 |
| | 华阳 | 2 | 1 | 2 | 5 |
| | 灌县 | 2 | | | 2 |
| | 新津 | 1 | 1 | | 2 |
| | 崇庆 | 1 | | | 1 |
| | 新都 | 1 | | 1 | 2 |
| | 郫县 | 1 | | 1 | 2 |
| | 双流 | 1 | | | 1 |
| | 彭县 | 3 | | | 3 |
| | 新繁 | 2 | | | 2 |
| | 崇宁 | 1 | | 1 | 2 |
| | 计 | 47 | 5 | 16 | 68 |
| 第二行政督察区 | 资中 | 5 | 1 | 1 | 7 |
| | 资阳 | 2 | 1 | | 3 |
| | 内江 | 1 | 1 | 1 | 3 |
| | 荣县 | 3 | | | 3 |
| | 仁寿 | 3 | | | 3 |
| | 简阳 | 3 | | | 3 |
| | 威远 | 3 | 1 | | 4 |
| | 井研 | 1 | | | 1 |
| | 计 | 21 | 4 | 2 | 27 |

续表

| 区名 | 县名 | 中学 | 中等师范学校 | 中等职业学校 | 合计 |
|---|---|---|---|---|---|
| 第三行政督察区 | 重庆 | 15 | | 7 | 22 |
| | 永川 | 3 | | 1 | 4 |
| | 巴县 | 9 | 1 | 2 | 12 |
| | 江津 | 5 | 3 | 1 | 9 |
| | 江北 | 4 | | | 4 |
| | 合川 | 6 | | | 6 |
| | 荣昌 | 3 | | 2 | 5 |
| | 綦江 | 1 | | | 1 |
| | 大足 | 3 | | | 3 |
| | 璧山 | 5 | | 2 | 7 |
| | 铜梁 | 4 | | | 4 |
| | 计 | 58 | 4 | 15 | 77 |
| 第四行政督察区 | 眉山 | 2 | | 2 | 4 |
| | 蒲江 | 1 | | | 1 |
| | 邛崃 | 2 | | | 2 |
| | 大邑 | 2 | | | 2 |
| | 彭山 | 1 | 1 | | 2 |
| | 洪雅 | 1 | | | 1 |
| | 夹江 | 1 | | | 1 |
| | 青神 | 1 | 1 | | 2 |
| | 名山 | 1 | | | 1 |
| | 丹棱 | | | 1 | 1 |
| | 计 | 12 | 2 | 3 | 17 |
| 第五行政督察区 | 乐山 | 5 | 1 | | 6 |
| | 屏山 | | 1 | | 1 |
| | 马边 | 1 | | | 1 |
| | 峨边 | | | | |
| | 雷波 | | | | |
| | 犍为 | 4 | | | 4 |
| | 峨眉 | 1 | 1 | | 2 |
| | 计 | 11 | 3 | 0 | 14 |
| 第六行政督察区 | 宜宾 | 6 | 2 | 2 | 10 |
| | 南溪 | 2 | | | 2 |
| | 庆符 | 1 | | | 1 |
| | 江安 | 2 | | | 2 |
| | 兴文 | | | 1 | 1 |
| | 珙县 | | 1 | | 1 |
| | 高县 | 1 | | 1 | 2 |
| | 筠连 | 1 | | | 1 |
| | 长宁 | | 1 | | 1 |
| | 计 | 13 | 4 | 4 | 21 |

续表

| 区名 | 县名 | 中学 | 中等师范学校 | 中等职业学校 | 合计 |
|---|---|---|---|---|---|
| 第七行政督察区 | 泸县 | 3 | 1 | 2 | 6 |
| | 隆昌 | 2 | 1 | | 3 |
| | 富顺 | 7 | | 1 | 8 |
| | 叙永 | 1 | | | 1 |
| | 合江 | 2 | | 1 | 3 |
| | 纳溪 | 1 | | | 1 |
| | 古宋 | 1 | | | 1 |
| | 古蔺 | 1 | | | 1 |
| | 计 | 18 | 2 | 4 | 24 |
| 第八行政督察区 | 酉阳 | 1 | 1 | | 2 |
| | 涪陵 | 5 | 1 | 2 | 8 |
| | 丰都 | 3 | | | 3 |
| | 南川 | 2 | 1 | | 3 |
| | 彭水 | 1 | | | 1 |
| | 黔江 | 1 | | | 1 |
| | 秀山 | 2 | | | 2 |
| | 石柱 | 1 | | | 1 |
| | 计 | 16 | 3 | 2 | 21 |
| 第九行政督察区 | 万县 | 7 | 2 | 1 | 10 |
| | 奉节 | 3 | | 1 | 4 |
| | 开县 | 2 | | | 2 |
| | 忠县 | 2 | | 1 | 3 |
| | 巫山 | 1 | | | 1 |
| | 巫溪 | 1 | | | 1 |
| | 云阳 | 1 | 1 | 1 | 3 |
| | 城口 | | | | |
| | 计 | 17 | 3 | 4 | 24 |
| 第十行政督察区 | 大竹 | 2 | 1 | 1 | 4 |
| | 渠县 | 2 | | | 2 |
| | 广安 | 3 | | | 3 |
| | 梁山 | 1 | | 1 | 2 |
| | 邻水 | 1 | | | 1 |
| | 垫江 | 1 | 1 | | 2 |
| | 长寿 | 3 | | | 3 |
| | 计 | 13 | 2 | 2 | 17 |

续表

| 区名 | 县名 | 中学 | 中等师范学校 | 中等职业学校 | 合计 |
|---|---|---|---|---|---|
| 第十一行政督察区 | 南充 | 4 | 1 | 1 | 6 |
| | 岳池 | 2 | | | 2 |
| | 蓬安 | 2 | | | 2 |
| | 营山 | 1 | | | 1 |
| | 南部 | 1 | | | 1 |
| | 武胜 | 1 | 1 | | 2 |
| | 西充 | 1 | | | 1 |
| | 仪陇 | 1 | | | 1 |
| | 计 | 13 | 2 | 1 | 16 |
| 第十二行政督察区 | 遂宁 | 4 | 1 | 1 | 6 |
| | 安岳 | 3 | | 1 | 4 |
| | 中江 | 3 | 1 | | 4 |
| | 三台 | 5 | | 1 | 6 |
| | 潼南 | 2 | | | 2 |
| | 蓬溪 | 2 | | | 2 |
| | 乐至 | 1 | | | 1 |
| | 射洪 | 2 | | | 2 |
| | 盐亭 | 1 | | | 1 |
| | 计 | 23 | 2 | 3 | 28 |
| 第十三行政督察区 | 绵阳 | 6 | 1 | 1 | 8 |
| | 绵竹 | 1 | | 1 | 2 |
| | 广汉 | 2 | 1 | | 3 |
| | 安县 | 1 | | | 1 |
| | 德阳 | 1 | | | 1 |
| | 什邡 | 1 | | | 1 |
| | 金堂 | 3 | | | 3 |
| | 梓潼 | 1 | | | 1 |
| | 罗江 | | | | |
| | 计 | 16 | 2 | 2 | 20 |
| 第十四行政督察区 | 剑阁 | 1 | 1 | | 2 |
| | 苍溪 | 1 | | | 1 |
| | 广元 | 1 | 1 | | 2 |
| | 江油 | 1 | | 1 | 2 |
| | 阆中 | 3 | | | 3 |
| | 昭化 | 1 | | | 1 |
| | 彰明 | 1 | | | 1 |
| | 北川 | | | | |
| | 平武 | | 1 | | 1 |
| | 计 | 9 | 3 | 1 | 13 |

续表

| 区名 | 县名 | 中学 | 中等师范学校 | 中等职业学校 | 合计 |
| --- | --- | --- | --- | --- | --- |
| 第十五行政督察区 | 达县 | 2 | 2 |  | 4 |
|  | 巴中 |  | 1 | 1 | 2 |
|  | 开江 | 1 |  |  | 1 |
|  | 宣汉 | 1 | 1 |  | 2 |
|  | 万源 | 1 |  |  | 1 |
|  | 通江 | 1 |  |  | 1 |
|  | 南江 | 1 |  |  | 1 |
|  | 计 | 7 | 4 | 1 | 12 |
| 第十六行政督察区 | 茂县 | 1 |  |  | 1 |
|  | 理番 |  |  |  |  |
|  | 懋功 |  |  |  |  |
|  | 松潘 |  |  |  |  |
|  | 汶川 |  |  |  |  |
|  | 靖化 |  |  |  |  |
|  | 计 | 1 |  |  | 1 |
| 西康第一行政督察区 | 康定 |  | 1 | 3 | 4 |
|  | 九龙 |  |  |  |  |
|  | 雅江 |  |  |  |  |
|  | 道孚 |  |  |  |  |
|  | 丹巴 |  |  |  |  |
|  | 金汤 |  |  |  |  |
|  | 泰宁 | 1 |  |  | 1 |
|  | 计 | 1 | 1 | 3 | 5 |
| 西康第二行政督察区 | 荥经 | 1 | 1 |  | 2 |
|  | 雅安 | 1 | 1 | 1 | 3 |
|  | 芦山 |  |  |  |  |
|  | 天全 | 1 |  |  | 1 |
|  | 宝兴 |  |  |  |  |
|  | 汉源 | 1 |  |  | 1 |
|  | 泸定 |  |  |  |  |
|  | 计 | 4 | 2 | 1 | 7 |
| 西康第三行政督察区 | 西昌 | 1 | 1 | 3 | 5 |
|  | 越嶲 |  | 1 |  | 1 |
|  | 冕宁 |  | 1 |  | 1 |
|  | 会理 |  | 1 |  | 1 |
|  | 盐源 | 1 |  |  | 1 |
|  | 盐边 | 1 |  |  | 1 |
|  | 宁南 | 1 |  |  | 1 |
|  | 昭觉 |  |  |  |  |
|  | 宁东 |  |  |  |  |
|  | 计 | 4 | 4 | 3 | 11 |

续表

| 区名 | 县名 | 中学 | 中等师范学校 | 中等职业学校 | 合计 |
| --- | --- | --- | --- | --- | --- |
| 西康第四行政督察区 | 甘孜 | | | | |
| | 德格 | | | | |
| | 邓柯 | | | | |
| | 石渠 | | | | |
| | 白玉 | | | | |
| | 瞻化 | | | | |
| | 炉霍 | | | | |
| | 计 | | | | 0 |
| 西康第五行政督察区 | 理化 | | | | |
| | 巴安 | | | | |
| | 得荣 | | | | |
| | 定乡 | | | | |
| | 稻城 | | | | |
| | 义敦 | | | | |
| | 计 | | | | 0 |
| 合计 | | 304 | 52 | 67 | 423 |

注：据本书第二章的中学、中等师范学校和中等职业学校的统计数据。此表将成都计算在第一行政督察区，重庆计算在第三行政督察区。

教育中心：成都、重庆、巴县、宜宾、万县、江津、富顺、涪陵、绵阳、资中、璧山、合川、乐山、泸县、南充、遂宁、三台、华阳、西昌、荣昌、威远、永川、江北、铜梁、眉山、犍为、奉节、大竹、安岳、中江、达县和康定，共计32县市。

教育次中心：彭县、资阳、内江、荣县、简阳、长寿、大足、丰都、广安、广汉、合江、金堂、阆中、隆昌、南川、仁寿、云阳、忠县、雅安、灌县、新津、新都、郫县、新繁、崇宁、邛崃、大邑、彭山、青神、峨眉、南溪、江安、高县、酉阳、秀山、开县、渠县、梁山、垫江、岳池、蓬安、武胜、潼南、蓬溪、射洪、绵竹、剑阁、广元、江油、巴中、宣汉、荥经、温江、崇庆、双流、井研、綦江、蒲江、洪雅、夹江、名山、丹稜、屏山、马边、庆符、兴文、珙县、筠连、长宁、叙永、纳溪、古宋、古蔺、彭水、黔江、石柱、巫山、巫溪、邻水、营山、南部、西充、仪陇、乐至、盐亭、安县、德阳、什邡、梓潼、苍溪、昭化、彰明、平武、开江、万源、通江、南江、茂县、泰宁、天全、会理、盐源、盐边、宁南、汉源、越巂和冕宁，共计107县。

教育边缘区：峨边、雷波、城口、罗江、北川、理番、懋功、松潘、汶川、靖化、九龙、雅江、道孚、丹巴、金汤、芦山、宝兴、泸定、昭觉、宁东、甘孜、德格、邓柯、石渠、白玉、瞻化、炉霍、理化、巴安、得荣、定乡、稻城和义敦，共计 33 县（局）。

3. 1946—1949 年四川地区教育中心、教育次中心和教育边缘区

1946 年四川地区（含重庆、西康）中等学校统计，如表 4-4 所示。

**表 4-4　1946 年四川地区（含重庆、西康）中等学校统计表**　（单位：所）

| 区名 | 县市名 | 中学 | 中等师范学校 | 中等职业学校 | 合计 |
|---|---|---|---|---|---|
| 第一行政督察区 | 成都市 | 8 | 3 | 12 | 23 |
| | 成都 | 29 | | | 29 |
| | 温江 | 2 | | | 2 |
| | 华阳 | 3 | 1 | 1 | 5 |
| | 灌县 | 2 | 1 | 1 | 4 |
| | 新津 | 2 | 1 | 1 | 4 |
| | 崇庆 | 5 | | | 5 |
| | 新都 | 1 | | 1 | 2 |
| | 郫县 | 2 | | | 2 |
| | 双流 | 1 | | | 1 |
| | 彭县 | 4 | 1 | | 5 |
| | 新繁 | 1 | | | 1 |
| | 崇宁 | 1 | | | 1 |
| | 计 | 61 | 7 | 16 | 84 |
| 第二行政督察区 | 资中 | 12 | 1 | 2 | 15 |
| | 资阳 | 9 | 1 | | 10 |
| | 内江 | 7 | 2 | 1 | 10 |
| | 荣县 | 8 | 1 | | 9 |
| | 仁寿 | 4 | 1 | | 5 |
| | 简阳 | 7 | 1 | | 8 |
| | 威远 | 3 | 1 | | 4 |
| | 井研 | 1 | | | 1 |
| | 计 | 51 | 8 | 3 | 62 |
| 第三行政督察区 | 重庆 | 59 | 2 | 23 | 84 |
| | 永川 | 7 | | | 7 |
| | 巴县 | 19 | | 1 | 20 |
| | 北碚 | 4 | 1 | | 5 |
| | 江津 | 14 | 1 | 4 | 19 |
| | 江北 | 3 | | 1 | 4 |
| | 合川 | 8 | 1 | 2 | 11 |
| | 荣昌 | 5 | 1 | 2 | 8 |
| | 綦江 | 4 | 1 | | 5 |
| | 大足 | 3 | 1 | | 4 |
| | 璧山 | 5 | 1 | 1 | 7 |
| | 铜梁 | 5 | 1 | 1 | 7 |
| | 计 | 136 | 10 | 35 | 181 |

续表

| 区名 | 县市名 | 中学 | 中等师范学校 | 中等职业学校 | 合计 |
|---|---|---|---|---|---|
| 第四行政督察区 | 眉山 | 4 | 1 | 1 | 6 |
| | 邛崃 | 6 | 1 | | 7 |
| | 大邑 | 4 | | | 4 |
| | 彭山 | 2 | 1 | | 3 |
| | 洪雅 | 3 | 1 | | 4 |
| | 夹江 | 1 | 1 | | 2 |
| | 青神 | 2 | 1 | | 3 |
| | 名山 | 1 | | | 1 |
| | 丹稜 | 1 | | | 1 |
| | 蒲江 | 1 | | | 1 |
| | 计 | 25 | 6 | 1 | 32 |
| 第五行政督察区 | 乐山 | 5 | 2 | | 7 |
| | 屏山 | 1 | 1 | 1 | 3 |
| | 马边 | 1 | | | 1 |
| | 峨边 | 1 | | | 1 |
| | 雷波 | 1 | | | 1 |
| | 犍为 | 6 | 1 | 2 | 9 |
| | 峨眉 | 1 | 1 | | 2 |
| | 沐川 | 1 | 1 | | 2 |
| | 计 | 17 | 6 | 3 | 26 |
| 第六行政督察区 | 宜宾 | 11 | 2 | 3 | 16 |
| | 南溪 | 4 | 1 | | 5 |
| | 庆符 | 1 | 1 | | 2 |
| | 江安 | 5 | 1 | | 6 |
| | 兴文 | 0 | | 1 | 1 |
| | 珙县 | 2 | 1 | | 3 |
| | 高县 | 2 | | 1 | 3 |
| | 筠连 | 1 | | | 1 |
| | 长宁 | 2 | 1 | | 3 |
| | 计 | 28 | 7 | 5 | 40 |
| 第七行政督察区 | 自贡 | 4 | 1 | 1 | 6 |
| | 泸县 | 10 | 2 | 2 | 14 |
| | 隆昌 | 5 | 1 | | 6 |
| | 富顺 | 6 | 1 | | 7 |
| | 叙永 | 2 | | | 2 |
| | 合江 | 4 | 1 | 1 | 6 |
| | 纳溪 | 1 | | | 1 |
| | 古宋 | 3 | | | 3 |
| | 古蔺 | 3 | | | 3 |
| | 计 | 38 | 6 | 4 | 48 |

续表

| 区名 | 县市名 | 中学 | 中等师范学校 | 中等职业学校 | 区名 |
|---|---|---|---|---|---|
| 第八行政督察区 | 酉阳 | 2 | 1 | | 3 |
| | 涪陵 | 8 | 1 | 2 | 11 |
| | 丰都 | 6 | 1 | | 7 |
| | 南川 | 3 | 1 | 1 | 5 |
| | 彭水 | 1 | | | 1 |
| | 黔江 | 1 | | | 1 |
| | 秀山 | 4 | 1 | | 5 |
| | 石柱 | 1 | 1 | | 2 |
| | 武隆 | 1 | | | 1 |
| | 计 | 27 | 6 | 3 | 36 |
| 第九行政督察区 | 万县 | 11 | 2 | 2 | 15 |
| | 奉节 | 2 | | | 2 |
| | 开县 | 3 | 1 | | 4 |
| | 忠县 | 6 | 1 | | 7 |
| | 巫山 | 1 | | | 1 |
| | 巫溪 | 1 | | | 1 |
| | 云阳 | 3 | 1 | 1 | 5 |
| | 城口 | 1 | | | 1 |
| | 计 | 28 | 5 | 3 | 36 |
| 第十行政督察区 | 大竹 | 6 | 1 | 1 | 8 |
| | 渠县 | 6 | | 1 | 7 |
| | 广安 | 6 | 1 | | 7 |
| | 梁山 | 3 | | 1 | 4 |
| | 邻水 | 4 | | | 4 |
| | 垫江 | 4 | 1 | | 5 |
| | 长寿 | 5 | | | 5 |
| | 计 | 34 | 3 | 3 | 40 |
| 第十一行政督察区 | 南充 | 7 | 1 | 2 | 10 |
| | 岳池 | 6 | | | 6 |
| | 蓬安 | 4 | | | 4 |
| | 营山 | 4 | | | 4 |
| | 南部 | 4 | | | 4 |
| | 武胜 | 3 | 1 | | 4 |
| | 西充 | 3 | | | 3 |
| | 仪陇 | 2 | 1 | | 3 |
| | 计 | 33 | 3 | 2 | 38 |

续表

| 区名 | 县市名 | 中学 | 中等师范学校 | 中等职业学校 | 区名 |
|---|---|---|---|---|---|
| 第十二行政督察区 | 遂宁 | 7 | 1 | 1 | 9 |
| | 安岳 | 9 | 1 | 1 | 11 |
| | 中江 | 4 | 1 | | 5 |
| | 三台 | 5 | 1 | 2 | 8 |
| | 潼南 | 4 | | | 4 |
| | 蓬溪 | 5 | 1 | 1 | 7 |
| | 乐至 | 2 | | | 2 |
| | 射洪 | 2 | 1 | 1 | 4 |
| | 盐亭 | 3 | | | 3 |
| | 计 | 41 | 6 | 6 | 53 |
| 第十三行政督察区 | 绵阳 | 6 | 2 | 1 | 9 |
| | 绵竹 | 3 | 1 | 1 | 5 |
| | 广汉 | 3 | 1 | | 4 |
| | 安县 | 2 | 1 | | 3 |
| | 德阳 | 2 | 2 | | 4 |
| | 什邡 | 1 | 1 | | 2 |
| | 金堂 | 3 | | 1 | 4 |
| | 梓潼 | 1 | | | 1 |
| | 罗江 | 1 | 1 | | 2 |
| | 计 | 22 | 9 | 3 | 34 |
| 第十四行政督察区 | 剑阁 | 1 | 1 | | 2 |
| | 苍溪 | 2 | | | 2 |
| | 广元 | 2 | 1 | | 3 |
| | 江油 | 3 | 1 | 1 | 5 |
| | 阆中 | 4 | | 1 | 5 |
| | 昭化 | 1 | | | 1 |
| | 彰明 | 1 | | | 1 |
| | 北川 | 1 | | | 1 |
| | 平武 | 0 | 1 | | 1 |
| | 旺苍 | 0 | | | |
| | 青川 | 1 | | | 1 |
| | 计 | 16 | 4 | 2 | 22 |
| 第十五行政督察区 | 达县 | 6 | 2 | | 8 |
| | 巴中 | 3 | 1 | 1 | 5 |
| | 开江 | 2 | | | 2 |
| | 宣汉 | 3 | 1 | | 4 |
| | 万源 | 1 | | | 1 |
| | 通江 | 1 | 1 | | 2 |
| | 南江 | 1 | | | 1 |
| | 计 | 17 | 5 | 1 | 23 |

续表

| 区名 | 县市名 | 中学 | 中等师范学校 | 中等职业学校 | 合计 |
|---|---|---|---|---|---|
| 第十六行政督察区 | 茂县 | 1 | 1 | | 2 |
| | 理县 | | | | |
| | 懋功 | | | | |
| | 松潘 | | | | |
| | 汶川 | | | | |
| | 靖化 | | | | |
| | 计 | 1 | 1 | 0 | 2 |
| 西康第一行政督察区 | 康定 | 1 | 2 | 3 | 6 |
| | 九龙 | | | | |
| | 雅江 | | | | |
| | 道孚 | | | | |
| | 丹巴 | | | | |
| | 金汤 | | | | |
| | 泰宁 | | | | |
| | 计 | 1 | 2 | 3 | 6 |
| 西康第二行政督察区 | 荥经 | 1 | 1 | | 2 |
| | 雅安 | 3 | | 1 | 4 |
| | 芦山 | 2 | | | 2 |
| | 天全 | 1 | 2 | | 3 |
| | 宝兴 | | | | |
| | 汉源 | 2 | 2 | | 4 |
| | 泸定 | 1 | | | 1 |
| | 计 | 10 | 5 | 1 | 16 |
| 西康第三行政督察区 | 西昌 | 5 | 3 | 1 | 9 |
| | 越嶲 | 1 | 1 | | 2 |
| | 冕宁 | 1 | 1 | | 2 |
| | 会理 | 1 | 2 | | 3 |
| | 盐源 | 2 | | | 2 |
| | 盐边 | 1 | | | 1 |
| | 宁南 | 1 | | | 1 |
| | 昭觉 | | | | |
| | 宁东 | | | | |
| | 德昌 | 1 | | | 1 |
| | 计 | 13 | 7 | 1 | 21 |

续表

| 区名 | 县市名 | 中学 | 中等师范学校 | 中等职业学校 | 合计 |
|---|---|---|---|---|---|
| 西康第四行政督察区 | 甘孜 | | | 1 | 1 |
| | 德格 | | | | |
| | 邓柯 | | | | |
| | 石渠 | | | | |
| | 白玉 | | | | |
| | 瞻化 | | | | |
| | 炉霍 | | | | |
| | 计 | 0 | 0 | 1 | 1 |
| 西康第五行政督察区 | 理化 | | | | |
| | 巴安 | | | | |
| | 得荣 | | | | |
| | 定乡 | | | | |
| | 稻城 | | | | |
| | 义敦 | | | | |
| | 计 | 0 | 0 | 0 | |
| 合计 | | 599 | 106 | 96 | 801 |

注：据本书第三章中学、中等师范学校和中等职业学校的统计数据。为便于与1936年、1941年的数据进行对比，此表将成都市计算在第一行政督察区，重庆市计算在第三行政督察区，自贡市计算在第七行政督察区。

教育中心：重庆、成都县、成都市、巴县、江津、宜宾、资中、万县、泸县、合川、涪陵、安岳、资阳、内江、南充、荣县、犍为、遂宁、绵阳、简阳、荣昌、大竹、三台、达县、西昌、永川、璧山、铜梁、邛崃、乐山、富顺、丰都、忠县、渠县、广安、蓬溪、自贡、眉山、江安、隆昌、合江、岳池和康定，共计43县。

教育次中心：华阳、崇庆、彭县、仁寿、北碚、綦江、南溪、南川、秀山、云阳、垫江、长寿、中江、绵竹、江油、阆中、巴中、灌县、新津、威远、江北、大足、大邑、洪雅、开县、梁山、邻水、蓬安、营山、南部、武胜、潼南、射洪、广汉、德阳、金堂、宣汉、雅安、汉源、彭山、青神、屏山、珙县、高县、长宁、古宋、古蔺、酉阳、西充、仪陇、盐亭、安县、广元、天全、会理、温江、新都、郫县、夹江、峨眉、沐川、庆符、叙永、石柱、奉节、乐至、什邡、罗江、剑阁、苍溪、开江、通江、茂县、荥经、越巂、冕宁、盐源、双流、新繁、崇宁、井研、名山、丹稜、蒲江、马边、峨边、雷波、兴文、筠连、纳溪、彭水、黔江、武隆、巫山、巫溪、城口、梓潼、昭化、彰明、北川、平武、青川、万源、南江、芦山、泸定、盐边、宁南、德昌和甘孜，共计 110 县市。

教育边缘区：旺苍、理县、懋功、松潘、汶川、靖化、九龙、雅江、道孚、丹巴、金汤、泰宁、宝兴、昭觉、宁东、德格、邓柯、石渠、白玉、瞻化、炉霍、理化、巴安、得荣、定乡、稻城和义敦，共计 27 县。

（二）四川地区教育中心在东移中不断扩大

纵观民国时期，川西平原的成都，川东的重庆、巴县、江津、铜梁、荣昌、万县，川南、川西南的宜宾、泸县、富顺、安岳、犍为、西昌、乐山，川北的绵阳，川中的遂宁、南充，其教育中心地位从未撼动，并据此向外辐射，四川地区教育中心从全面抗战前的 24 县市发展到全面抗战中的 32 县市，再到抗战后的 43 县市。

四川地区教育中心在扩大的过程中呈现出不断东移的趋势。首先，从川东地区在各时期教育中心的数量分析，全面抗战前的 24 县市，川东地区有 6 县市，占总数的 25%；全面抗战中的 32 县市，川东地区有 14 县市，约占总数的 44%；抗战后的 43 县市，川东地区有 16 县市，约占总数的 37%。其次，从每个时期教育中心区增加的县市分析，全面抗战前的教育中心区，川东地区有 6 县市；全面抗战中新增加涪陵、璧山、合川、三台、华阳、威远、永川、江北、眉山、奉节、大竹、中江、达县和康定等 14 县，其中川东地区有 8 县；抗战后除邛崃、彭县、内江、荣县和隆昌回归教育中心区外，新增加了简阳、丰都、忠县、渠县、广安、蓬溪、自贡、江安、合江、岳池等 10 县市，川东地区有 4 县市。由此发现，四川地区教育中心的确呈现出不断东移的趋势，其中东移趋势最为明显的是全面抗战时期，川东地区的教育中心数占四川省近半壁江山。

（三）教育边缘区呈现出向川西高原地区收缩之势

全面抗战前的四川教育边缘区可谓广泛，既有川西平原的温江、双流、新繁、崇宁、罗江等县，又有川南、川西南的马边、峨边、雷波、兴文、筠连、纳溪等县，还有川东的南川、彭水、石柱、巫溪、城口，川北的西充、仪陇、盐亭、安县、梓潼、苍溪、广元、昭化、北川，川东北的巴中、宣汉、万源、通江、南江，川西北的茂县、理县、懋功、松潘、汶川，川西的靖化、天全、宝兴、芦山、荥经、金汤、冕宁、盐源、盐边、昭觉、宁南、宁东等共 67 县（局）。全面抗战时期，教育边缘区缩小至 33 县（局），其中主要集中于川西南的峨边、雷波等县，以及川西、川西北的理县、懋功、松潘、汶川、靖化、九龙、雅江、道孚、丹巴、金汤、芦山、宝兴、泸定、昭觉、宁

东、德格、邓柯、石渠、白玉、瞻化、炉霍、理化、巴安、得荣、定乡、稻城、义敦等县。抗战后教育边缘区大为缩小，除川北的旺苍外，其余全部属于西康高原地区，说明教育边缘区有不断向川西高原地区收缩之势。

## 第二节　民国时期四川地区学校分布变迁的原因分析

“教育地理学认为地理因素是影响教育的重要原因之一。区域发展中的区划论认为区域的自然条件、地理位置、交通等对区域的发展有较大影响。”①教育生态学学者认为：“一定的受教育人口是设置学校的前提和基础；而学校本身又是建立在一定区域内的生态体，它必然受一定地理环境的影响，农村学校分布受自然地理环境的影响尤为明显，其中，便利的交通条件也成为影响学校布局的因子之一；同时，学校总是处于一定的社区环境之中，诸如文化传统等各种社区环境因子都会对学校分布产生一定影响。”②民国时期四川学校的分布亦受到诸多因素的影响，如自然地理环境、人口数量、交通条件、经济发展、政治因素、民族分布和教育文化基础等。

### 一、自然地理环境

我国教育学者黄济曾指出：“地理环境，不但对人类生存和发展产生着巨大影响，而且对文化环境的发展也直接发生着影响。”③“从学校产生的历史看，早期的学校设置对良好的自然环境的依赖比现代学校大得多。”④民国时期四川学校的分布也受到其自然环境的制约。

四川位于我国西南地区，地跨青藏高原、横断山脉、云贵高原、秦巴山地、四川盆地等几大地貌单元，地势西高东低，由西北向东南倾斜。以龙门山—大凉山一线为界，东部为四川盆地及盆缘山地，西部为高山高原及西南山地，属于我国地势三大阶梯中的第二级。

（1）四川盆地区：“群山屏障，盆地中陷，为一天险区域。四周之山，高度在二十公尺至六千公尺。山川素称雄壮，北倚栈道，东踞三峡，首尾遥应，以扼秦楚，形势之险，由此可见，大江横贯其南部，岷江、沱江、嘉陵江皆自北

① 所晓虹：《区域高等教育空间布局与教育均衡发展——教育地理学视角下的思考》，云南师范大学硕士学位论文，2005年，第8页。
② 范国睿：《教育生态学》，北京：人民教育出版社，2000年，第154—155页。
③ 黄济：《教育哲学》，北京：北京师范大学出版社，1985年，第55页。
④ 范国睿：《教育生态学》，北京：人民教育出版社，2000年，第155页。

岸注入。”[①]四川盆地包括川西平原、盆中方山丘陵和盆缘山地三个地貌区。

川西平原区：龙泉山以西为川西平原区，又称川西坝子，由成都平原、眉山—峨眉平原组成。其中，成都平原面积达6200平方公里，为四川最大的平原。此“为一冲积平原，岷江之水，流至灌县，复分为数十条南流至彭山合流，是以成都土地肥沃，水利甚佳，而物产因之特丰”[②]，是四川自然地理环境和经济发展最佳之区域。川西平原区有成都市和第一行政督察区的温江、成都、华阳、灌县、新津、崇庆、新都、郫县、双流、彭县、新繁、崇宁，第四行政督察区的眉山、蒲江、邛崃、大邑、彭山、青神，第十三行政督察区的绵竹、什邡、广汉、罗江，共约23县市。

盆中方山丘陵区：西迄四川盆地内的龙泉山，东止华蓥山，北起大巴山麓，南抵长江以南，面积约8.4万平方公里，以丘陵广布、溪沟纵横为其显著地理特征，广安市附近的华蓥山主峰海拔1704米，是盆地内的最高峰。该区有重庆市、自贡市和第二行政督察区的资中、资阳、内江、荣县、仁寿、简阳、威远、井研，第三行政督察区的江北、永川、江津、合川、大足、巴县、北碚、璧山、铜梁、荣昌，第四行政督察区的洪雅、夹江、名山、丹稜，第五行政督察区的乐山、峨眉，第六行政督察区的宜宾、南溪、江安、长宁，第七行政督察区的泸县、隆昌、富顺、合江、纳溪，第十行政督察区的大竹、渠县、广安、梁山、邻水、垫江、长寿，第十一行政督察区的南充、岳池、蓬安、营山、南部、武胜、西充、仪陇，第十二行政督察区的遂宁、安岳、中江、三台、潼南、蓬溪、乐至、射洪、盐亭，第十三行政督察区的绵阳、安县、德阳、金堂、梓潼，第十四行政督察区的剑阁、苍溪、江油、阆中、彰明、北川，第十五行政督察区的达县、巴中、开江、宣汉，共约74县市。

盆缘山地区：地形以山地为主，山地面积占总面积的93%。该区有第三行政督察区的綦江，第六行政督察区的庆符、兴文、珙县、高县、筠连，第七行政督察区的叙永、古宋、古蔺，第八行政督察区的酉阳、涪陵、丰都、南川、彭水、黔江、秀山、石柱、武隆，第九行政督察区的万县、奉节、开县、忠县、巫山、巫溪、云阳、城口，第十四行政督察区的广元、昭化、平武、旺苍、青川，第十五行政督察区的万源、通江、南江，共34县。

（2）川西南山地区：位于青藏高原东部横断山系中段，地貌类型为中山峡谷。全区94%的面积为山地，且多为南北走向，或两山夹一谷。该区有第五行

①《复兴月刊》1935年第3卷第6—7期，第2页。

②《复兴月刊》1935年第3卷第6—7期，第2页。

政督察区的屏山、马边、峨边、雷波、犍为、沐川；西康的雅安、芦山、宝兴、天全、荥经、汉源、西昌、越嶲、冕宁、会理、盐源、盐边、宁南，共19县（局）。

（3）川西北高原区：为青藏高原东南缘和横断山脉的一部分，地面海拔4000—4500米，分为川西北高原和川西山地两部分。川西北高原地势由西向东倾斜，分为丘状高原和高平原；川西山地西北高、东南低。该区有第十六行政督察区的茂县、理番、懋功、松潘、汶川、靖化，西康的泸定、康定、九龙、雅江、道孚、丹巴、金汤、泰宁、昭觉、宁东、德昌、甘孜、德格、邓柯、石渠、白玉、炉霍、理化、巴安、瞻化、得荣、定乡、稻城、义敦，共30县（局）。

表4-5以1946年中等学校的分布为例，按地貌区汇总各市县（局）学校总数和平均学校数，其中平均学校数是各地貌区中等学校的总数除以市县（局）总数而得。

**表4-5　地理环境与学校分布统计表**　　（单位：所）

| 地貌区 | 县市名 | 中学 | 中等师范学校 | 中等职业学校 | 合计 | 平均学校数 |
|---|---|---|---|---|---|---|
| 川西平原区 | 成都市 | 8 | 3 | 12 | 23 | 5.26 |
| | 成都 | 29 | | | 29 | |
| | 温江 | 2 | | | 2 | |
| | 华阳 | 3 | 1 | 1 | 5 | |
| | 灌县 | 2 | 1 | 1 | 4 | |
| | 新津 | 2 | 1 | 1 | 4 | |
| | 崇庆 | 5 | | | 5 | |
| | 新都 | 1 | | 1 | 2 | |
| | 郫县 | 2 | | | 2 | |
| | 双流 | 1 | | | 1 | |
| | 彭县 | 4 | 1 | | 5 | |
| | 新繁 | 1 | | | 1 | |
| | 崇宁 | 1 | | | 1 | |
| | 眉山 | 4 | 1 | 1 | 6 | |
| | 邛崃 | 6 | 1 | | 7 | |
| | 大邑 | 4 | | | 4 | |
| | 彭山 | 2 | 1 | | 3 | |
| | 青神 | 2 | 1 | | 3 | |
| | 蒲江 | 1 | | | 1 | |
| | 绵竹 | 3 | 1 | 1 | 5 | |
| | 广汉 | 3 | 1 | | 4 | |
| | 什邡 | 1 | 1 | | 2 | |
| | 罗江 | 1 | 1 | | 2 | |
| | 合计 | | | | 121 | |

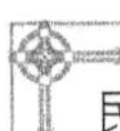



续表

| 地貌区 | 县市名 | 中学 | 中等师范学校 | 中等职业学校 | 合计 | 平均学校数 |
|---|---|---|---|---|---|---|
| 盆中方山丘陵区 | 重庆 | 59 | 2 | 23 | 84 | 6.92 |
| | 自贡 | 4 | 1 | 1 | 6 | |
| | 资中 | 12 | 1 | 2 | 15 | |
| | 资阳 | 9 | 1 | | 10 | |
| | 内江 | 7 | 2 | 1 | 10 | |
| | 荣县 | 8 | 1 | | 9 | |
| | 仁寿 | 4 | 1 | | 5 | |
| | 简阳 | 7 | 1 | | 8 | |
| | 威远 | 3 | 1 | | 4 | |
| | 井研 | 1 | | | 1 | |
| | 永川 | 7 | | | 7 | |
| | 巴县 | 19 | | 1 | 20 | |
| | 北碚 | 4 | 1 | | 5 | |
| | 江津 | 14 | 1 | 4 | 19 | |
| | 江北 | 3 | | 1 | 4 | |
| | 合川 | 8 | 1 | 2 | 11 | |
| | 荣昌 | 5 | 1 | 2 | 8 | |
| | 大足 | 3 | 1 | | 4 | |
| | 璧山 | 5 | 1 | 1 | 7 | |
| | 铜梁 | 5 | 1 | 1 | 7 | |
| | 洪雅 | 3 | 1 | | 4 | |
| | 夹江 | 1 | 1 | | 2 | |
| | 名山 | 1 | | | 1 | |
| | 丹稜 | 1 | | | 1 | |
| | 乐山 | 5 | 2 | | 7 | |
| | 峨眉 | 1 | 1 | | 2 | |
| | 宜宾 | 11 | 2 | 3 | 16 | |
| | 南溪 | 4 | 1 | | 5 | |
| | 江安 | 5 | 1 | | 6 | |
| | 长宁 | 2 | 1 | | 3 | |
| | 泸县 | 10 | 2 | 2 | 14 | |
| | 隆昌 | 5 | 1 | | 6 | |
| | 富顺 | 6 | 1 | | 7 | |
| | 合江 | 4 | 1 | 1 | 6 | |
| | 纳溪 | 1 | | | 1 | |
| | 大竹 | 6 | 1 | 1 | 8 | |
| | 渠县 | 6 | | 1 | 7 | |
| | 广安 | 6 | 1 | | 7 | |

续表

| 地貌区 | 县市名 | 中学 | 中等师范学校 | 中等职业学校 | 合计 | 平均学校数 |
|---|---|---|---|---|---|---|
| 盆中方山丘陵区 | 梁山 | 3 | | 1 | 4 | 6.92 |
| | 邻水 | 4 | | | 4 | |
| | 垫江 | 4 | 1 | | 5 | |
| | 长寿 | 5 | | | 5 | |
| | 南充 | 7 | 1 | 2 | 10 | |
| | 岳池 | 6 | | | 6 | |
| | 蓬安 | 4 | | | 4 | |
| | 营山 | 4 | | | 4 | |
| | 南部 | 4 | | | 4 | |
| | 武胜 | 3 | 1 | | 4 | |
| | 西充 | 3 | | | 3 | |
| | 仪陇 | 2 | 1 | | 3 | |
| | 遂宁 | 7 | 1 | 1 | 9 | |
| | 安岳 | 9 | 1 | 1 | 11 | |
| | 中江 | 4 | 1 | | 5 | |
| | 三台 | 5 | 1 | 2 | 8 | |
| | 潼南 | 4 | | | 4 | |
| | 蓬溪 | 5 | 1 | 1 | 7 | |
| | 乐至 | 2 | | | 2 | |
| | 射洪 | 2 | 1 | 1 | 4 | |
| | 盐亭 | 3 | | | 3 | |
| | 绵阳 | 6 | 2 | 1 | 9 | |
| | 安县 | 2 | 1 | | 3 | |
| | 德阳 | 2 | 2 | | 4 | |
| | 金堂 | 3 | | 1 | 4 | |
| | 梓潼 | 1 | | | 1 | |
| | 剑阁 | 1 | 1 | | 2 | |
| | 苍溪 | 2 | | | 2 | |
| | 江油 | 3 | 1 | 1 | 5 | |
| | 阆中 | 4 | | 1 | 5 | |
| | 彰明 | 1 | | | 1 | |
| | 北川 | 1 | | | 1 | |
| | 达县 | 6 | 2 | | 8 | |
| | 巴中 | 3 | 1 | 1 | 5 | |
| | 开江 | 2 | | | 2 | |
| | 宣汉 | 3 | 1 | | 4 | |
| | 合计 | | | | 512 | |

续表

| 地貌区 | 县市名 | 中学 | 中等师范学校 | 中等职业学校 | 合计 | 平均学校数 |
|---|---|---|---|---|---|---|
| 盆缘山地区 | 綦江 | 4 | 1 |  | 5 | 3.09 |
|  | 庆符 | 1 | 1 |  | 2 |  |
|  | 兴文 | 0 |  | 1 | 1 |  |
|  | 珙县 | 2 | 1 |  | 3 |  |
|  | 高县 | 2 |  | 1 | 3 |  |
|  | 筠连 | 1 |  |  | 1 |  |
|  | 叙永 | 2 |  |  | 2 |  |
|  | 古宋 | 3 |  |  | 3 |  |
|  | 古蔺 | 3 |  |  | 3 |  |
|  | 酉阳 | 2 | 1 |  | 3 |  |
|  | 涪陵 | 8 | 1 | 2 | 11 |  |
|  | 丰都 | 6 | 1 |  | 7 |  |
|  | 南川 | 3 | 1 | 1 | 5 |  |
|  | 彭水 | 1 |  |  | 1 |  |
|  | 黔江 | 1 |  |  | 1 |  |
|  | 秀山 | 4 | 1 |  | 5 |  |
|  | 石柱 | 1 | 1 |  | 2 |  |
|  | 武隆 | 1 |  |  | 1 |  |
|  | 万县 | 11 | 2 | 2 | 15 |  |
|  | 奉节 | 2 |  |  | 2 |  |
|  | 开县 | 3 | 1 |  | 4 |  |
|  | 忠县 | 6 | 1 |  | 7 |  |
|  | 巫山 | 1 |  |  | 1 |  |
|  | 巫溪 | 1 |  |  | 1 |  |
|  | 云阳 | 3 | 1 | 1 | 5 |  |
|  | 城口 | 1 |  |  | 1 |  |
|  | 广元 | 2 | 1 |  | 3 |  |
|  | 昭化 | 1 |  |  | 1 |  |
|  | 平武 | 0 | 1 |  | 1 |  |
|  | 旺苍 | 0 |  |  |  |  |
|  | 青川 | 1 |  |  | 1 |  |
|  | 万源 | 1 |  |  | 1 |  |
|  | 通江 | 1 | 1 |  | 2 |  |
|  | 南江 | 1 |  |  | 1 |  |
|  | 合计 |  |  |  | 105 |  |

续表

| 地貌区 | 县市名 | 中学 | 中等师范学校 | 中等职业学校 | 合计 | 平均学校数 |
|---|---|---|---|---|---|---|
| 川西南山地区 | 屏山 | 1 | 1 | 1 | 3 | 2.74 |
| | 马边 | 1 | | | 1 | |
| | 峨边 | 1 | | | 1 | |
| | 雷波 | 1 | | | 1 | |
| | 犍为 | 6 | 1 | 2 | 9 | |
| | 沐川 | 1 | 1 | | 2 | |
| | 荥经 | 1 | 1 | | 2 | |
| | 雅安 | 3 | | 1 | 4 | |
| | 芦山 | 2 | | | 2 | |
| | 天全 | 1 | 2 | | 3 | |
| | 宝兴 | | | | | |
| | 汉源 | 2 | 2 | | 4 | |
| | 西昌 | 5 | 3 | 1 | 9 | |
| | 越嶲 | 1 | 1 | | 2 | |
| | 冕宁 | 1 | 1 | | 2 | |
| | 会理 | 1 | 2 | | 3 | |
| | 盐源 | 2 | | | 2 | |
| | 盐边 | 1 | | | 1 | |
| | 宁南 | 1 | | | 1 | |
| | 总计 | | | | 52 | |
| 川西北高原区 | 茂县 | 1 | 1 | | 2 | 0.37 |
| | 理县 | | | | | |
| | 懋功 | | | | | |
| | 松潘 | | | | | |
| | 汶川 | | | | | |
| | 靖化 | | | | | |
| | 康定 | 1 | 2 | 3 | 6 | |
| | 九龙 | | | | | |
| | 雅江 | | | | | |
| | 道孚 | | | | | |
| | 丹巴 | | | | | |
| | 金汤 | | | | | |
| | 泰宁 | | | | | |
| | 泸定 | 1 | | | 1 | |
| | 昭觉 | | | | | |
| | 宁东 | | | | | |
| | 德昌 | 1 | | | 1 | |

续表

| 地貌区 | 县市名 | 中学 | 中等师范学校 | 中等职业学校 | 合计 | 平均学校数 |
|---|---|---|---|---|---|---|
| 川西北高原区 | 甘孜 | | | 1 | 1 | 0.37 |
| | 德格 | | | | | |
| | 邓柯 | | | | | |
| | 石渠 | | | | | |
| | 白玉 | | | | | |
| | 瞻化 | | | | | |
| | 炉霍 | | | | | |
| | 理化 | | | | | |
| | 巴安 | | | | | |
| | 得荣 | | | | | |
| | 定乡 | | | | | |
| | 稻城 | | | | | |
| | 义敦 | | | | | |
| | 总计 | | | | 11 | |

资料来源：本书第三章中等学校的统计。

据表 4-6 可知，平均学校数最多的为盆中方山丘陵区的 6.92 所，其次为川西平原区的 5.26 所，盆缘山地区的 3.09 所，川西南山地区的 2.74 所，最少的为川西北高原区，仅仅 0.37 所。

再观民国的教育边缘区，全面抗战前的 67 县（局），其中川西北高原区有 27 县（局），占总数的 40.3%；全面抗战时期的 33 县（局），其中川西北高原区有 26 县（局），占总数的 78.79%；抗战胜利后的 27 县（局），除旺苍位于盆缘山地区外，其余 26 县（局）全部位于川西北高原区，占总数的 96.30%。民国时期四川教育获得整体发展之时，川西北高原区教育发展仍很滞后，与四川其他地区差距甚大，其中地理环境具有重大的影响。

## 二、人口数量

学校设置及其分布，与人口数量具有密切的关系。通常来讲，人口越多的地区，学校设置也应越多，反之亦然，故人口数量是影响学校分布的因子之一。

民国初始时，四川人口 46 308 276 人，占全国总人口的 104.55‰，平均每平方公里 135 人。民国末年，四川人口 58 481 765 人，占全国总人口的 107.22‰，平均每平方公里 171 人，而人口主要集中于盆地中间，其中

主要是成都平原区。成都平原区是人口密度最高的地区，民国二十年（1931年）人口 10 963 821 人，平均每平方公里 336 人，特别是成都、华阳、广汉三县，其生存条件优于其他各县，人口密度分别达到平均每平方公里 1870 人、843 人、726 人。川中丘陵峡谷区，人口密度仅次于成都平原，有绵阳、三台、射洪、乐至、安岳、大足、璧山、江津、綦江、南川、垫江、大竹、渠县、营山、仪陇、苍溪、梓潼、重庆等共 38 县市，民国二十年（1931 年）人口有 16 726 863 人，平均每平方公里 256 人。川东山地，指通江、巴中、达县、梁平（公梁山）、忠县以东地区，北靠大巴山，共 16 县，民国二十年（1931 年）人口 6 718 988 人，平均每平方公里 125 人。川北山地，指安县、江油以北地区，北川、平武、广元、昭化、剑阁、旺苍、南江、青川等，共 10 县，民国二十年（1931 年）人口 1 821 337 人，平均每平方公里 64 人。①

据 1941 年《四川省各县市国民教育实施概况》统计，从区域来看，首先按人口相对数比较，人口密度最大的是第一行政督察区的成都、温江、新都、新繁、郫县、崇宁 6 县和第十三行政督察区的广汉，人口密度达到平均每平方公里 500—650 人，是当时四川人口密度最高的地区②；从这 7 县的人口绝对数看，1941 年成都 164 632 人，温江 164 175 人，新都 159 368 人，郫县 167 722 人，新繁 104 521 人，崇宁 92 081 人，广汉 256 394 人。③其中，人口最多的是广汉，人口最少的是崇宁。

再看这一时期 7 县的学校设置情况。④

成都：小学 102 所，中学 31 所，中等师范 3 所，职业中学 11 所。

温江：小学 107 所，中学 1 所。

新都：小学 117 所，中学 1 所，职业中学 1 所。

新繁：小学 81 所，中学 2 所。

郫县：小学 133 所，中学 1 所，职业中学 1 所。

崇宁：小学 78 所，中学 1 所，职业中学 1 所。

广汉：小学 159 所，中学 2 所，中等师范 1 所。

---

① 路遇、滕泽之编著：《中国人口通史》（下），济南：山东人民出版社，2000 年，第 1155—1156 页。

② 四川省政府教育厅编印：《四川省教育文化教育地图》，1941 年。

③ 四川省政府教育厅第三科主编：《四川省各县市国民教育实施概况（民国二十九年八月至三十年七月）》，成都：西南印书局，1941 年。

④ 小学数据来源于四川省政府教育厅第三科主编：《四川省各县市国民教育实施概况（民国二十九年八月至三十年七月）》，成都：西南印书局，1941 年。中等学校数据来源于本书第二章中相关的统计。

学校数最多的是广汉，最少的是崇宁。学校数与人口数较吻合，说明人口数量是影响学校分布的一个因素。

从四川地区看，总人口数位居前10位的县是：名山（1 294 838），简阳（1 000 390），三台（998 400），泸县（967 359），仁寿（926 246），涪陵（923 200），南充（827 429），中江（820 000），江津（806 089），宜宾（760 981）。如按学龄儿童人数计算，排在前10位的县是：巴县（177 076），巴中（174 000），中江（150 000），涪陵（142 000），安岳（130 300），宜宾（121 757），渠县（120 226），遂宁（115 904），简阳（100 039），泸县（98 000）。[①]上述县的小学数在全省的排位分别是：南充1，泸县2，宜宾6，渠县7，巴县8，安岳9，简阳12，三台13，中江19，仁寿20，涪陵23，遂宁25，江津29，巴中64，名山84。除巴中、名山外，其余县的学校数量均居于全省前列。这再次说明了人口数尤其是学龄儿童数是影响学校分布的重要因素。

## 三、交通条件

交通条件是指某地区（地点）与外界进行人员来往（客运）和物资交流（货运）的方便程度。[②]交通条件对教育的发展，区域间学校彼此的信息流数量、速度、方式等都会产生较大影响。[③]

民国时期以公路交通和水路交通为主，当时四川地区虽已有多条航空线路，但对学校分布的影响不大，故本书只论及公路交通和水路交通。

1. 公路交通

“蜀道难，难于上青天”，剑门险，夔门雄，大巴山、大凉山、大娄山和巫山环抱盆周，层峦叠嶂。在生产力水平低下的古代，四川要凿山开路，跨水架桥，实为艰难。民国时期，四川公路交通与东部平原地区相比，仍很落后，但川民有敢于“上青天”的勇气和决心。民国建立后，以成都为中心开始兴筑公路。1913年，成都到灌县的公路建成通车，被视为“现代修筑公路的开端”[④]。

---

① 总人口数和学龄儿童数均来源于四川省政府教育厅第三科主编：《四川省各县市国民教育实施概况（民国二十九年八月至三十年七月）》，成都：西南印书局，1941年。

② 杨万钟主编：《经济地理学导论》，上海：华东师范大学出版社，1999年，第36页。

③ 所晓红：《区域高等教育空间布局与教育均衡发展——教育地理学视角下的思考》，云南师范大学硕士学位论文，2005年，第14页。

④ 王立显主编：《四川公路交通史》（上），成都：四川人民出版社，1989年，第50页。

据张肖梅的统计，20 世纪 30 年代四川干线公路有川陕干线、川鄂北线、川鄂南线、川湘干线、川黔干线、川滇东线、川滇中线、川滇西线、川康干线、川青干线和川甘干线，里程达 4513 公里；支线有新南支线、绵遂支线、南南支线、昭化支线、广南支线、渠南支线、宣南支线、遂内支线、遂璧支线、岳内支线、广丰支线、渠巫支线、万开支线、宣忠支线、万城支县、江梁支线、涪石支线、涪长支线、永江支线、泸合支线、叙古支线、成井支线、眉青支线、内乐支线、犍荣支线、隆富支线、泸威支线、屏富支线、江南支线、叙高支线、宜筠支线、雅荣支线、夹雅支线、邛崃支线、夹泸支线、犍冕支线、屏西支线、西宁支线、西盐支线、泸绥支线、抚丹支线、雅宝支线、成邛支线、成茂支线、理番支线、新崇支线和广北支线等，里程计 7508 公里。①

1937 年全面抗战开始后，四川地区成为大后方的重要基地。为适应繁重的战时运输的需要，国民政府一方面改善已有的公路设施，另一方面开辟新的公路线。此时新建的公路有以下这些。

（1）川康公路（成都—康定）：成都至雅安段于 1932 年粗通。全面抗战开始后，分段修筑了雅安—天全—泸定—康定路段，于 1942 年 2 月勉强通车。

（2）川中公路（内乐路）：“其范围为岷江之东，长江之北，成都、隆昌、泸州之西南，在此区内之公路，均可称为川中公路”，是四川之富庶地区。内乐公路自成渝公路上的内江起，经自流井、贡井、荣县、五通桥、牛华溪至乐山，长 210 公里。1940 年 3 月开工兴筑，6 月通车。

（3）康青公路康营段（康定—营官寨）：路线自康定起，沿折多山经大坪、折多塘、二台子，越折多山垭口，沿提茹水向下行，经提茹而达营宫寨，全长 71 公里，1941 年 5 月开始修筑，次年 10 月修通。

国民政府为沟通国际联络线，还修建了部分公路，其中四川地区的有：川滇东路（重庆—隆昌—泸州—叙永—赤水河—毕节—威宁—昆明）、汉渝公路（汉中—万源—宣汉—达县—大竹—邻水—江北—重庆，全长 587 公里）、乐西公路（乐山—峨眉—富林—冕宁—西昌，长 520 公里）、西祥公路（西昌—云南祥云）、藏青公路营歇段（营官寨起至青海歇武寺）。②

① 张肖梅编著：《四川经济参考资料》，上海：中国国民经济研究所，1939 年，第 G17—G19 页。
② 王立显主编：《四川公路交通史》（上），成都：四川人民出版社，1989 年，第 131—156 页。

抗战胜利后，国民政府完成了成巴公路的修建。成巴公路起于川陕公路上的新都唐家寺，经金堂、赵镇、兴隆、中江、八洞、三台，过涪江，经两河、盐亭、梨园、建兴、南部，越嘉陵江，再经三叉河、仪陇、双石桥而至巴中，全长 418 公里。①到 1949 年中华人民共和国成立前夕，四川（包括重庆、西康）的公路，国道有 4269 公里，省道有 2052 公里，县道及支路有 8472 公里。②

至此，民国时期四川地区形成了以成都为第一中心，以东部重庆、南部内江、中部遂宁、北部南充和绵阳、西部雅安为第二中心，并通过成渝公路、川黔干线、川陕干线、川湘干线、川滇干线、川康干线的连接和辐射，形成了公路交通网。其中，交通最为密集的是以成都为中心，北至绵阳、东至简阳、南至乐山、西至雅安的区域。

成都、重庆、内江、遂宁、南充、绵阳、雅安 7 县市位于交通枢纽，据本章第一节的统计，其中成都、重庆、遂宁、南充、绵阳 5 县市一直是四川的教育中心；内江在全面抗战前、全面抗战后是教育中心，全面抗战中是教育次中心；雅安在整个民国时期都是四川地区的教育次中心，但西康省建立后，雅安成为西康省的教育中心。再对以成都为中心的交通密集区的学校进行分析，这一区域包括第一、第二、第四、第十三行政督察区，以 1946 年的中等学校为例，第一行政督察区有学校 84 所，第二行政督察区有学校 62 所，第四行政督察区有学校 32 所，第十三行政督察区有学校 34 所，四个行政督察区共计 212 所，几近占四川省此时中等学校总数的 26.5%。而交通落后的第十六行政督察区仅有 2 所，西康第四行政督察区仅有 1 所，西康第五行政督察区无中等学校。这充分说明交通条件对学校分布产生了重大影响。

2. 水路交通

四川境内河流众多，除有长江干流外，还有长江支流的岷江、沱江、嘉陵江、乌江，以及流入这些支流的更小的河流（表 4-6）。小木船是沿江居民最为主要的交通工具，水路运输是其重要的交通方式。

① 王立显主编：《四川公路交通史》（上），成都：四川人民出版社，1989 年，第 181 页。
② 王立显主编：《四川公路交通史》（上），成都：四川人民出版社，1989 年，第 198—204 页。

**表 4-6　四川地区各重要河流交通概况表**

| 河流 | | 经过地点 | 航程距离/里 | | 备注 |
|---|---|---|---|---|---|
| | | | 木船 | 轮船 | |
| 长江 | 主流 | 蛮夷司、屏山、宜宾、南溪、江安、纳溪、泸县、合江、江津、巴县、江北、长寿、涪陵、忠县、丰都、万县、云阳、奉节、巫山 | 1700 | 1500 | 重庆以下通江轮，以上通小轮，蛮夷司以下通木船 |
| 嘉陵江 | 主流 | 广元、昭化、苍溪、阆中、南部、周口、蓬安、南充、武胜、合川 | 1100 | 500 | 渝合段长行小轮，合川至南充，增水期可通小轮 |
| | 涪江 | 中坝、彰明、绵阳、三台、射洪、太和镇、遂宁、潼南 | 600 | 250 | 增水期浅水汽轮可行抵遂宁 |
| | 渠江 | 宣汉、达县、三汇、渠县、广安 | 400 | | |
| 岷江 | 主流 | 灌县、崇庆、新津、彭山、眉山、青神、乐山、竹根滩、五通桥、犍为 | 800 | 700 | 增水期小轮可经乐山而达成都 |
| | 青衣江 | 雅安、洪雅、夹江 | 250 | | |
| 沱江 | 主流 | 赵家渡、淮口、石桥、简阳、资阳、资中、内江、椑木镇、富顺、赵化镇 | 700 | | |
| | 荣溪 | 自流井、邓井关 | 110 | | |
| 黔江 | | 龚滩、鹿角沱、彭水 | 500 | | |
| 共计 | | | 6160 | 2950 | |

资料来源：吕平登编著：《四川农村经济》，上海：商务印书馆，1936 年，第 56—57 页。

以嘉陵江主流经过的城市广元、苍溪、阆中、昭化、南部、蓬安、南充、武胜、合川为例，与其所在的行政督察区其他城市对比，以 1941 年的中等学校数为对比数。广元、苍溪、阆中和昭化属于第十四行政督察区，学校数为阆中 3 所、广元 2 所、苍溪 1 所、昭化 1 所，占本区学校数的 54%（本区共 9 县 13 所学校）；南部、蓬安、南充、武胜属于第十一行政督察区，学校数为南部 1 所、蓬安 2 所、南充 6 所、武胜 2 所，占本区学校数的 69%（本区共 8 县 16 所学校），其中，南充是本行政督察区学校最多的县；合川和江北属于第三行政督察区，学校数为 6 所，除重庆市外，合川的学校数仅次于巴县（巴县位于长江主流），居本行政督察区第二位。

再以第二行政督察区的简阳为例，据民国《简阳县志》（1927 年）记载："（简阳）在省东少南一百四十二里。东西距一百八十四里，南北距一百二十七里。东至乐至县界九十二里，西至华阳县界九十二里，南至资阳县界七十里，北至金堂县界五十七里。东北至金堂县界六十二里，东南至资阳县界五十四里，西南至仁寿县界七十三里，西北至华阳县界九十四里。"①该县从教

① 四川省简阳县志编纂委员会编纂：《简阳县志》，成都：巴蜀书社，1996 年，第 9 页。

育次中心发展为教育中心，与其交通的便捷有着直接的关系。首先，它距省城成都只有 140 里，与其接界的各县均在 100 里以内，其中最近的是距资阳县界 54 里。其次，它位于沱江干流，流经“宏缘、灵仙、壮溪、养马、平窝、海井，石钟、外四、解放、东溪、红塔、爱国，平泉、飞龙、杨家等多个乡镇入资阳县界，全长 93 公里”①，还有石桥渡、油房河渡、东溪渡等渡口②，水运发达。1930 年，成都到简阳的汽车路筑成；1931 年，资阳到简阳的汽车路筑成通车，这两条路即为后来成渝公路之一部分。1926 年动工修建的遂宁至简阳的公路，后来成为川鄂公路之一部分。③成渝公路简阳段总长 48 公里，经过 12 乡镇（久隆场、贾家场、柏林、太平、赤水、外四、石桥、绛溪、简城、红塔、新市、杨家街）31 村。川鄂公路简阳段长 40 公里，经过 7 乡镇（解放、东溪、红塔、新桥、平泉、施家、金玉）13 村。④方便的公路、水路为学校的设置提供了交通条件，简阳县 1936 年有中等学校 2 所，1941 年有 3 所，到 1946 年有 8 所（中学 7 所、中等师范 1 所），简阳跃升为四川的教育中心。

教育中心区主要分布于四川东路干线（成都—简阳—资阳—资中—内江—隆昌—荣昌—永川—璧山—重庆—江北—长寿—涪陵—丰都—忠县—万县）、川滇东路（重庆—隆昌—泸州—叙永—赤水河—毕节—威宁—昆明）、汉渝路（汉中—大巴山—万源—宣汉—达县—大竹—邻水—江北—重庆）、绵遂支线（绵阳—遂宁）、遂璧支线（遂宁—璧山）、广南支线（广安—南充）等公路交通沿线地区。同时，其教育中心区的分布与金沙江、沱江、嘉陵江、长江等流域走向基本一致，再次印证了交通条件着实较强地影响着学校的分布。

### 四、经济发展

一个地区的教育与其经济发展具有直接而重要的关系，而财政是反映经济发展状况的重要晴雨表。

民国时期，法定教育基金的来源有三方面：①学款及学产，如以前的书院、

①《简阳县交通志》，1985 年，第 48 页。

②《简阳县交通志》，1985 年，第 50 页。

③ 四川省简阳县志编纂委员会编纂：《简阳县志》，成都：巴蜀书社，1996 年，第 269 页。

④ 四川省简阳县志编纂委员会编纂：《简阳县志》，成都：巴蜀书社，1996 年，第 269 页。

考棚、宾兴、学田、学屋等款；②地方税，多从杂捐及附加税取得；③学费，依学校性质征收。其支出的标准为：①专门教育及特别教育，向国库支出，由中央政府负责；②普通教育，以地方税充；③贫瘠地方，不能自给时，由中央政府补助。[①]

从民国十七年（1928 年）以来四川省岁入岁出（图 4-1）情况看，除民国十九年（1930 年）、二十四年（1935 年）、二十五年（1936 年）、二十六年（1937 年）岁入岁出平衡外，其余年份均是入不敷出。财政状况如此，教育经费更无从保证。如 1934 年教育经费欠费情况突出，当年“省立各校及省欠补助经费，四川大学 132 000 元，成都工学院 62 235 元，农学院 46 067 元；师范各校，省立 272 532 元，联立 58 704 元，县立 155 418 元，区立 4000 元，私立 3606 元；职业各校，省立 124 000 元，联立 38 559 元，县立 108 879 元；公私立中学各校，国立 55 000 元，省立 144 000 元，联立 159 000，县立 1 298 000 元，区立 49 000 元，私立 823 000 元；小学幼稚部分岁出 53 260 元，初小部分 3 084 403 元，高小部分 2 171 339 元；社会教育学校式部分岁出 302 307 元，一般式社教机关支 585 352 元，至该省教育经费大宗来源，为猪羊两税、上年度中学一类经费、由教费收支处支出者，已一百三十六万七千余元云”[②]。又如《邛崃县志》记：“民国初期，县立、公立学校增多，教育经费不敷，又开辟如次渠道：从屠宰税、牙行、斗息中提取；中赀捐（每千文附征十文）；田赋、肉、盐、烟、酒等税附加教育税；落地捐（征小摊贩的税）；中学生学杂费等。”[③]民国初年，四川省经济破坏严重，民生凋敝，教育经费不仅短绌，甚至出现巨大亏空：“（学款）片收支拨款散无纪统，追兵燹后，所存学款或做提作军需及各项行政经费，而校舍校具及仪器图籍之受损失者更无论矣。”[④]防区制时代“省财政空虚”，省政府甚至“停止拨款”于教育。[⑤]相关内容参见图 4-1。

① 王倘、汪德全、孙承光，等编：《中国教育辞典》，上海：中华书局，1928 年，第 660 页。
②《四川教育概况》，《申报》（上海）1935 年 5 月 21 日。
③ 四川省邛崃县志编纂委员会编纂：《邛崃县志》，成都：四川人民出版社，1993 年，第 648 页。
④《文牍月刊》，第 3 册。
⑤ 四川省地方志编纂委员会编纂：《四川省志·财政志》，成都：四川人民出版社，1996 年，第 226 页。

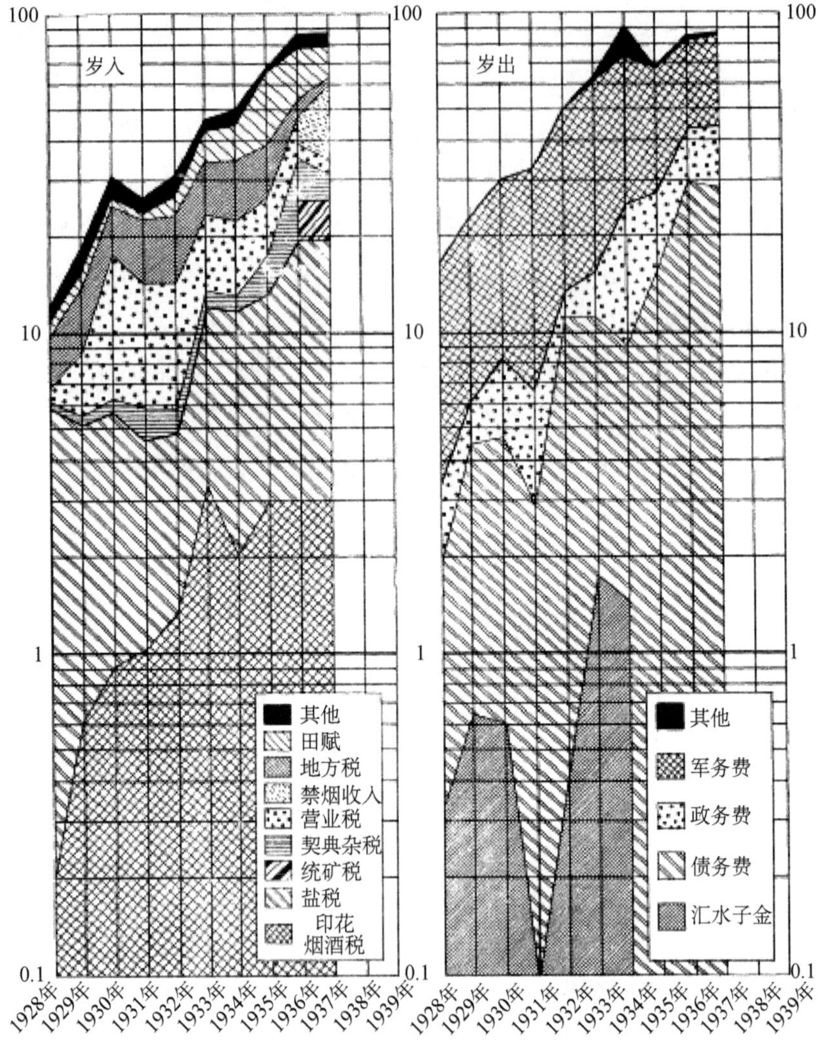

图 4-1　四川 1928—1939 年岁入岁出数额统计图

资料来源：张肖梅编著：《四川经济参考资料》，上海：中国国民经济研究所，1939 年。

如表 4-7 所示，四川岁出预算按经费由多到少排列，1913 年为陆军费、内务费、司法费、财政费、教育费、农商费、外交费；1914 年为陆军费、内务费、司法费、财政费、农商费、教育费和外交费；1916 年为陆军费、内务费、教育费、司法费、农商费、财政费和外交费。其中，陆军费和内务费三年均排在第一位、第二位；教育费分别排第五位、第六位和第三位。其教育经费占总经费的比例分别是 1.14%、1.34%和 7.28%，1916 年为最高。这是在财政状况较好的情形下，且“掌权者皆系教育界人得占优势”，重视教育，才勉强达到此水平。[①]孙翊刚认为民国时期全国教育经费的总额，最高年度是1916年，占总经费的2.7%。[②]四川教育经费比例高于全国平均数较多。

**表 4-7　1913—1916 年四川岁出预算概况表**　（单位：元）

| 项目 | 1913 年 | 1914 年 | 1916 年 |
| --- | --- | --- | --- |
| 外交费 | 51 408 | 36 347 | 36 247 |
| 内务费 | 3 300 687 | 2 738 756 | 3 037 945 |
| 财政费 | 562 987 | 296 202 | 251 449 |
| 陆军费 | 7 043 832 | 5 293 021 | 6 024 078 |
| 司法费 | 667 562 | 350 000 | 384 784 |
| 教育费 | 135 195 | 120 000 | 791 306 |
| 农商费 | 61 298 | 151 075 | 350 488 |
| 合计 | 11 822 969 | 8 985 401 | 10 876 297 |

资料来源：吕平登编著：《四川农村经济》，上海：商务印书馆，1936 年，第 10 页。

注：1913 年、1914 年预算数字仅属国家部分，1916 年地方收支亦包括在内。

自 1935 年川政统一后，即对文教卫生事业恢复财政拨款。1937 年以后，四川地区用于文教卫生事业的经费逐年增加，每年平均支出占财政总支出的5.06%，即使在 1948 年，四川地区的文教卫生支出仍达 18 436 亿元，占财政支出的 4.94%。这是民国时期四川地区文教事业获得重大发展的原因所在。[③]

民国时期四川地区的教育经费主要是官方拨款，其他形式如学杂费、私人捐款、外国教会来源都只是一种附属来源，并不占主要地位。官方拨款中，县市财政拨款又是主要的。[④]因此，四川各县教育经费的多少，一定程度上取决于县政府的财政状况。

如表 4-8 所示，按岁入预算经费总数由高到低排序，其行政督察区的顺序是第三行政督察区、第一行政督察区、第九行政督察区、第十一行政督察区、第十二行政督察区、第十行政督察区、第十三行政督察区、第七行政督察区、第二行政督察区、第四行政督察区、第八行政督察区、第六行政督察区、第十四行政督察区、第十五行政督察区、第五行政督察区、第十七行政督察区、第十八行政督察区、第十六行政督察区。按县级行政区岁入预算经费由高到低排序，排在前 22 位的是巴县、万县、合川、富顺、南充、江津、开县、泸

① 李双龙：《民国四川教育经费探析》，四川大学硕士学位论文，2002 年，第 23 页。
② 孙翊刚主编：《简明中国财政史》，北京：中国财政经济出版社，1988 年，第 249 页。
③ 贾大泉主编：《四川通史》（卷七　民国），成都：四川人民出版社，2010 年，第 472 页。
④ 李双龙：《民国四川教育经费探析》，四川大学硕士学位论文，2002 年，第 17 页。

县、铜梁、渠县、岳池、隆昌、资中、荣昌、遂宁、内江、涪陵、大竹、梁山、眉山、乐山、宜宾。该22县，1936年全部位于教育中心和次中心。其中，位于教育中心的有巴县、万县、富顺、南充、江津、泸县、铜梁、隆昌、资中、荣昌、遂宁、内江、乐山和宜宾，共14县；位于教育次中心的有合川、开县、渠县、岳池、涪陵、大竹、眉山和梁山，共8县。

**表4-8　四川各县1935年岁入预算、人均岁入数目表**

| 县名 | 人口数/人 | 岁入预算数/元 | 人均岁入预算数/元 |
|---|---|---|---|
| 第一行政督察区 | 2 569 898 | 1 335 745 | 0.52 |
| 温江 | 160 599 | 76 271 | 0.47 |
| 成都 | 128 853 | 173 310 | 1.35 |
| 华阳 | 402 223 | 180 087 | 0.45 |
| 灌县 | 295 748 | 88 860 | 0.30 |
| 新津 | 160 782 | 96 304 | 0.60 |
| 崇庆 | 416 653 | 161 733 | 0.39 |
| 彭县 | 356 877 | 150 917 | 0.42 |
| 新都 | 148 184 | 123 136 | 0.83 |
| 郫县 | 170 891 | 96 265 | 0.56 |
| 双流 | 136 191 | 72 503 | 0.53 |
| 新繁 | 101 651 | 74 256 | 0.73 |
| 崇宁 | 91 246 | 42 103 | 0.46 |
| 第二行政督察区 | 5 464 967 | 1 193 543 | 0.22 |
| 资中 | 768 130 | 222 399 | 0.29 |
| 资阳 | 633 397 | 114 499 | 0.18 |
| 内江 | 718 308 | 210 180 | 0.29 |
| 荣县 | 620 231 | 126 519 | 0.20 |
| 仁寿 | 1 088 698 | 180 540 | 0.17 |
| 简阳 | 1063 809 | 160 730 | 0.15 |
| 威远 | 373 021 | 105 005 | 0.28 |
| 井研 | 199 373 | 73 671 | 0.37 |
| 第三行政督察区 | 5 641 695 | 2 341 148 | 0.41 |
| 永川 | 397 890 | 157 657 | 0.40 |
| 巴县 | 919 516 | 487 569 | 0.53 |
| 江津 | 838 781 | 321 116 | 0.38 |
| 荣昌 | 370 413 | 216 620 | 0.58 |
| 江北 | 652 268 | 178 882 | 0.27 |
| 合川 | 771 734 | 363 962 | 0.47 |
| 綦江 | 409 970 | 86 877 | 0.21 |

续表

| 县名 | 人口数/人 | 岁入预算数/元 | 人均岁入预算数/元 |
|---|---|---|---|
| 大足 | 440 646 | 173 638 | 0.39 |
| 璧山 | 336 618 | 129 956 | 0.39 |
| 铜梁 | 503 859 | 224 871 | 0.45 |
| 第四行政督察区 | 2 008 469 | 771 623 | 0.38 |
| 眉山 | 440 658 | 187 693 | 0.43 |
| 蒲江 | 126 385 | 63 485 | 0.50 |
| 邛崃 | 396 937 | 101 226 | 0.26 |
| 大邑 | 293 762 | 93 665 | 0.32 |
| 彭山 | 162 444 | 73 541 | 0.45 |
| 洪雅 | 204 716 | 67 461 | 0.33 |
| 夹江 | 165 917 | 65 931 | 0.40 |
| 青神 | 124 891 | 62 779 | 0.50 |
| 丹棱 | 92 759 | 55 842 | 0.60 |
| 第五行政督察区 | 1 409 976 | 486 849 | 0.35 |
| 乐山 | 410 153 | 183 376 | 0.45 |
| 马边 | 33 154 | 18 095 | 0.55 |
| 峨边 | 54 211 | 19 429 | 0.36 |
| 雷波 | | 10 322 | |
| 犍为 | 514 718 | 107 127 | 0.21 |
| 屏山 | 265 421 | 89 224 | 0.34 |
| 峨眉 | 132 319 | 59 276 | 0.45 |
| 第六行政督察区 | 2 054 263 | 657 692 | 0.32 |
| 宜宾 | 816 505 | 182 925 | 0.22 |
| 南溪 | 255 207 | 118 653 | 0.46 |
| 长宁 | 200 978 | 63 600 | 0.32 |
| 庆符 | 172 185 | 49 494 | 0.29 |
| 兴文 | 63 447 | 28 095 | 0.44 |
| 珙县 | 124 558 | 49 266 | 0.40 |
| 高县 | 137 933 | 52 348 | 0.38 |
| 筠连 | 62 633 | 34 324 | 0.55 |
| 江安 | 220 817 | 78 987 | 0.36 |
| 第七行政督察区 | 3 549 581 | 1 200 237 | 0.34 |
| 泸县 | 1 017 877 | 231 030 | 0.23 |
| 隆昌 | 347 360 | 223 203 | 0.64 |
| 富顺 | 989 611 | 332 703 | 0.34 |
| 叙永 | 266 223 | 117 943 | 0.44 |
| 合江 | 387 982 | 143 546 | 0.37 |
| 纳溪 | 77 115 | 40 918 | 0.53 |

续表

| 县名 | 人口数/人 | 岁入预算数/元 | 人均岁入预算数/元 |
| --- | --- | --- | --- |
| 古宋 | 101 096 | 55 019 | 0.54 |
| 古蔺 | 362 317 | 55 875 | 0.15 |
| 第八行政督察区 | 2 850 286 | 740 168 | 0.26 |
| 酉阳 | 362 620 | 86 587 | 0.24 |
| 涪陵 | 1 041 688 | 204 485 | 0.20 |
| 丰都 | 525 323 | 146 909 | 0.28 |
| 南川 | 306 637 | 96 464 | 0.31 |
| 彭水 |  | 56 307 |  |
| 黔江 | 115 461 | 26 817 | 0.23 |
| 秀山 | 314 112 | 61 557 | 0.20 |
| 石柱 | 184 445 | 61 042 | 0.33 |
| 第九行政督察区 | 2 172 713 | 1 299 109 | 0.60 |
| 万县 |  | 473 969 |  |
| 奉节 | 336 541 | 111 010 | 0.33 |
| 开县 | 442 666 | 289 286 | 0.65 |
| 忠县 | 505 889 | 146 855 | 0.29 |
| 巫山 | 150 492 | 59 523 | 0.40 |
| 巫溪 | 150 003 | 73 521 | 0.49 |
| 云阳 | 509 317 | 119 373 | 0.23 |
| 城口 | 77 805 | 25 572 | 0.33 |
| 第十行政督察区 | 3 295 555 | 1 236 516 | 0.38 |
| 大竹 | 466 317 | 200 901 | 0.43 |
| 渠县 | 631 580 | 224 518 | 0.36 |
| 广安 | 723 476 | 177 166 | 0.24 |
| 梁山 | 423 527 | 191 090 | 0.45 |
| 邻水 | 338 773 | 151 476 | 0.45 |
| 垫江 | 335 151 | 127 325 | 0.38 |
| 长寿 | 376 731 | 164 040 | 0.44 |
| 第十一行政督察区 | 4 059 007 | 1 261 330 | 0.31 |
| 南充 | 902 790 | 324 581 | 0.36 |
| 岳池 | 564 579 | 224 271 | 0.40 |
| 蓬安 | 369 339 | 141 908 | 0.38 |
| 营山 | 443 053 | 136 071 | 0.31 |
| 南部 | 717 416 | 159 835 | 0.22 |
| 武胜 | 361 502 | 175 790 | 0.49 |
| 西充 | 367 103 | 62 707 | 0.17 |
| 仪陇 | 333 225 | 36 167 | 0.11 |

续表

| 县名 | 人口数/人 | 岁入预算数/元 | 人均岁入预算数/元 |
| --- | --- | --- | --- |
| 第十二行政督察区 | 5 938 965 | 1 253 049 | 0.21 |
| 遂宁 | 748 613 | 210 671 | 0.28 |
| 安岳 | 814 090 | 143 237 | 0.18 |
| 中江 | 971 287 | 171 771 | 0.18 |
| 三台 | 970 563 | 166 207 | 0.17 |
| 潼南 | 334 170 | 152 299 | 0.46 |
| 蓬溪 | 717 077 | 162 183 | 0.23 |
| 乐至 | 469 516 | 118 705 | 0.25 |
| 射洪 | 585 100 | 85 104 | 0.15 |
| 盐亭 | 328 549 | 42 872 | 0.13 |
| 第十三行政督察区 | 2 440 953 | 1 214 499 | 0.50 |
| 绵阳 | 430 762 | 157 362 | 0.37 |
| 绵竹 | 273 567 | 146 336 | 0.53 |
| 广汉 | 267 603 | 180 499 | 0.67 |
| 安县 | 183 955 | 97 160 | 0.53 |
| 德阳 | 205 258 | 138 506 | 0.67 |
| 什邡 | 225 462 | 131 968 | 0.59 |
| 金堂 | 533 682 | 161 355 | 0.30 |
| 梓潼 | 169 137 | 71 450 | 0.42 |
| 罗江 | 151 527 | 129 863 | 0.86 |
| 第十四行政督察区 | 1 646 505 | 623 412 | 0.38 |
| 剑阁 | 276 346 | 97 368 | 0.35 |
| 广元 | 164 842 | 84 700 | 0.51 |
| 江油 | 230 813 | 77 947 | 0.34 |
| 阆中 | 383 481 | 128 661 | 0.34 |
| 苍溪 | 262 167 | 23 844 | 0.09 |
| 昭化 | 106 814 | 38 032 | 0.36 |
| 彰明 | 107 002 | 75 063 | 0.70 |
| 北川 | 28 638 | 18 750 | 0.65 |
| 平武 | 86 402 | 79 047 | 0.91 |
| 第十五行政督察区 | 2 632 033 | 613 896 | 0.23 |
| 达县 | 680 578 | 174 290 | 0.26 |
| 巴中 | 644 247 | 64 123 | 0.10 |
| 开江 | 246 046 | 116 587 | 0.47 |
| 宣汉 | 467 534 | 118 001 | 0.25 |
| 万源 | 152 266 | 52 719 | 0.35 |
| 通江 | 223 092 | 60 520 | 0.26 |
| 南江 | 218 270 | 27 656 | 0.13 |

续表

| 县名 | 人口数/人 | 岁入预算数/元 | 人均岁入预算数/元 |
|---|---|---|---|
| 第十六行政督察区 | 127 140 | 39 402 | 0.31 |
| 茂县 | 35 590 | | |
| 理番 | 22 881 | | |
| 懋功 | 24 304 | | |
| 松潘 | 23 833 | 27 328 | 1.15 |
| 汶川 | 20 532 | 12 074 | 0.59 |
| 第十七行政督察区 | 629 743 | 183 535 | 0.29 |
| 雅安 | 131 008 | 74 337 | 0.57 |
| 汉源 | 117 056 | | |
| 名山 | 141 800 | 51 605 | 0.36 |
| 芦山 | 35 768 | | |
| 天全 | 109 493 | 28 146 | 0.26 |
| 宝兴 | 20 649 | 7 530 | 0.36 |
| 荥经 | 73 969 | 21 917 | 0.30 |
| 第十八行政督察区 | 709 026 | 123 390 | 0.17 |
| 西昌 | 241 572 | 46 932 | 0.19 |
| 会理 | 271 690 | 60 765 | 0.22 |
| 越嶲 | 82 730 | | |
| 盐源 | 23 968 | 15 693 | 0.65 |
| 冕宁 | 89 066 | | |
| 昭觉 | | | |
| 宁南 | | | |
| 盐边 | | | |

资料来源：张肖梅编著：《四川经济参考资料》，上海：中国国民经济研究所，1939 年，第 B3—B6、C21—C26 页。

按人均岁入预算排序，第九行政督察区最高，达 0.60 元，其次分别是第一行政督察区 0.52 元，第十三行政督察区 0.50 元，第三行政督察区 0.41 元，第四行政督察区、第十行政督察区和第十四行政督察区都是 0.38 元，第五行政督察区 0.35 元，第七行政督察区 0.34 元，第六行政督察区 0.32 元，第十一行政督察区、第十六行政督察区 0.31 元，第十七行政督察区 0.29 元，第八行政督察区 0.26 元，第十五行政督察区 0.23 元，第二行政督察区 0.22 元，第十二行政督察区 0.21 元，第十八行政督察区 0.17 元。县级行政区排在前 20 位的是成都、松潘、平武、罗江、新都、新繁、彰明、德阳、广汉、盐源、北川、开县、隆昌、丹棱、新津、汶川、什邡、荣昌、雅安和郫县。其中，属于 1936 年教育中心的有成都、隆昌和荣昌 3 县，属于教育次中心的有平武、新都、彰明、德阳、广汉、开县、丹棱、新津、什邡、雅安和郫县 11 县，属

于教育边缘区的有松潘、罗江、新繁、盐源、北川和汶川 6 县。

隆昌、荣昌、开县 3 县岁入预算经费总数和平均数均位居前 20 位。

又据《中兴周刊》记载，1935 年度县教育经费中，巴县最多，为 28 万多元，荣昌次之，为 21.9 万多元。10 万元以上者有 11 县（南充 19 万多元，江津、万县各 17 万多元，富顺 15 万多元，岳池 12 万多元，开县、铜梁各 11 万多元，隆昌、渠县、江北、泸县各 10 万多元）。5 万元以上者有 32 县（南部、成都、遂宁、大竹各 9 万多元，内江、新都、大足、华阳、眉山、崇庆各 8 万多元，金堂、蓬安、广安、潼南、涪陵、蓬溪、仁寿各 7 万多元，邻水、营山、长寿、简阳、达县、绵阳各 6 万多元，梁山、广汉、中江、云阳、郫县、合江、合川、璧山、宜宾各 5 万多元）。[①]当年四川小学共 16 936 所，普通小学学生 1 086 796 人，又短期小学学生 125 590 人，共 120 余万人。四川人口如以 5000 万计算，应有学龄儿童 500 万左右，占学龄儿童总数的 70%以上。四川教育区以第三行政督察区小学教育最为发达，十县共有小学 2235 所，小学生 262 540 人。第三行政督察区小学教育以巴县最为发达，有小学 376 所（约 1165 人有一所小学），小学生 45 800 人。第十七、十八两个行政督察区僻在边陲，最为落后，两个行政督察区共 15 个县城设治局，小学生总数只有 27 000 多人。[②]

如表 4-9 所示，西康省按教育文化支出经费由多到少的顺序是西昌、雅安、越嶲、会理、汉源、荥经、冕宁、盐源、天全、宁南、康定、芦山、泸定、盐边。其学校数由多到少的排列是西昌、雅安、越嶲、会理、汉源、宁南、荥经、冕宁、盐源、天全、泸定、芦山、康定、盐边。据此，更能理解西昌和雅安成为西康省教育中心的原因。

**表 4-9　西康各县 1944 年实施国民教育经费概况表**

| 县名 | 地方总预算/元 | 教育文化支出/元 | 国民教育经费/元 | | 百分比/% | |
|---|---|---|---|---|---|---|
| | | | 中心学校 | 保国民学校 | 总预算 | 教育文化支出 |
| 西昌 | 16 987 900 | 4 600 320 | 1 786 232 | 1 164 375 | 17% | 65% |
| 会理 | 19 660 330 | 2 559 830 | 366 120 | 910 920 | 8% | 62% |
| 越嶲 | 10 000 000 | 2 688 000 | 800 000 | 1 000 000 | 18% | 67% |
| 冕宁 | 7 562 000 | 1 703 720 | 424 880 | 390 240 | 11% | 54% |
| 盐源 | 5 610 000 | 1 420 786 | 519 820 | 175 086 | 12% | 48% |
| 盐边 | 3 000 000 | 386 890 | 103 800 | 177 840 | 9% | 88% |
| 宁南 | 4 766 500 | 1 171 680 | 846 940 | 244 740 | 23% | 93% |
| 雅安 | 21 115 620 | 3 950 000 | 1 603 840 | 1 021 440 | 12% | 75% |
| 荥经 | 8 631 000 | 1 832 640 | 242 280 | 649 200 | 10% | 58% |

①《四川教育近况》，《中兴周刊》1937 年第 7 卷第 176 期，第 14 页。
②《四川教育近况》，《中兴周刊》1937 年第 7 卷第 176 期，第 14—15 页。

续表

| 县名 | 地方总预算/元 | 教育文化支出/元 | 国民教育经费/元 | | 百分比/% | |
|---|---|---|---|---|---|---|
| | | | 中心学校 | 保国民学校 | 总预算 | 教育文化支出 |
| 汉源 | 9 954 000 | 2 384 360 | 639 000 | 520 000 | 12% | 62% |
| 天全 | 7 939 000 | 1 243 180 | 241 080 | 162 100 | 5% | 33% |
| 芦山 | 3 458 000 | 610 930 | 184 930 | 192 000 | 11% | 62% |
| 康定 | 5 477 486 | 707 120 | 142 560 | 222 360 | 6% | 96% |
| 泸定 | 2 870 396 | 536 640 | 219 240 | 183 600 | 2% | 78% |

资料来源：教育部教育年鉴编纂委员会编：《第二次中国教育年鉴》（第三编初等教育），上海：商务印书馆，1948 年，第 141 页。

一个地区总的教育经费和人均教育经费的多少，直接影响到该地区教育规模的大小和教育质量的高低。从表 4-10 可以看出，经济较发达的地区，如成都、万县、巴县等市县的教育经费相对较多，为 3 亿元左右，而经济落后的地区，教育经费不到 2000 万元。其中教育经费在 1 亿元以上的 52 县市中，1946 年的教育中心有成都市、巴县、万县、简阳、泸县、江津、宜宾、广安、安岳、犍为、富顺、涪陵、三台、内江、合川、南充、遂宁、渠县、资中、岳池、达县、荣县、铜梁、乐山、绵阳、成都、资阳、眉山、隆昌、蓬溪、荣昌、大竹、忠县、合江和丰都，共 35 县；教育次中心有华阳、仁寿、中江、彭县、江北、开县、宣汉、崇宁、梁山、南部、大足、广汉、奉节、武胜、绵竹、巴中和云阳，共 17 县。教育经费不足 2000 万元的马边、雷波、城口、理县[①]、懋功、松潘、汶川、靖化 8 县，除马边、雷波、城口 3 个县外，其余 5 个县都是教育边缘区。这足以说明学校数量与经济发展和教育经费的直接关系。

**表 4-10　1946 年四川地区各县市教育经费分组统计表**

| 经费分组/千万元 | 县市数/个 | 县市名称 |
|---|---|---|
| 总计 | 143 | |
| 0—1.9 | 8 | 马边，雷波，城口，理县，懋功，松潘，汶川，靖化 |
| 2—3.9 | 19 | 崇宁，丹稜，峨边，庆符，兴文，高县，筠连，纳溪，黔江，昭化，北川，平武，茂县，北碚，旺苍，青川，沐川，沐爱，武隆 |
| 4—5.9 | 23 | 新繁，井研，蒲江，大邑，洪雅，青神，名山，屏山，珙县，长宁，古宋，彭水，石柱，巫山，巫溪，盐亭，梓潼，广元，江油，彰明，万源，通江，南江 |
| 6—7.9 | 24 | 温江，新都，双流，綦江，彭山，夹江，峨眉，江安，叙永，古蔺，酉阳，秀山，邻水，垫江，乐至，什邡，罗江，剑阁，苍溪，阆中，开江，自贡市，仪陇，潼南 |

① 理番是 1946 年改为理县的。

续表

| 经费分组/千万元 | 县市数/个 | 县市名称 |
| --- | --- | --- |
| 8—9.9 | 17 | 灌县，新津，郫县，威远，永川，璧山，邛崃，南溪，南川，长寿，蓬安，营山，西充，射洪，安县，德阳，金堂 |
| 10—11.9 | 8 | 荣昌，大足，合江，丰都，奉节，武胜，绵竹，巴中 |
| 12—13.9 | 12 | 成都，崇宁，资阳，眉山，隆昌，忠县，大竹，梁山，南部，蓬溪，广汉，宣汉 |
| 14—15.9 | 8 | 彭县，荣县，江北，铜梁，乐山，开县，云阳，绵阳 |
| 16—17.9 | 4 | 资中，岳池，中江，达县 |
| 18—19.9 | 5 | 内江，合川，渠县，南充，遂宁 |
| 20—21.9 | 4 | 犍为，富顺，涪陵，三台 |
| 22—23.9 | 4 | 仁寿，宜宾，广安，安岳 |
| 24—25.9 | 1 | 江津 |
| 26—27.9 | 3 | 华阳，简阳，泸县 |
| 28—29.9 | 1 | 巴县 |
| 30—31.9 | 2 | 万县，成都市 |

资料来源：《四川省统计年鉴》民国三十五年，转引自李双龙：《民国四川教育经费探析》，四川大学硕士学位论文，2002 年，第 42—43 页。

注：所有食米价款生活补助费及薪金加成数均已计入。

## 五、政治因素

政治因素中，一些重大的历史事件对教育的影响尤其巨大。民国时期对四川教育影响较大的事件甚多，其中主要的有川政统一、全面抗战和解放战争。

1. 川政统一，推动教育发展

1918—1935 年，四川境内各派军阀凭借武力霸占一定地盘，并控制该地区的政治、军事、财政大权，形成军阀、地主、官僚三位一体的统治。“四川的学校，直辖于军部政务处，办学的人，都视军政为进退，因之各校聘请教师，已改年聘为期聘了。校长的更动率极大，很少有连任三年的。经费愈来愈形匮乏，现已八折开支，却还领不足。”①教育为军人所把持，军政合一。为控制更多的土地、人口、资源，军阀间战争连绵不断。据统计 1921—1935 年，四川发生的战争共有 478 次，平均来算，每月该有两战。②教育因战争而发展缓慢。1920 年，教育部订定分期筹办义务教育年限，以 8 年为全国一律普及之期。通令各省从 1921—1928 年为全国厉行 4 年义务教育期。但由于四川处于军阀防区分治年代，连年战乱，义务教育规程所要求各项，多未认真

① 也且：《四川教育小史》，《论语》1935 年第 63 期，第 746 页。
② 四川省文史研究馆编：《四川军阀史料》（第二辑），成都：四川人民出版社，1983 年。

办理，“鲜有成效”，所谓“实施义务教育，不过是官样文章”而已。①

1935年，四川省教育厅规定大县每县设立短期小学20所，中县每县设立18所，小县每县设立15所。1935年度终结，除第十七、第十八两行政督察区准予缓行外，全省共有99县市办短期小学1625所，招收失学儿童134 029人，有教职员6618人，支出经费261 243元。②1935年，全川学龄儿童入学率为17%，在全国各省市中排名第14位，全省每千人中有19人受初等教育，在全国居第21位，全省人均所担负的初等教育经费仅1角3分，在全国居第22位。③1939年度，全省各类小学共有25 481所，在校学生204.5万人，教职员52 465人，入学儿童约占学龄儿童总数的44%。④1939年，西康省有学校1204所，比1935年增加了1127所；教职员2342人，比1935年增加了2187人。两项均是1935年的15倍还多。⑤

1912—1928年，广元先后建有28所初级小学（包括7所教会初级小学）；1938年，广元初级小学发展到92所（包括3所女子初级小学），共191个班，在校生3269人，教师107人。⑥南充县1929年各类小学有464所，川政统一后，1937年全县划为13个学区，公立完全小学17所（女校2所）、初级小学532所、短期小学42所，私立完全小学3所、初级小学23所。全县学龄儿童11万人，入学儿童37 532人（女生3236人），占学龄儿童数的34.12%。1940年，国民政府推行《国民教育实施纲要》，在县内45个乡场各设1所中心国民学校，每保设1所保国民学校，计814所。⑦

“二十七年度国立各院校统一招生结果，各中等学校应考生在五十人以上，录取生在三十五人以上，而总成绩名次在最前列者计有四川成都县立中学、国立西北联合大学附属高级中学、浙江省立杭州高级中学、私立南开中学、四川成属联立中学、国立第三中学、四川省立成都中学、四川重属联立高级中学、湖北省立武昌中学、河南省立开封高级中学等校。”⑧前10名学校中四川的学校有 7 所，无论是学校数量还是教育质量，都表明川政统一后四

---

① 四川省地方志编纂委员会编：《四川省志·教育志》（上），北京：方志出版社，2000年，第106—107页。
② 四川省地方志编纂委员会编：《四川省志·教育志》（上），北京：方志出版社，2000年，第107页。
③ 傅葆琛：《四川全省教育的剖视及其展望》，《蜀铎》1935年第1卷第1期，第3页。
④ 四川省地方志编纂委员会编：《四川省志·教育志》（上），北京：方志出版社，2000年，第97页。
⑤ 教育部教育年鉴编纂委员会编：《第二次中国教育年鉴》（第三编初等教育），上海：商务印书馆，1948年，第60页。
⑥ 广元市地方志编纂委员会编：《广元县志》，成都：四川辞书出版社，1994年，第675页。
⑦ 南充县志编纂委员会编：《南充县志》，成都：四川人民出版社，1993年，第702页。
⑧ 教育部教育年鉴编纂委员会编：《第二次中国教育年鉴》（第五编高等教育），上海：商务印书馆，1948年，第45页。

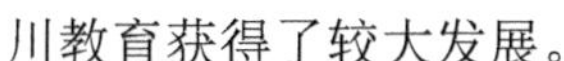

川教育获得了较大发展。

2. 1937 年抗战军兴，教育重心西移

全面抗战前，我国大量的文化教育事业机构集中于华北、华东、华南地区。1937 年卢沟桥事变后日军大举进攻，华北、华东、华南大片领土沦丧，战区教育机构成为敌人轰炸的目标。仅上海附近的学校和文化机关，被敌人轰炸破坏的就有大学 14 所，损失达 700 万元；中学 27 所，损失 200 多万元；小学 44 所，损失 30 万元左右。此外，天津的女子高师、厦门的厦门大学，以及其他各省各市的大学、中学、小学，受害的不胜枚举。[①]在极度危急的情况下，专科以上学校纷纷迁移后方，中等学校亦多择地迁避，小学学校则维持于敌人到达之前数小时，教员方携其教具避难乡村。[②]教育机关及学校纷纷内迁西南，其中迁到四川的最多。加之民国政府迁都重庆，政治重心的西移，促进了经济、文化教育重心向四川，尤其是向重庆的转移。抗战为四川赢得了良好的发展机遇，四川教育再上新台阶。

（1）初等教育的变化。通过表 4-11 对 1937—1944 年初等教育的比较可知，到 1944 年四川学校增加了 2.20 万所，比 1937 年增加了 0.88 倍；学生增加了 159.52 万人，比 1937 年增加了 0.83 倍；教职员增加了 6.77 万人，比 1937 年增加了 1.33 倍。学校数、学生数和教职员数增长幅度较大，其中 1942 年尤为迅猛，学生比 1937 年增加了 6177.93 万人，增加了 32.15 倍；教职员比 1937 年增加了 8.60 万人，增加了 1.69 倍。在 1940 年上学期尚未实施国民教育之前，全省各县市公立完全小学 2245 所，初级小学、短期小学共 2 万所，受教儿童 206.98 万人。到国民教育第一期完成时的 1945 年，中心国民学校比以前的完全小学增加 2733 所，国民学校比以前的初级小学、短期小学增加 2.35 万所。[③]

**表 4-11　全面抗战时期四川地区初等教育的发展情况**

| 年份 | 学校数/万所 | 学生数/万人 | 教职员数/万人 |
|---|---|---|---|
| 1937 年 | 2.50 | 192.17 | 5.10 |
| 1938 年 | 2.60 | 200.20 | 5.30 |
| 1939 年 | 2.57 | 208.96 | 5.20 |

① 中国第二历史档案馆编：《中华民国史档案资料汇编》（第五辑第二编教育），南京：江苏古籍出版社，1994 年，第 887—888 页。

② 吴家莹：《中华民国教育政策发展史（国民政府时期：一九二五——九四〇）》，台北：五南图书出版公司，1990 年，第 347 页。

③ 教育部教育年鉴编纂委员会编：《第二次中国教育年鉴》（第三编初等教育），上海：商务印书馆，1948 年，第 63 页。

续表

| 年份 | 学校数/万所 | 学生数/万人 | 教职员数/万人 |
|---|---|---|---|
| 1940 年 | 2.90 | 220.90 | 9.50 |
| 1941 年 | 3.00 | 220.90 | 7.50 |
| 1942 年 | 4.40 | 6370.10 | 13.70 |
| 1943 年 | 4.75 | 353.68 | 11.95 |
| 1944 年 | 4.70 | 351.69 | 11.87 |

资料来源：四川省档案馆 45/219。

（2）国立中学的设置。1938 年，教育部“为谋战区省市立中学教职员及公私立中等学校学生继续施教与受教起见，特暂设国立中学若干所，以继续发挥教育效能，充实民族力量”，颁布了《国立中学规程》，并规定：“国立中学收容战区公私立中学及师范学校男女学生，必要时亦得收职业学校学生。”①全面抗战中，国民政府先后在河南、陕西、甘肃、四川、贵州、广西、青海、宁夏、绥远、重庆等省市设立国立中学，“至 1945 年全国国立中学共计 29 所”②，其中四川有 18 所。18 所国立中学的分布是威远 2 所、永川 1 所、巴县 3 所、江津 4 所、江北 1 所、合川 1 所、璧山 1 所、合江 1 所、秀山 1 所、长寿 1 所、三台 1 所、阆中 1 所。除了重庆所在的第三行政督察区国立中学较多外，威远、合江、长寿、三台和相对偏远的秀山均设立了国立中学，此举乃是对全面抗战前学校布局的重大调整。

（3）高校分置区域的变化。全面抗战前在教育部备案的四川高校仅 3 所，且仅分布于重庆和成都两大城市。全面抗战爆发后，内迁四川高校共 48 所，占内迁西南高校数的 78.6%③，改变了高校过分集中于北平和东部沿海大城市的格局。全面抗战时期，四川原有高校、内迁高校和新设高校共 68 所，其中重庆 34 所，成都 13 所，自贡 2 所，南溪 1 所，三台 1 所，乐山 3 所，峨眉 1 所，江安 1 所，江津 4 所，万县 3 所，璧山 2 所，西昌 1 所，泸县 1 所，内江 1 所。自贡、三台、乐山、峨眉、江安、江津、万县、璧山、西昌、泸县、内江等县，全面抗战前无高校，正是全面抗战时期高校的设立，推动了四川地区高等教育的发展；对自贡、乐山、万县等地而言，还奠定了战后本地建立高等教育的基础。

① 教育部教育年鉴编纂委员会编：《第二次中国教育年鉴》（第四编中等教育），上海：商务印书馆，1948 年，第 483 页。
② 教育部中等教育司编：《中等教育概况》，南京：民生印书馆，1949 年，第 26 页。
③ 涂文涛主编：《四川教育史》（上），成都：四川教育出版社，2007 年，第 482 页。

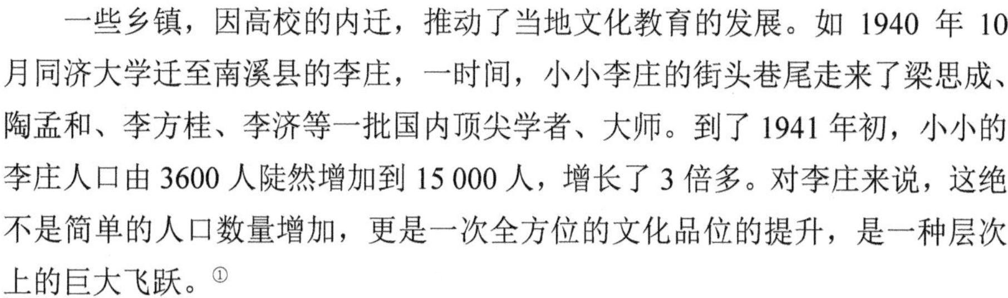

一些乡镇，因高校的内迁，推动了当地文化教育的发展。如 1940 年 10 月同济大学迁至南溪县的李庄，一时间，小小李庄的街头巷尾走来了梁思成、陶孟和、李方桂、李济等一批国内顶尖学者、大师。到了 1941 年初，小小的李庄人口由 3600 人陡然增加到 15 000 人，增长了 3 倍多。对李庄来说，这绝不是简单的人口数量增加，更是一次全方位的文化品位的提升，是一种层次上的巨大飞跃。[①]

（4）陪都重庆教育的飞速发展。全面抗战时期，陪都重庆的教育更是发展迅猛：1940 年，重庆市仅有市立小学 5 所，中心小学 12 所，国民基础学校 25 所，计共 42 所；1941 年，推行国民教育，完成镇中心学校 27 所，保国民学校 45 所，代用中心学校 4 所，连同私立小学 60 所，计共 136 所，与保数之比为 20%；1942 年，完成镇中心学校 43 所，保国民学校 90 所，代用中心学校 3 所，连同私立小学 72 所，计共 208 所，与保数之比为 35%；1943 年，完成镇中心学校 52 所，保国民学校 102 所，代用中心学校 3 所，连同迁建区小学 13 所，私立小学 103 所，计共 273 所，与保数之比为 44%；1944 年，完成区中心国民学校 57 所，保国民学校 104 所，代用中心国民学校 3 所，连同迁建区小学 12 所，私立小学 108 所，计共 284 所，与保数之比为 69%；1945 年，完成区中心国民学校 57 所，保国民学校 112 所，代用中心国民学校 3 所，连同迁建区小学 11 所，私立小学 111 所，计共 294 所，与保数之比为 72%。[②]重庆的扫盲教育成果显著，“1939 年重庆市共有文盲 7 万多人，其中男性 29 860 人，女性 43 257 人，平均每百户为 429 人。1941 年有文盲 15 800 人，进入两个月一期的识字短训班，后经测验合格者为 12 340 人。到 1944 年止，有约 5 万文盲经过扫盲短训班学习，使重庆市的文盲数量显著减少”[③]。据社会学家调查，全面抗战时期中国知识界中，高级知识分子 90%以上西迁，中级知识分子 50%以上西迁，低级知识分子 30%以上西迁。[④]人口的内迁刺激了学校数量的增长，而知识分子云集后方，对于后方教育质量的提高亦大有裨益。

① 苏智良、毛剑锋、蔡亮，等编著：《去大后方——中国抗战内迁实录》，上海：上海人民出版社，2005 年，第 253 页。

② 教育部教育年鉴编纂委员会编：《第二次中国教育年鉴》（第三编初等教育），上海：商务印书馆，1948 年，第 161 页。

③ 贾大泉主编：《四川通史》（卷七　民国），成都：四川人民出版社，2010 年，第 620 页。

④《教育统计》，《教育通讯》1939 年第 2 卷第 5 号。

3. 内战爆发，教育渐趋萎缩

全面抗战时期四川教育获得了全面发展，从1941年到1946年，四川中学由304所发展到599所，中等师范学校由52所发展到104所，中等职业学校由67所发展到96所。但好景不长，1946年，四川教育又遭遇了一次大冲击，随着国民政府还都南京、内迁高校复员，内战爆发，四川教育渐趋萎缩，高校由68所减少为24所，各县市教育特别是到1949年前后，面临崩溃的局面。至四川解放前夕，全省仅有中学469所，比1948年减少95所；学生9.9万人，比1948年减少9.5万人。[①]南充县“34年（1945年），抗日战争胜利，中心国民学校增到76所，保国民学校915所，学生42 969人，教职工1733人。私立小学8所，学生1432人，教员60人。38年（1949年），公立私立小学减为827所，学生28 539人，教职工1467人。这年下期，兵荒马乱，人心动荡，各类小学处于停顿或半瘫痪状态”[②]。北川“民国三十八年（1949年），部份（分）保校停办，全县仅有乡中心小学8所，保国民学校40所，共82班，学生1389人，其中有高小15班，学生118人，教师97人。时局动乱，学校任意放假停课，学生不愿到校；学校设备也异常简陋，甚至部份（分）中心小学连时钟、图表及运动器具也一无所有；各保国民学校所需之桌凳、黑板、刷子等破烂不堪。省派驻北川教育视导员彭兆椿向省教厅总结汇报中写道：‘北川地瘠民贫，生活艰窘，人民忙于生活，无法就学；教员薪俸微薄，每月只有金元卷（券）5156元，物价飞涨，不能维持个人最低生活，优良教员大多改业。教职员中合格者寥寥无几，各乡中心小学均有吃缺空一、二名以补助生活。’他还说：‘北川无殷实巨富捐资兴学，交通梗阻，文化闭塞，将来教育事业难望发展。’”[③]内江“民国35年（1946年）后政府常拖欠教员薪金或以七成支付，继而裁减国民学校和教员。第二行政督察区规定中心国民学校以一乡一所，国民学校以三保两所为准，超过者一律予以裁减。简阳县1398保，有国民学校947所，超过标准，专署明令该县裁减国民学校教员 25%。资阳县以地方财力不足为由，将 701所中心国民学校和保国民学校削减到378所，在校小学生由37 822人减少到23 489人”[④]。

① 四川省地方志编纂委员会编：《四川省志·教育志》（上），北京：方志出版社，2000年，第173页。
② 南充县志编纂委员会编：《南充县志》，成都：四川人民出版社，1993年，第702—703页。
③ 四川省《北川县教育志》编写领导小组编：《北川县教育志》，1991年，第81页。
④ 四川省内江市教育委员会编：《内江地区教育志》，成都：四川辞书出版社，1991年，第21页。

又据1948年《教育杂志》的记载，“教育经费问题是当时一大问题。在国民经济与政府财政空前的危机之下，全国教育呈现一种崩溃的现象，面临着极大的难关。正如重庆的记者描述道：教育在涨风中觳觫着。北平的批发物价，在一个月中旬，为战前的二十四万倍强，上海的生活费在十九万倍强。自政府通过指数发薪办法以后，私立及地方学校大受影响。一则非增加学费不可，家长不胜负担；一则收入无确实新来源，请求中央辅助，不会完全解决问题。……重庆各校改收实物，一个学院的学费为米五石至六石（每石合八十元），宿费一百八十万，学生会罢考反对。……重庆各级学校因经费不敷，学生无力负担膳食，而提前放假。全市校长一百五十人向市府呼吁，在年底前发紧急贷款，公私立学校应平等享受教育辅助费”[①]。四川学校教育面临停顿状态。

## 六、民族分布

世居于四川的少数民族有彝族、藏族、羌族、土家族、回族、苗族、蒙古族、满族、白族、纳西族、布依族、傈僳族、傣族和壮族等，主要分布于四川的西部、西北部、西南部高原山地和南部、东南部的边缘地区，民国时期，四川（含西康）少数民族人口聚居区域占全省土地面积的60%以上。[②]尤其是西康省，除雅属全为汉人，宁属多为汉人，康属有小部分汉人，其性情多同于内地汉人之外，其余藏族、回族、羌族、蒙古族、苗族等，共有十余种之多。[③]至1949年，四川省（包括西康）人口总数为5751万人，其中少数民族人口合计134万人，少数民族人口占全省总人口的2.33%。[④]而彝族、藏族、羌族、土家族和苗族相较于其他少数民族，人数较多且较为集中。

彝族：是民国时期四川境内人数最多的少数民族，主要聚居在大小凉山及附近地区，行政区划上包括第十八行政督察区7县1设治局（西康建省后为西康第三行政督察区）和第五行政督察区的雷波、马边、峨边、屏山等县，

① 《教育杂志》1948年第33期第5卷，第14页。
② 贾大泉主编：《四川通史》（卷七 民国），成都：四川人民出版社，2010年，第297—298页。
③ 赵心愚、秦和平、王川编：《康区藏族社会珍稀资料辑要》（下），成都：巴蜀书社，2006年，第714页。
④ 刘洪康主编：《中国人口》（四川分册），北京：中国财政经济出版社，1988年，第318页。

还有汉源、石棉、古蔺、叙永、九龙、泸定等县。民国时期的峨边，彝族人口约 2600 户，10 000 余人[①]，曾设立省立西昌小学、省立田坝小学、省立冕宁小学[②]等彝族小学，以收彝族学生为主。

藏族：民国时期也称番族或康族，主要分布于西康省康属 19 县，以及宁属的越嶲、盐源、盐边、木里等地，雅属的宝兴县及金汤设治局等地。[③]据任乃强的研究，康定有纯番族约 42 400 人；九龙县境内有番民约 2000 户，10 000 人口[④]；雅江县有番民 1800 户，10 000 人口[⑤]；道孚县有 1929 户，除县城、泰宁城、觉乐寺三地有汉民分布外，其余各地全为番民分布[⑥]；丹巴县有 4600 户以上，以每户平均 4 人计，应有 20 000 人口，汉人占六分之一，夷人（即康巴藏族）占六分之五[⑦]。据 1938 年的调查，泰宁全区有 260 户，共 1327 人，其中汉人 337 人，康人 990 人。[⑧]巴安县，据 1944 年的调查，人口共 3122 户，其中藏族人口占 90%。[⑨]得荣县，全县居民均为康人[⑩]；定乡县，全县居民除几户汉人外，其余全为藏民，皆信佛教[⑪]；稻城县，全县共分 8 区 48 村，居民均为康人[⑫]。

羌族：民国时期主要分布在汶川、理番、茂县、松潘、北川、丹巴等县，另康定、泸定有少量分布。据 1934 年庄学本的调查，汶川全县有人口 24 619 人，其中羌族占 5/10。[⑬]据民国二十九年（1940 年）的《松理茂懋靖汶边务鸟瞰》记载，汶川县有羌族男丁 1781 人，女口 1721 人。另据汶川县教育科长周铁汉

---

① 峨边彝族自治县志编纂委员会编：《峨边彝族自治县志》，成都：四川辞书出版社，1994 年，第 84 页。

② 沙马阿桃：《民国时期凉山彝族教育状况研究》，《西南民族大学学报（人文社会科学版）》2010 年第 5 期，第 12—16 页。

③ 朱映占：《民国时期的西南民族》，云南大学博士学位论文，2012 年，第 123 页。

④ 任乃强：《西康图经（民俗篇）》，台北：南天书局有限公司，1982 年，第 6—10 页。

⑤ 任乃强：《西康图经（民俗篇）》，台北：南天书局有限公司，1982 年，第 15 页。

⑥ 任乃强：《西康图经（民俗篇）》，台北：南天书局有限公司，1982 年，第 101—102 页。

⑦ 任乃强：《西康视察报告第三号——丹巴县视察报告》，《民国川边游踪之〈西康札记〉》，北京：中国藏学出版社，2010 年，第 85 页。

⑧ 蹈雪：《西康泰宁实验区调查》，赵心愚、秦和平编：《康区藏族社会历史调查资料辑要》，成都：四川民族出版，2004 年，第 213—215 页。

⑨ 李中定：《康南八县纪要——巴安》，赵心愚、秦和平编：《康区藏族社会历史调查资料辑要》，成都：四川民族出版社，2004 年，第 382—388 页。

⑩ 朱刚夫：《得荣鸟瞰》，赵心愚、秦和平编：《康区藏族社会历史调查资料辑要》，成都：四川民族出版社，2004 年，第 452—461 页。

⑪ 蓝希夷：《定乡素描》，赵心愚、秦和平编：《康区藏族社会历史调查资料辑要》，成都：四川民族出版社，2004 年，第 419—422 页。

⑫ 朱映占：《民国时期的西南民族》，云南大学博士学位论文，2012 年，第 130 页。

⑬ 庄学本：《羌戎考察记》，上海：上海良友图书印刷公司，1937 年，第 29 页。

报告，汶川县有羌人约1000户，5500人。①“茂县所属夷民，均系羌种。”②据《四川省建设厅川西北垦牧调查报告》之《番夷现状》载：“茂县——除汉回二族外，大部皆羌民后裔。”③民国二十九年（1940年）的《松理茂懋靖汶边务鸟瞰》记载，茂县有羌族男丁2203人，女口2568人；松潘县有羌族男丁14 000人，女口13 000人；理番县有羌族男丁3312人，女口3537人。④

苗族：民国时期主要分布在川东南的彭水、黔江、酉阳、秀山等县，川南的古蔺、叙永、古宋、兴文、长宁、珙县、庆符、高县、筠连等九县，另外在川西南的木里、盐边、会东、布拖、雷波、马边等县也有少量分布。⑤据1935年的《川边季刊》记载，彭水县有苗民3341人，占全县统计人口的1.37%。⑥古蔺县在中华人民共和国成立前夕有苗族4265户，16 021人。⑦

土家族：民国时期分布于川东南酉水流域的酉阳、秀山、黔江、彭水、石柱等地。

从民国教育边缘区与少数民族地区的相关性分析，1912—1937年的教育边缘区67县（局）中，少数民族有42县（局），占全省总数的63%；1938—1945年的教育边缘区32县（局）中，少数民族有29县（局），占全省总数的91%；1946—1949年的教育边缘区27县（局）中，少数民族有26县（局），占四川地区总数的96%。可见，民国时期四川教育整体获得发展之时，少数民族地区教育的发展仍很滞后，且四川教育边缘区主要分布于少数民族地区。

## 七、教育文化基础

教育具有承传性，四川民国教育是汉唐以来教育的延续与发展，教育文化基础影响着一定时期教育的发展。

以1936年四川的教育中心县市为例，成都及其周边的邛崃、彭县，以及位于嘉陵江、涪江流域的南充、遂宁等地，自汉晋至明清一直是四川的教育发达之地。明代四川教育发达区有成都、彭县、资中、资阳、内江、绵阳所在的成都府，重庆、巴县、江津、荣昌、铜梁所处的重庆府，宜宾、富顺、隆昌所处

① 民国《汶川县概况资料辑要》，铅印本。
② 民国《茂县概况资料辑要》，铅印本。
③ 民国《茂县概况资料辑要》，铅印本。
④ 康舆璧编述：《松理茂懋靖汶边务鸟瞰》，成都：西南印书局，民国二十九年，第31页。
⑤ 朱映占：《民国时期的西南民族》，云南大学博士学位论文，2012年，第115页。
⑥ 彭水县志编纂委员会编纂：《彭水县志》，成都：四川人民出版社，1998年，第726页。
⑦《四川苗族志》编委会编：《四川苗族志》，成都：巴蜀书社，2009年，第42页。

的叙州府，南充所处的顺庆府，遂宁、安岳所在的潼川府，乐山、荣县、犍为所处的嘉定府，泸县所处的泸州等地。故1936年四川教育中心区的24县中，除万县和西昌外，其余地区均在明代及其之前就已经是四川的教育发达之区了。

再以泸县为例，泸县在民国时期一直是四川的教育中心区，这与其自宋代以来该地区教育的发展有密切关系。汉晋至唐五代，四川的教育中心在成都平原和嘉陵江、涪江流域，川南的泸州地区教育水平还十分落后。到宋代后，川南地区儒学虽分布较少，但泸州地区已有泸州儒学、合江县儒学、江安县儒学，并有穆清书院、鹤山书院、五峰书院，还有进士40人，泸州开始跻身于四川教育的一般区。[①]明代川南地区教育得到较大发展，泸州有进士54人[②]，泸州正式成为四川教育发达区之一。清代泸州的进士有 25 人，留日学生27人，学堂119堂，学生4357人[③]，泸州的教育中心的地位日益稳固。近代，随着川南地区经济的发展和交通地位的稳固，泸州教育得以继续发展，民国时期泸县得以继续其教育中心地位也是顺理成章之事。

综前所述，影响教育的众多因素使民国时期四川教育发展呈现出严重的不平衡性，学校数量多的是平原丘陵地区、人口数量多而集中的地区、大河流域或交通便利的地区、经济状况和教育基础良好的地区，或邻近重庆、成都两大城市的地区等；学校数量少的，多是山地、高原地区和少数民族地区。这说明地理环境对教育的影响作用是显性的、巨大的。

## 本 章 小 结

民国四川教育及学校分布具有不平衡性。从时段分布上看，四川教育经历了1912—1937年的初步发展期、1938—1945年的兴盛期和 1946—1949年的萎缩期三个阶段。从空间分布上看，民国四川教育发展过程中形成了动态变化的教育中心、教育次中心和教育边缘区，其变化趋势是教育中心区在东移中不断扩大，教育边缘区却不断向西部高原区收缩；相对于人口数而言，教育中心、教育次中心、教育边缘区的学校设置都不尽合理，特别是教育次中心地区。

自然地理环境、人口数量、交通条件、经济发展、政治因素、民族分布、教育文化基础是影响民国四川学校分布变迁的主要因素。从自然地理环境看，

① 蓝勇编著：《西南历史文化地理》，重庆：西南师范大学出版社，1997年，第90—96页。
② 蓝勇编著：《西南历史文化地理》，重庆：西南师范大学出版社，1997年，第108页。
③ 蓝勇编著：《西南历史文化地理》，重庆：西南师范大学出版社，1997年，第121、126页。

盆中方山丘陵地区的学校最多，川西平原次之，再次为盆缘山地区、川西南山地，最少的为川西北高原区。从人口数量看，人口数量多、人口密度大的地区，学校分布亦多。交通方面，四川教育中心区的县市集中于长江、嘉陵江、岷江和沱江流域地区，以及成渝公路、川滇公路、川陕公路、川鄂公路等沿线地区。经济方面，地方经济和财政状况良好的地区，学校设置相对较多。民族分布方面，民国时期的教育边缘区主要集中于少数民族地区，特别是 1946 年的学校分布，这一状况更为突出。教育文化基础方面，教育中心区的成都、重庆、巴县、泸县、内江、遂宁、南充等地区自汉晋以来逐渐成为四川教育水平较高的地区。此外，重大的历史事件对教育影响甚大。随着国民政府迁都重庆，国民政府的政治、经济、文化重心西移，四川地区教育获得了一次极佳的发展机会，各类学校数量猛增，教育成就显著，其中川东地区教育的发展尤甚，重庆成为中国教育的中心，四川教育中心区东扩之势得以充分显现。

# 结　语

民国教育是在中西文化激烈碰撞、政治风云变幻的环境中发展起来的，它是中国教育由传统向现代、由封闭向开放、由一元化向多元化的转换、割裂、嬗变中走过的一段艰难探索的道路。民国教育在经历了新与旧、期望与失望、追求与挫折的多次反复后，依靠自身的奋进力量，完成了自身的进步，实现了由传统向近代的转变，确立了现代教育的基础。[①]

## 一、四川地区教育空间分布的纵横向比较

1. 纵向上：自汉晋以来四川教育中心逐渐东扩南展[②]

汉晋时期，成都平原和嘉陵江、涪江中游的川北地区是四川的两个教育中心。“蜀学比于齐鲁”[③]，主要是针对成都平原而言。川北文化中心主要指郪县、阆中、安汉等地。两地成为教育文化中心得益于自然条件和经济发展。成都平原自然条件优越，距离关中核心区较近，受关中文化影响而开发较早。而郪县、阆中、安汉等地，开发仅次于成都平原，阆中“土地山原多平，有牛马桑蚕”[④]。优越的自然和经济条件，必然促进文化的发展。

随着中国政治经济重心的东移南迁，四川地区的经济得到进一步的开发。相较于汉晋时期，唐五代时期四川教育中心略有扩展，其扩展地区主要集中于成都平原周边地区，故教育中心仍在成都平原、嘉陵江流域和涪江流域地区。

宋元时期，随着四川经济以成都平原为中心向川东、川南发展，四川的教育中心得到了较大的扩展，此时的教育中心区有成都府、眉州、隆州、邛

① 申晓云主编：《动荡转型中的民国教育》，郑州：河南人民出版社，1994 年，第 15、19—20 页。

② 汉晋至明清时期的教育中心区的划分均来源于：蓝勇编著：《西南历史文化地理》，重庆：西南师范大学出版社，1997 年，第 83、85、99、108—109、122 页。

③（晋）常璩：《华阳国志》卷 3《蜀志》，成都：巴蜀书社，2012 年，第 7 页。

④（晋）常璩：《华阳国志》卷 1《巴志》，成都：巴蜀书社，2012 年，第 16 页。

州、资州、普州、遂州。与唐五代相比，教育中心区范围扩大，分布更加广泛。此时眉州教育学术尤为发达，究其原因，蓝勇教授认为："宋代峡路交通成为宋政权维系军政大计的重要漕运通道，眉州首当其冲；而宋代眉州、陵井监又是当时四川最重要的产盐地区，经济较为发达。在经济发展的同时教育有了发展就不足为奇了。"①与汉晋、唐五代相比，四川教育中心以成都平原为中心向东南推移的趋势逐渐显现。

明代四川教育中心区是成都府、重庆府、叙州府、顺庆府、潼川府、嘉定府、保宁府和泸州。除成都地区仍是教育中心外，川东、川南部分地区跃升为四川的教育中心。究其原因，是明代川东、川南地区经济的发展。以重庆府为中心的川东地区，自"南宋以来，渝州成为几条漕运通道的汇集点，大量北方和川西大族流寓于重庆，人口发展加快，人口密度在宋代与成都平原相差无几"。"川南地区的经济地位因盐业地位上升和航道的变化而日益突出。"②明代四川教育中心继续东移南迁。

清代四川的教育中心区是成都府、重庆府、叙州府、顺庆府、潼川府、嘉定府、忠州、资州、泸州、眉州。与明代相比，除成都府中心地位无以撼动外，川南的叙州府、嘉定府、泸州等地教育继续发展，此时川东地区的忠州异军突起，成为川东地区重要的教育基地。究其原因，"一方面在中国政治经济中心东移南迁的大环境下，四川地区的经济重心也东移南迁，上下川南地区和上川东地区的经济地位比以前有了很大的提高。经济的发展为教育的发展提供了基本的条件。同时，这些地区……是清代四川产粮区，也是四川盐业、蔗糖业的主要经济带。另一方面，由于随着中国和四川经济重心的东移南迁，川北官道地位下降，长江峡路交通地位更加重要，川江地区成为与东部发达地区联系的最重要的交通通道，长江沿江经济文化教育发展也在情理之中"③。

成都是四川地区的政治经济中心，这使得成都平原在四川教育的中心地位一直延续，无愧于四川第一教育中心。沿江地区，尤其是长江、嘉陵江、涪江流域地区成为四川的又一中心。明清时期，以重庆府为中心的川东和以叙州府、泸州为中心的川南地区成为四川新兴的教育中心，特别是重庆府，明清时期跃升为仅次于成都府的教育中心区。四川教育中心呈现出东移南迁的发展趋势。

明清时期由于君主专制空前强化，八股取士，禁锢思想，导致"清初以降，蜀学衰微，一蹶不振"④，"自制艺取士以来，群好贴括，经史百家每束

① 蓝勇编著：《西南历史文化地理》，重庆：西南师范大学出版社，1997年，第100页。
② 蓝勇编著：《西南历史文化地理》，重庆：西南师范大学出版社，1997年，第109、111页。
③ 蓝勇编著：《西南历史文化地理》，重庆：西南师范大学出版社，1997年，第123页。
④ 隗瀛涛主编：《四川近代史稿》，成都：四川人民出版社，1990年，第261页。

高阁”[①]。1840 年，鸦片战争打破了四川教育封闭而沉闷的局面，至辛亥革命前，学堂已遍及全川。根据隗瀛涛对 1909—1912 年四川学堂数量的统计，学堂数量排在四川前 10 位的是涪州、合江、江津、仁寿、荣县、梁山、巴县、合州、永川、富顺[②]，其中川南 3 县，川东 6 县。又据陆远权对 1909 年四川中学数量的统计，此时省城有 4 所，成都府 6 所，绵州 1 所，龙安府 1 所，茂州 1 所，雅州府 1 所，宁远府 1 所，喜定府 1 所，眉州 1 所，邛州 1 所，重庆府 10 所，夔州府 4 所，绥定府 2 所，忠州 2 所，保宁府 2 所，潼川府 1 所，叙州府 4 所，叙宁府 1 所，泸州 1 所，资州 5 所。川东的重庆府高于成都府，学校数最多，夔州府学校数较多，说明四川教育中心更加东移。民国时期，川东、川南地区与成都平原的教育差距大为缩小，以 1936 年的教育中心区的 24 县市为例，川西平原有成都、邛崃和彭县 3 县，川东有重庆、巴县、江津、荣昌、万县、铜梁 6 县，川南有宜宾、泸县、内江、荣县、隆昌、富顺、安岳 7 县。1941 年四川地区教育中心的 32 县市中，成都平原有成都、华阳和眉山 3 县，川东有重庆、巴县、万县、江津、涪陵、璧山、合川、荣昌、永川、江北、铜梁、奉节、大竹、达县 14 县，川南有宜宾、富顺、泸县、威远、安岳 5 县。1946 年四川教育中心的 43 县中，成都平原有成都市、成都县、邛崃、眉山 4 县市，川东地区有重庆、巴县、江津、万县、合川、涪陵、荣昌、大竹、达县、永川、璧山、铜梁、丰都、忠县、渠县、广安 16 县市，川南有宜宾、泸县、荣县、富顺、自贡、江安、隆昌、合江 8 县市。这说明民国以后，四川地区教育中心东移的趋势更为明显。究其原因，重庆开埠促进了川东地区的经济发展，“开埠之前，重庆还只是一个规模不大的地区性行政中心和商品集散地。开埠以后，重庆以前所未有的速度发展成为举世闻名的近代口岸城市”。“重庆逐渐由单一的区域政治商业中心发展成为长江上游的综合性经济中心，初步形成了以近代商业、金融、交通、工业为支柱的经济体系。”[③]民国建立后，尤其是全面抗战时期，重庆不仅仅是四川地区的中心，而且是国民政府的政治、经济、文化中心，此时重庆超越了成都的教育中心地位。

2. 横向上：优势凸显，民国时期四川学校数居全国前列

纵览民国时期，特别是经过全面抗战时期教育的发展，比之于全国其他省区，无论是初等教育、中等教育，还是高等教育，四川的学校绝对数都位

---

① 《名山县志》卷 11《学校》，民国十九年刊本。
② 隗瀛涛主编：《四川近代史稿》，成都：四川人民出版社，1990 年，第 398—399 页。
③ 陆远权：《通商贸易与区域社会变迁——重庆开埠二十年发展研究》，重庆：西南大学师范出版社，2004 年，第 225、229 页。

居全国前列。

初等教育方面，据教育部对1930年四川各省区小学数量的统计，江苏8346校，浙江11 178校，安徽3901校，江苏7356校，湖北4063校，湖南23 093校，四川22 495校，福建3030校，云南10 647校，贵州1752校，广东18 033，广西10 698校，山西22 849校，河南18 625校，河北26 961校，山东27 614校，甘肃1896校，宁夏261校，青海446校，新疆148校，辽宁10 115校（1929年数据），吉林1575校（1929年数据），黑龙江458校（1929年数据）、热河864校，察哈尔2027校。①四川的小学总数次于山东、河北、湖南和山西4省，位居全国第 5 位。但比之于西部的云南、贵州、广西、甘肃、宁夏、青海、新疆等地区，学校数量优势极为突出，比广西多11 797校，比云南多11 848校，是新疆的152倍。又据教育部统计，1939年后方各省初等教育学校数全国总计212 740校，其中四川27 185校（含西康1210校、重庆101校），湖南26 929校，山西22 469校，河南21 854校，广西20 697校，江西16 664校，云南16 286校，广东14 992校，浙江14 718校，陕西13 038校，甘肃4576校，贵州3886校，福建3707校，湖北2923校，新疆1387校，青海915校，宁夏350校，蒙古158校，西藏6校。②四川学校总数位居榜首。再从教育部统计的国民教育实施情况看，湖南省1942年学龄儿童数4 057 134人，入学儿童1 698 484人，占学龄儿童总数的41.9%；1945年学龄儿童4 512 473人，入学儿童2 700 450人，占学龄儿童总数的59.8%。③湖北省1942年学龄儿童2 359 742人，入学儿童607 700人，占学龄儿童总数的25.8%。④陕西省1945年学龄儿童1 457 753人，入学儿童936 492人，占学龄儿童总数的64.2% 。⑤而四川地区（不含重庆、西康）1942年学龄儿童4 592 285人，入学儿童3 008 605人，占学龄儿童总数的65.5%；1945年学龄儿童4 754 712人，入学儿童3 824 743人，占学龄儿童总数的80.4%。⑥1941年和1945年四川地区学龄儿童入学率均远远高于其他省区，这与四川设置足够的学校提供于学龄儿童有着直接而重

① 教育部编：《第一次中国教育年鉴》（丙编教育概况），上海：开明书店，1934年，第425—475页。
② 教育部：《最近教育统计》，1941年。
③ 教育部教育年鉴编纂委员会编：《第二次中国教育年鉴》（第三编初等教育），上海：商务印书馆，1948年，第79页。
④ 教育部教育年鉴编纂委员会编：《第二次中国教育年鉴》（第三编初等教育），上海：商务印书馆，1948年，第88页。
⑤ 教育部教育年鉴编纂委员会编：《第二次中国教育年鉴》（第三编初等教育），上海：商务印书馆，1948年，第145页。
⑥ 教育部教育年鉴编纂委员会编：《第二次中国教育年鉴》（第三编初等教育），上海：商务印书馆，1948年，第64页。

要的关系。

中等教育方面，1917 年全国中学的设置情况为京师 13 校，京兆 5 校，奉天 16 校，吉林 9 校，黑龙江 4 校，直隶 25 校，山东 19 校，山西 20 校，陕西 6 校，河南 16 校，江苏 22 校，安徽 11 校，江西 16 校，湖北 25 校，湖南 46 校，浙江 23 校，福建 21 校，四川 55 校，广东 56 校，广西 24 校，云南 17 校，贵州 6 校，甘肃 4 校，热河 2 校，绥远 1 校，察哈尔 1 校。[①]四川在全国居于第二位，仅次于广东，且与广东相差仅 1 校。这说明早在民国初年，四川中学学校绝对数远远高于沿海的山东、江苏、浙江、福建等省，比邻近的湖南、湖北、陕西、云南、贵州等省的中学设置更多，这为全面抗战时期四川中等教育发展提供了良好基础。

全面抗战时期四川中学发展更为迅速，从全面抗战前后主要地区中学数量的对比即可看出。

江苏省：1934 年 97 校，1936 年 124 校，1945 年 191 校，1946 年 134 校。[②]

浙江省：1932 年 26 校，1936 年 83 校，1945 年 120 校，1946 年 138 校。[③]

安徽省：1936 年 56 校，1945 年 147 校，1946 年 168 校。[④]

江西省：1945 年 170 校，1946 年 189 校。[⑤]

湖北省：1936 年 83 校，1945 年 145 校，1946 年 157 校。[⑥]

湖南省：1930 年 89 校，1946 年 298 校。[⑦]

河北省：1929 年 50 校，1946 年 48 校。[⑧]

山东省：1930 年 41 校，1936 年 70 校，1945 年 26 校，1946 年 21 校。[⑨]

---

① 教育部普通教育司编：《全国中学校一览表》，1917 年，第 1—3 页。

② 教育部教育年鉴编纂委员会编：《第二次中国教育年鉴》（第四编中学教育），上海：商务印书馆，1948 年，第 61—64 页。

③ 教育部教育年鉴编纂委员会编：《第二次中国教育年鉴》（第四编中学教育），上海：商务印书馆，1948 年，第 64—67 页。

④ 教育部教育年鉴编纂委员会编：《第二次中国教育年鉴》（第四编中学教育），上海：商务印书馆，1948 年，第 67—71 页。

⑤ 教育部教育年鉴编纂委员会编：《第二次中国教育年鉴》（第四编中学教育），上海：商务印书馆，1948 年，第 71—75 页。

⑥ 教育部教育年鉴编纂委员会编：《第二次中国教育年鉴》（第四编中学教育），上海：商务印书馆，1948 年，第 75—78 页。

⑦ 教育部教育年鉴编纂委员会编：《第二次中国教育年鉴》（第四编中学教育），上海：商务印书馆，1948 年，第 78 页。

⑧ 教育部教育年鉴编纂委员会编：《第二次中国教育年鉴》（第四编中学教育），上海：商务印书馆，1948 年，第 91 页。

⑨ 教育部教育年鉴编纂委员会编：《第二次中国教育年鉴》（第四编中学教育），上海：商务印书馆，1948 年，第 92—93 页。

山西省：1936 年 53 校，1945 年 10 余校，1946 年 40 校。[①]

河南省：1930 年 52 校，1936 年 130 校，1945 年 121 校，1946 年 76 校。[②]

陕西省：1930 年 16 校，1936 年 22 校，1945 年 134 校，1946 年 143 校。[③]

甘肃省：1936 年 12 校，1945 年 63 校，1946 年 61 校。[④]

青海省：1936 年 3 校，1946 年 4 校。[⑤]

福建省：1930 年 123 校，1945 年 147 校，1946 年 167 校。[⑥]

广东省：1936 年 260 校，1945 年 388 校，1946 年 412 校。[⑦]

广西省：1930 年 51 校，1945 年 188 校，1946 年 190 校。[⑧]

云南省：1930 年 46 校，1936 年 68 校，1945 年 131 校，1946 年 167 校。[⑨]

贵州省：1936 年 26 校，1945 年 127 校，1946 年 125 校。[⑩]

辽宁省：1929 年 122 校，1946 年 56 校。[⑪]

四川省（含重庆、西康）：1936 年 197 校，1945 年 591 校，1946 年 599 校（据本书前三章中统计的中学数量）。

以上 20 省区，全面抗战前，中学数量最多的是广东（260 校），四川（197 校）位居第二位。全面抗战时期四川中学数量猛增至 591 校，是全面抗战前的 3 倍，且位居全国第一位，比广东多 203 校，比江苏多 400 校。抗战结束后的 1946 年，四川中学 599 校，仍位列第一，比广东多 187 校，比湖南多 301 校。

---

① 教育部教育年鉴编纂委员会编：《第二次中国教育年鉴》（第四编中学教育），上海：商务印书馆，1948 年，第 93—94 页。

② 教育部教育年鉴编纂委员会编：《第二次中国教育年鉴》（第四编中学教育），上海：商务印书馆，1948 年，第 94—95 页。

③ 教育部教育年鉴编纂委员会编：《第二次中国教育年鉴》（第四编中学教育），上海：商务印书馆，1948 年，第 95—99 页。

④ 教育部教育年鉴编纂委员会编：《第二次中国教育年鉴》（第四编中学教育），上海：商务印书馆，1948 年，第 99—100 页。

⑤ 教育部教育年鉴编纂委员会编：《第二次中国教育年鉴》（第四编中学教育），上海：商务印书馆，1948 年，第 100 页。

⑥ 教育部教育年鉴编纂委员会编：《第二次中国教育年鉴》（第四编中学教育），上海：商务印书馆，1948 年，第 100—104 页。

⑦ 教育部教育年鉴编纂委员会编：《第二次中国教育年鉴》（第四编中学教育），上海：商务印书馆，1948 年，第 104—112 页。

⑧ 教育部教育年鉴编纂委员会编：《第二次中国教育年鉴》（第四编中学教育），上海：商务印书馆，1948 年，第 112—116 页。

⑨ 教育部教育年鉴编纂委员会编：《第二次中国教育年鉴》（第四编中学教育），上海：商务印书馆，1948 年，第 116—120 页。

⑩ 教育部教育年鉴编纂委员会编：《第二次中国教育年鉴》（第四编中学教育），上海：商务印书馆，1948 年，第 120—122 页。

⑪ 教育部教育年鉴编纂委员会编：《第二次中国教育年鉴》（第四编中学教育），上海：商务印书馆，1948 年，第 122—123 页。

高等教育方面，据教育部统计，1932 年各专科以上学校总计 104 校，其中上海 24 校，北平 14 校，河北 8 校，广东 7 校，湖北 6 校，山西 6 校，江苏 5 校，浙江 4 校，福建 4 校，南京市 4 校，江西 3 校，河南 3 校，山东 3 校，湖南 2 校，辽宁 2 校，广西 1 校，云南 1 校，安徽 1 校，四川 1 校，新疆 1 校，甘肃 1 校，吉林 1 校，察哈尔 1 校，陕西 1 校，热河、绥远、贵州、青海、西康、黑龙江、蒙古、宁夏、西藏无高校。①这说明抗战前高等教育学校集中分布于上海、北平等大城市和广东、江苏、浙江等沿海省区，而西部高等教育极为落后。全面抗战时期四川高等教育实现了一次跃越式发展，各类高校达 68 所（据本书第二章高等教育学校的统计）。抗战结束，学校复员工作完成后，全国各类高等学校共 207 校，其中上海 35 校，四川（含重庆、西康）24 校，广东 15 校，北平 13 校，南京 11 校，江苏 11 校，湖北 9 校，天津 7 校，陕西 8 校，江西 8 校，福建 9 校，广西 6 校，湖南 7 校，浙江 5 校，辽宁 5 校，甘肃 4 校，台湾 4 校，山东 4 校，河南 2 校，山西 3 校，贵州 3 校，云南 3 校，河北 3 校，安徽 2 校，吉林 3 校，新疆 1 校，香港 1 校，海南 1 校。②四川高校数量位居全国第二，仅次于上海，比广东多 9 校，比北平多 11 校，比南京多 13 校，比邻近的湖北多 15 校，比湖南多 17 校，比陕西多 16 校，比云南、贵州各多 21 校。这说明经过全面抗战时期的发展，四川高等教育学校数量不仅仅在西南地区，甚至在全国都位居前列。

综上所述，从民国时期全国各省区学校的设置来看，除全面抗战前四川的高等教育较弱外，其他时期学校数量在全国均位居前列。全面抗战时期四川教育的迅猛发展为日后四川教育奠定了良好的基础，全面抗战时期，甚至抗战结束后，四川各类学校设置在全国优势尽显。

## 二、民国四川地区教育在中国历史上的地位

### 1. 承传与创新，四川教育实现了由传统教育向近代新式教育的蜕变

汉代以前的四川古代教育，现存典籍记载甚少。

西汉初年，四川经济繁荣程度虽超过关中，但“蜀地辟（僻）陋，有蛮夷风”③，不仅与中原先进的文化差距较大，而且与蜀地日益勃兴的经济形势

① 教育部高等教育司编：《二十三年度全国高等教育概况统计》，1934 年，第 1 页。

② 教育部教育年鉴编纂委员会编：《第二次中国教育年鉴》（第五编高等教育），上海：商务印书馆，1948 年，第 90—99 页。

③《汉书》卷 89《循吏传第五十九》，北京：中华书局，1962 年，第 3625 页。

极不协调。汉景帝派“仁爱好教化”[①]的文翁任蜀郡太守，以将复兴文教之风引向巴蜀大地。文翁采取了一系列劝学、兴学措施，如在成都城南修建学校，招属县子弟为学生，并为其免除徭役；派张宽等 18 人到京师学习法律和儒家经典，学成后回蜀任教。[②]文翁兴学在四川地区掀起了一股空前的办学热潮，短短数年，蜀地教育面貌得到彻底改变。长安兴办太学后，成都相继设有州学、郡学、县学，且成都周边的什邡、资中、新都、绵竹、梓潼等地还兴起了私人收徒讲学和游学风气。[③]“学徒鳞萃，蜀学比于齐鲁”[④]，成都成为巴蜀地区甚至古代中国的学术文化中心之一，巴蜀社会逐渐融入全国先进的主流文化中。“至今巴蜀好文雅，文翁之化也。”[⑤]汉代四川地区教育初步兴起，但整体上这一地区教育水平还十分落后。

战乱频繁的三国、两晋和南北朝时期，四川地区的学校教育大受影响，除蜀郡学勉强维持外，其余官学则时兴时废；私学、学塾等虽仍在民间流行，但远不及两汉时期之规模。

隋唐至五代时期，四川教育初步发展，特别是盛唐时期，四川拥有官学学生 9000 人左右。在官学发展的同时，私学有新的发展，私人开始创办书院，唐德宗贞元年间（785—805 年）在遂宁创办的张九宗书院是四川最早的私人书院。[⑥]四川民间乡里之学有 8500 余所，在校人数有 18 万余人，分别相当于全国乡里之学及其在校生的 9%。[⑦]据嘉庆《四川通志》统计，唐及五代四川进士及第者有 72 人。五代时期，前后蜀政权重文兴教，四川教育继续发展。史书中亦不乏褒赞蜀地教育之记载：

惟孟氏踵有蜀汉，以文为事。凡草创制度，僭袭唐轨，既而绍汉庙学，遂勒石书九经，又作都内二县学馆，置师弟子讲习，以儒远人。王师既平蜀，仍而不废。[⑧]

宋代是四川历史上教育兴盛繁荣的时期，四川教育在全国举足轻重。宋代，由于北方战乱，经济重心南移，北方大量的文化人南迁，成都府路成为

① 《汉书》卷 89《循吏传第五十九》，北京：中华书局，1962 年，第 3625 页。
② 蓝勇编著：《西南历史文化地理》，重庆：西南师范大学出版社，1997 年，第 78—79 页。
③ 蓝勇编著：《西南历史文化地理》，重庆：西南师范大学出版社，1997 年，第 79 页。
④ （晋）常璩：《华阳国志》卷 3《蜀志》，成都：巴蜀书社，2012 年，第 7 页。
⑤ 《汉书》卷 89《循吏传第五十九》，北京：中华书局，1962 年，第 3627 页。
⑥ 四川省地方志编纂委员会编：《四川省志•教育志》（上），北京：方志出版社，2000 年，第 2 页。
⑦ 涂文涛主编：《四川教育史》（上），成都：四川教育出版社，2007 年，第 66 页。
⑧ （宋）张俞：《华阳县学馆记》，（宋）袁说友等编，赵晓兰整理：《成都文类》卷 31，北京：中华书局，2011 年，第 607 页。

当时人才最多、密度最大的三个文化区之一（另外两个是黄河下游和江南东路）。在北宋仁宗、神宗、徽宗掀起的三次兴学高潮的影响下，四川各路、州军和一些县都兴办了学校，“成都学者日增，统帅陈侯惧学宫不足以容，乃即公堂之左右，更筑崇宁废址”[①]，出现了著名的眉山“三苏”（苏洵、苏轼、苏辙）。四川有书院 28 所，其中最负盛名的书院有涪州的北岩书院、夹江的同仁书院、黎州的玉渊书院、蒲江的鹤山书院。至南宋初，在今四川、重庆地区设立州（府、军、监）学 49 所，县学 172 所，总计 221 所，约 43%的州县完成了建校任务。其中，文化基础雄厚、经济实力较强的州县学校覆盖率较高，如成都府路 16 州 60 县，建校 42 所，覆盖率约为 55%；潼川府路 15 州 52 县，建校 34 所，覆盖率约为 50%。成都成为全国教育的中心地区，盛极一时。崇宁年间，成都府学有校舍 300 楹，到南宋时扩大为 585 楹。[②]“举天下郡国所无有”[③]，故史有两宋“人文之盛，莫盛于蜀”之称。

由于宋末至元初四川是战争的重灾区，加之元朝统治者的民族政策，元代的四川教育不及两宋时期教育之辉煌。

明清时期随着政治上中央集权的不断强化，统治者在教育上实行文化专制，通过学校和科举考试的方式，培养和选拔维护封建统治的人才，于是大兴官学，据明政府的规定，四川行省境内应建府学 8 所，州学 6 所，府辖州学 16 所，县学 111 所，各级儒学 33 所，共 174 所。[④]清代官学比明代有了进一步发展，尤其表现为书院官办，书院成为官立的教育机构。据嘉庆《四川通志》记载，至乾隆、嘉庆年间，四川书院有 401 所，其中建于清代的有 200 所，由清代重建或扩建的有 201 所。四川书院的发展达到高峰。此外，明清时期四川地区还有非官方的私塾和义学。私塾几乎遍及四川城乡。又据嘉庆《四川通志》记载，清代四川有义学 48 所，义塾 1 所，社学 21 所，乡学 2 所，私塾更是不计其数。同时，明清时期四川地区还出现了全国知名的教育家，如明代新都的杨廷和、杨升庵，梁山的来知德；清代新繁的费密，丹稜的彭端淑，达州的唐甄等。明清时期科举对学校教育影响甚大，无论是官学还是私学，都是为科举而教，以儒家经典为主要教学内容，重治国安邦之术，视科学技术为雕虫小技，闭关保守，学校俨然成为科举的附庸。

① （清）常明、杨芳灿等纂修：《四川通志》卷 78《学校・艺文》，成都：巴蜀书社，1984 年，第 2560 页。
② 涂文涛主编：《四川教育史》（上），成都：四川教育出版社，2007 年，第 96 页。
③ （宋）杨辅：《重修创府学纪》，（宋）袁说友等编，赵晓兰整理：《成都文类》卷 30，北京：中华书局，2011 年，第 593 页。
④ 四川省地方志编纂委员会编：《四川省志•教育志》（上），北京：方志出版社，2000 年，第 3 页。

鸦片战争后，“西学东渐”之风渐次吹入巴蜀大地，一些开明官僚和改良主义思想家开始对传统教育进行改革，探索西方模式的学校教育。1874 年，尊经书院在成都建立，以讲习儒家经典为主，不课八股时文，主张通经致用，改变了旧式书院为科举预备机构的状况，尊经书院成为近代四川学术文化的中心，为新思想在四川的传播创造了条件，成为旧学向新式教育转化的典型，推动了四川近代教育的出现。在其影响下，1892 年川东道黎庶昌在重庆创设川东洋务学堂，授算学、舆地、外国史策等课，这是四川近代教育史上第一所新式学堂。1901 年，清政府实行“新政”，地处内陆腹地的四川士子在更大范围内接触西方的自然科学、哲学、政治经济学等知识。1901—1911 年，四川形成了兴办新式学堂的高潮，根据提学使署纪录，全省迄至 1911 年，共有男女学校 11 224 所，学生 338 078 人，男女教师 15 291 名，另有校长和督学 7600 名。[①]“学校之起，震于世变，奉欧西为先，进而欲以企图富强。当清末外侮迫棘之日，朝野上下，号为开通，前都莫不呼号奔走，曰‘学校’。”[②]新式教育“蔚若云兴”，普通教育、专门教育、高等教育、留学教育、边疆教育均有初步发展。

民国建立后，四川在清末新式教育的基础上，在学校设置、学校制度、教学管理、教学课程、教学内容、教学方式、教学规模、教育质量、人才培养诸方面，都较前取得了巨大进步。四川教育从以举业教育为中心的传统教育转变为以新式学校教育为主体、民众教育为辅助的近代教育体制，全方位、多层次、公私并举、参差多态而又富有弹性的新式教育体系基本形成。

2. 自强不息，保存中国教育文化命脉，践行中国教育新理念

民国时期的四川教育，由于政治的动荡和军事斗争，可谓跌宕起伏。1937 年日本发动全面侵华战争，对教育文化机构施以残酷轰炸和烧杀掠夺，致使我国各级学校均受到严重损失。“即以江苏一省之省立学校机构而论，全部被毁夷为平地者，竞（竟）达 17 所之多，估计损失如以战前市值价加 500 倍计，总数即达 90 600 000 000 元。其他各省之损失亦均极惨重。”[③]据国民政府统计，教育文化战时财产损失，自七七事变起至 1945 年 9 月止，按 1937 年物价计算，合国币 32 亿余元，合 96 600 万美元，其中建筑物损失 389 465 000 美元，图书损失 142 018 000 美元，仪器损失 84 713 000 美元，器具损失 101 544 000 美元。[④]

① 四川省地方志编纂委员会编：《四川省志•教育志》（上），北京：方志出版社，2000 年，第 5 页。
② 曾鉴修，林思进等纂：《华阳县志》卷 3《建置》，台北：学生书局，民国二十三年刊本，第 257 页。
③ 行政院新闻局：《学校复员》，1947 年，第 14 页。
④ 行政院新闻局：《学校复员》，1947 年，第 14 页。

在那个“华北之大，却无法安放一张平静书桌”的年代，四川毅然肩负起保存中国教育文化命脉的重大使命。“八一三事变”后，随着国民政府迁都重庆，大量文化机构和学校内迁四川，使得四川人才荟萃，文化教育事业迅猛发展。全面抗战期间，四川地区中学增加了 107 所，中等师范学校增加了 14 所，中等职业学校增加了 27 所，小学增加了 29 575 所。全面抗战前，四川在部备案的高校仅 3 所，全面抗战时期达到 68 所，其中内迁四川的高校 48 所。[①]巴蜀大地以博大之胸怀，迎接并护佑着颠沛流离的各界精英，在国困民难的时代，四川成为中国教育的滋养地。当时南溪小小的李庄，分布着同济大学、南京大学文科研究所、国立中央研究院、中央博物馆、中国营造学社等一批教育文化单位；还聚集着傅斯年、梁思成、林徽因、童第周等一批学者。李庄成为当时与重庆、昆明、成都并列的四大抗战文化中心之一。

随着教育文化机构的内迁，著名的教育思想家如陶行知、晏阳初、梁漱溟等人带着他们的教育理想，在四川进行了切实的教育实践活动，不仅为抗战培养了人才，而且还丰富发展了他们的教育理论，为日后中国的教育奠定了基础。

1939 年 7 月，陶行知在合川草街古圣寺创办了育才学校，招收难童、抗日烈士的子女，践行着他的“生活即教育，社会即学校，教学做合一”理念，他认为：“是康健的生活，就是康健的教育……是劳动的生活，就是劳动的教育……是科学的生活，就是科学的教育……是艺术的生活，就是艺术的教育……是改造社会的生活，就是改造社会的教育。”[②]陶行知强调理论联系实际，主张学以致用，教学中要求教师在讲授基础知识外，还要组织学生到工厂、农村从事调查、见习和实习活动。他的思想代表了“在中国教育里摸黑路所见着的几线光明”。

全面抗战爆发后，晏阳初选择了四川作为“教育救国”的后方基地，开始了四川平民教育的实验。他认为中国根本救亡之路是农村建设，“而农村建设的重要条件在有适应农村需要、切合农村能力，从政治、经济、教育各方面联锁而成的一套学术、方法、材料、工具和实施机构；其最后的成功关键，则在于有一批多数能够担任建设事业的基本人才”[③]。1940 年，晏阳初在北碚歇马创办四川乡村建设育才院，开设了乡村教育学、社会学、农学、

① 涂文涛主编：《四川教育史》（上），成都：四川教育出版社，2007 年，第 482 页。

② 方明主编：《陶行知全集》第 2 卷，成都：四川教育出版社，2005 年，第 398 页。

③ 晏阳初：《中华平民教育促进会农村建设育才院缘起》，马秋帆、熊明安主编：《晏阳初教育论著选》，北京：人民教育出版社，1993 年，第 115 页。

农田水利学等系，用以满足农村建设运动的基本人才的需要。晏阳初的平民教育思想“紧密地与抗战救国实际相联系，力图实现乡村的政治建设、教育建设、经济建设、卫生建设和礼俗建设，实现其复兴民族和为建国做准备的目的”[①]。

1940 年，梁漱溟来到璧山来风驿，发起并创办勉仁中学，后迁北碚，践行他在总结乡村建设运动经验教训基础上形成的战时教育思想。他曾回忆说：“1937 年七七事变发生，我在山东的乡村建设工作当然搞不下去了。抗御外敌，保我中华，山东乡村建设研究院的师生们责无旁贷。我的脑子里开始形成一种想法，即为发动广大民众抗日，应把大中小学教员疏散到乡村去，开展民众抗日救亡教育运动。通常的学校教育搞不下去了，战时的民众教育却要加强。”[②]因此，他主张大力发展民众教育，停办正规学校，把学校纳入社会抗战动员机构中，使学校社会化、家庭化，使学校、社会和家庭相结合。这在当时增强民族凝聚力和抵御外侮方面起到了积极的作用。

综上所述，三位教育思想家在西学东渐影响下提出的教育理念尽管有稚嫩和理想的一面，也没找到真正适合中国国情的教育道路，但他们毕竟展开了对中国教育道路的一次有益的探索和创新，对当代中国教育亦具有启发和借鉴意义。

3. 尝试均衡，奠定西部教育基础，一定程度上缩小了东西部教育差距

全面抗战爆发前，全国的学校主要集中于沿海各省区，而经济落后、交通不便的广大西南、西北地区学校极少，教育文化落后。高等教育不均衡的状况更为突出，据统计，全面抗战前“专科以上在校学生为 44 130 人（外籍 37 人除外），其籍贯人数以江苏省最多为 6647 人”[③]。

早在 1927 年，蔡元培就提出教育均衡发展思想并付诸实践，在全国试行大学学区制，分成若干个大学区，规定每个学区设立一定数量的高等院校，期望以此缓解高等教育地区分布不均的问题。全面抗战期间，国民政府教育部部长朱家骅曾企图利用战争时期的高校内迁来调整学校的布局。抗战结束后国民政府亦要求“全国专科以上学校及研究机关，应依据各地人口、经济、交通、文化等条件，一面注重全国教育文化重心之建立，一面顾及地理上之平衡发展，酌予调整，作合理之分布”[④]。国民政府对“均衡”的尝试，一定

① 涂文涛主编：《四川教育史》（上），成都：四川教育出版社，2007 年，第 521 页。
② 汪东林：《梁漱溟问答录》，武汉：湖北人民出版社，2004 年，第 79 页。
③ 毛礼锐、沈灌群主编：《中国教育通史》（第 5 卷），济南：山东教育出版社，1988 年，第 294—295 页。
④ 教育部教育年鉴编纂委员会编：《第二次中国教育年鉴》（第一编总述），上海：商务印书馆，1948 年，第 13 页。

程度上促进了西部教育的发展，缩小了东西部教育的差距。以公立各院校统一招生为例，应考生 1938 年全国 11 119 人，四川 2489 人，仅次于广东，居全国第二；1939 年全国 20 006 人，四川 3632 人，居全国第一；1940 年全国 18 151 人，四川 2624 人，居全国第一。从录取情况来看，1938 年全国录取 5460 人，四川录取 1164 人，居全国第一；1939 年全国录取 5371 人，四川录取 726 人，仅次于江苏，居全国第二；1940 年全国录取 7024 人，四川录取 883 人，仅次于湖南，居全国第二。[①]这虽与高校和人口大量内迁有直接关系，但也说明四川教育质量已居全国领先地位。

四川地区教育的发展推动了四川人口文化素质的全面提高。全面抗战前，四川学龄儿童入学率和教育文化程度很低，且普遍低于全国平均水平。1930 年，全国平均每千人中入学儿童 23 人强，而四川每千人中入学儿童 17 人强，居全国第 21 位。[②]全国受教育的学龄儿童占学龄儿童的 22.07%，而四川仅占学龄儿童的 17.77%，居全国第 20 位。[③]据《第一次中国教育年鉴》记载，四川 150 县市中有中等学校的县市共 113 个，没有中等学校的县市共 37 个，占 24.67%；未办县市立中等学校的县市有 38 个，占 25.33%。[④]1931 年，全国人口为 4.7 亿人，专科以上学生 4.4 万人，每百万人中学生 93 人。而四川人口为 4799 万人，专科以上学生 2885 人，每百万人中专科以上学生 60 人，居全国第 15 位。[⑤]1936 年，四川学龄儿童为 644.5 万人，占全省人口 4940.65 万人的 13.04%；失学儿童 512.2 万人，平均每千人中失学儿童 103.6 人。[⑥]1936 年，四川平均每千人中受初等教育人数为 18.2 人，西康 4 人；平均每万人中受中等教育人数为 11.63 人，西康 7 人；平均每百万人中受高等教育人数为 60 人，西康 7 人。[⑦]特别严重的是第五行政督察区（包括乐山、屏山、马边、峨边、雷波、犍为、峨眉），百人中文盲占 86 人。[⑧]据 1935 年前的调查，“峨眉县二十五家中，识字者仅百分之十七；成都平原八十家中不识字者即占百分之八

① 《最近三年度公立各院校统一招生概况》，教育部统计室编：《最近教育统计》，1941 年。
② 教育部编：《第一次中国教育年鉴》（丁编教育统计第一学校教育统计），上海：开明书店，1934 年，第 166 页。
③ 教育部编：《第一次中国教育年鉴》（丁编教育统计第一学校教育统计），上海：开明书店，1934 年，第 169 页。
④ 教育部编：《第一次中国教育年鉴》（丁编教育统计第一学校教育统计），上海：开明书店，1934 年，第 142—143 页。
⑤ 教育部编：《第一次中国教育年鉴》（丁编教育统计第一学校教育统计），上海：开明书店，1934 年，第 31 页。
⑥ 四川省政府编：《四川省概况》，1939 年，第 19 页。
⑦ 《申报》（上海）1935 年 12 月 23 日。
⑧ 《四川月报》1936 年第 9 卷第 2 期，第 370 页。

十。……乡村失学人口当乡村人口百分之八十以上”[①]。

全面抗战时期，由于大量高校和教育文化人才的迁入，四川人口文化教育程度逐渐提高，如1937年四川入学儿童占学龄儿童的百分比为21.89%。[②]1940年上学期四川地区各县市入学儿童占学龄儿童的44%。[③]据1945年重庆市、成都市和成都平原九县人口文化教育程度的统计（表5-1），重庆市文化教育程度最高：大学达4.95%，中学达17.27%，小学达33.58%，不识字的人占27.81%。这与重庆成为陪都，大量人才内迁等因素有关，但无论怎样，随着学校增加，四川地区人口受教育的机会增多，从而提高了该区域人口的文化教育程度。

**表5-1　1945年重庆市、成都市、成都平原九县人口文化教育程度比较表**（单位：%）

| 文化教育程度 | 重庆市 | | | 成都市 | | | 成都平原九县 | | |
|---|---|---|---|---|---|---|---|---|---|
| | 男 | 女 | 合计 | 男 | 女 | 合计 | 男 | 女 | 合计 |
| 大学 | 3.66 | 1.29 | 4.95 | 1.06 | 0.47 | 1.53 | 0.18 | 0.03 | 0.21 |
| 中学 | 11.50 | 5.77 | 17.27 | 9.30 | 2.96 | 12.26 | 1.01 | 0.46 | 1.47 |
| 小学 | 20.13 | 13.45 | 33.58 | 12.91 | 7.16 | 20.07 | 6.19 | 3.45 | 9.64 |
| 私塾 | 9.65 | 2.53 | 12.18 | 18.87 | 5.85 | 24.72 | 14.19 | 2.56 | 16.75 |
| 不识字 | 12.08 | 15.73 | 27.81 | 15.83 | 25.56 | 41.39 | 29.69 | 41.05 | 70.74 |
| 未详 | 3.68 | 0.53 | 4.21 | | | | 0.53 | 0.18 | 0.71 |
| 合计 | 60.70 | 39.30 | 100.00 | 57.97 | 42.00 | 99.97 | 51.79 | 47.73 | 99.52 |

资料来源：李世平、程贤敏主编：《近代四川人口》，成都：成都出版社，1993年，第233页。

抗战结束后，随着高校和教育机关的复员，四川教育受其影响，高校由全面抗战中的68所下降到24所，但仍是全面抗战前的8倍。同时，初等教育学校和中等教育学校在抗战结束后的初期甚至比全面抗战时期更多，说明经过全面抗战时期的积累与发展，四川教育良好的基础业已形成，并影响至今。如四川大学、重庆大学、华西医科大学、重庆的南开中学、成都的石室中学、自贡的蜀光中学等一批学校，都得益于民国时期良好的教育积淀而成为当今全国知名的重点大学或重点中学。即使抗战胜利后一些大学复员，仍有不少师生留在四川，继续从事高等教育教学工作，如复旦师生创办了私立相辉文法学院，朝阳学院师生创办了

① 吕平登编著：《四川农村经济一册》，上海：商务印书馆，1936年，第64页。

② 四川省档案馆藏，四川省政府教育厅1945年9月编印《抗战时期之四川教育》所附《二十六年度至三十三年度四川省国民教育概况表》及其续表，卷宗号：17。

③ 教育部教育年鉴编纂委员会编纂：《第二次中国教育年鉴》（第三编初等教育），上海：商务印书馆，1948年，第63页。

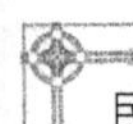



私立正阳法学院，立信会计专科学校师生创办了立信高级会计职业学校，上海光华大学成都分校改办为成华大学，东北大学改办为私立川北农学院，华侨工商学院改办为重华学院等，他们成为抗战后四川地区高等教育中的一支重要力量。

# 主要参考文献

## 一、历史文献类


（汉）班固撰：《汉书》，北京：中华书局，1962年。

（晋）常璩：《华阳国志》，成都：巴蜀书社，2012年。

（宋）袁说友等编，赵晓兰整理：《成都文类》，北京：中华书局，2011年。

（清）常明、杨芳灿等纂修：《四川通志》，成都：巴蜀书社，1984年。

民国《茂县概况资料辑要》，铅印本。

民国《渠县制》卷3《教育志》。

民国《汶川县概况资料辑要》，铅印本。

《北京大学日报》1922年第1060期。

《大学院公报》1928年第1卷第7期。

《复兴月刊》1935年第3卷第6—7期。

《国闻周报》1935年第12卷第20期。

《国讯旬刊》1936年第121期

《简阳县交通志》，1985年。

《教与学》1935年第1卷第1、4期，1940年第4卷第11期。

《教育半月刊》第2卷第6期。

《教育部公报》1931年第3卷第6期。

《教育视导通讯》1941年第15期。

《教育视导通讯》第19、20两期特辑，1948年第5卷第10期。

《教育通讯》1947年第2卷复刊第9期。

《教育杂志》1912年第4卷第1期、1912年第5卷第8期、1912年第5卷第12期、

1922 年第 14 卷第 7 期、1924 年第 16 卷第 10 期、1941 年第 31 卷第 1 期、1947 年第 32 卷第 1—6 期、1948 年第 33 卷第 1—11 期。

《论语》1935 年第 63 期。

《民教指导》1937 年第 2 卷第 1 期。

《名山县志》，民国十九年刊本。

《南大百年实录》编辑组编：《南大百年实录》（上卷），南京：南京大学出版社，2002 年。

《内政调查统计》1935 年第 23 期。

《全国教育行政会议各省区报告汇录》四川部分，1916 年。

《全国图书馆及民众教育馆调查表》，1935 年。

《申报》1935 年 5 月 21 日，1935 年 12 月 23 日。

《蜀铎》第 1 卷第 1 期。

《四川教育》1937 年第 1 卷第 1—12 期。

《四川教育公报》1925 年第 1 卷第 1 期。

《四川教育评论月刊》1937 年第 2 期。

《四川教育通讯》1945 年第 2—7 期，1946 年第 9—13 期，1947 年第 27 期，1948 年第 1 期。

《四川苗族志》编委会编：《四川苗族志》，成都：巴蜀书社，2009 年。

《四川农村经济》1935 年。

《四川省政府公报》1931 年第 5 期，1935 年第 2、13、20、21、24、54 期。

《四川统计月报》第 2 卷第 4 期。

《四川月报》1935 年第 7 卷第 4 期，1936 年第 9 卷第 2 期。

《文牍月刊》第 2、3、10 册。

《文献》第 7 卷，第 8 卷。

《新教育旬刊》1938 年第 1 卷第 1—14 期，1939 年第 1 卷第 11 期。

《政府公报》1912 年第 165 期，1918 年第 761 期。

《中国建设》1935 年第 11 卷第 6 期。

《中国教育地图集》编纂委员会：《中国教育地图集》，上海：上海科学技术出版社，1995 年。

《中华教育界》1934 年第 22 卷第 4 期。

《中兴周刊》1937 年第 7 卷第 176 期。

广元市地方志编纂委员编：《广元县志》，成都：四川辞书出版社，1994 年。

行政院新闻局：《边疆教育》，1947 年。

行政院新闻局：《学校复员》，1947年。

教育部编：《第一次中国教育年鉴》（丙编教育概况），上海：开明书店，1934年。

教育部编：《中华民国第三次教育图表》，台北：文海出版社，1915年。

教育部编：《第一次中国教育年鉴》（丁编教育统计），上海：开明书店，1934年。

教育部编：《全国初等教育统计》，南京：京华印书馆，1935年。

教育部编印：《全国公私立专科以上学校一览表》，1936年。

教育部高等教育司：《全国高等学校统计》，1930年。

教育部高等教育司编：《全国高等教育概况统计》，1934年。

教育部教育年鉴编纂委员会编：《第二次中国教育年鉴》第一、二、三、四、五、七、八、九、十、十四编，上海：商务印书馆，1948年。

教育部普通教育司编：《全国中学校一览表》，1917年。

教育部社会教育司编：《全国社会教育概况》，1934年。

教育部统计处编：《中华民国三十五学年度全国中等学校一览表》，上海：商务印书馆，1948年。

教育部统计室：《最近教育统计》，1941年。

教育部统计室编：《中华民国二十五年度全国中等学校一览表》，上海：商务印书馆，1937年。

教育部统计室编：《全国教育统计简编》，1941年。

教育部统计室编：《最近教育统计简编》，1941年。

教育部中等教育司编：《中等教育概况》，南京：民生印书馆，1949年。

教育大辞典编纂委员会编：《教育大辞典》，上海：上海教育出版社，1990年。

康兴璧编述：《松理茂靖汶边务鸟瞰》，成都：西南印书局，民国二十九年。

南充县志编纂委员会编：《南充县志》，成都：四川人民出版社，1993年。

彭水县志编纂委员会编纂：《彭水县志》，成都：四川人民出版社，1998年。

阮湘编：《第一回中国年鉴》，上海：商务印书馆，1924年。

四川省档案馆、四川民族研究所合编：《近代康区档案资料选编》，成都：四川大学出版社，1990年。

四川省地方志编纂委员会：《四川省志·交通志》，成都：四川科学出版社，1995年。

四川省地方志编纂委员会编：《四川省志·教育志》（上下），方志出版社，2000年。

四川省简阳县志编纂委员会编纂：《简阳县志》，成都：巴蜀书社，1996年。

四川省教育委员会编：《四川省志·教育志》普通教育第一辑。

四川省内江市教育委员会编：《内江地区教育志》，成都：四川辞书出版社，1991年。

四川省政府教育厅编印：《四川省教育文化地图》，1941 年。

四川省政府教育厅第三科：《四川省国民教育实施概况》，上海：中华书局，1941 年。

四川省政府教育厅第三科主编：《四川省各县市国民教育实施概况（民国二十九年八月至三十年七月）》，成都：西南印书局，1941 年。

四川省政府秘书处公报室印行：《四川县政概观》，1936 年。

四川文史研究馆：《四川军阀史料》（第二辑），成都：四川人民出版社，1983 年。

肖学金主编，《上海教育资源》编辑委员会编：《上海教育资源》（地图集），上海：上海教育出版社，1991 年。

张肖梅编著：《四川经济参考资料》，上海：中国国民经济研究所，1939 年。

中共四川省委研究室主编：《四川省情》，成都：四川人民出版社，1984 年。

中国第二历史档案馆编：《中华民国史档案资料汇编》第 1—5 辑，南京：江苏古籍出版社，1991—2000 年。

庄学本：《羌戎考察记》，上海：上海良友图书印刷公司，1937 年。

## 二、专著类

白光耀编著：《中国近代学校教育》，北京：北京科学技术出版社，1995 年。

蔡元培：《蔡元培自述》，哈尔滨：北方文艺出版社，2012 年。

陈景磐编：《中国近代教育史》，北京：人民教育出版社，1979 年。

陈启天：《近代中国教育史》，台北：中华书局，1979 年。

陈学恂主编，田正平分卷主编：《中国教育史研究·近代分卷》，上海：华东师范大学出版社，2001 年。

崔运武编著：《中国师范教育史》，太原：山西教育出版社，2006 年。

邓传楷：《中华民国之教育》，台北：正中书局，1988 年。

董宝良主编：《中国近现代高等教育史》，武汉：华中科技大学出版社，2007 年。

范国睿：《教育生态学》，北京：人民教育出版社，2000 年。

方明主编：《陶行知全集》第 2 卷，成都：四川教育出版社，2005 年。

冯开文：《中国民国教育史》，北京：人民出版社，1994 年。

高时良：《中国教育史论丛》，福州：福建教育出版社，2009 年。

郭秉文：《中国教育制度沿革史》，福州：福建教育出版社，2007 年。

黄济：《教育哲学》，北京：北京师范大学出版社，1985 年。

黄仁贤编著：《中国教育史》，福州：福建人民出版社，2003 年。

贾大泉主编：《四川通史》（卷七　民国），成都：四川人民出版社，2010 年。

蓝勇编著：《中国历史地理学》（第二版），北京：高等教育出版社，2010 年。

雷国鼎：《中国近代教育行政制度史》，台北：教育文物出版社有限公司，1983 年。

李定开主编：《重庆教育史》，重庆：西南师范大学出版社，2006 年。

李桂林主编：《中国教育史》，上海：上海教育出版社，1989 年。

李国钧、王炳照总主编，于述胜著：《中国教育制度通史》第 7 卷《民国时期（公元 1912—1949 年）》，济南：山东教育出版社，2000 年。

李华兴主编：《民国教育史》，上海：上海教育出版社，1997 年。

李世平、程贤敏主编：《近代四川人口》，成都：成都出版社，1993 年。

李孝聪：《中国区域历史地理》，北京：北京大学出版社，2004 年。

李泽厚：《中国思想史论》（上），合肥：安徽文艺出版社，1999 年。

岭光电：《忆往昔——一个彝族土司的自述》，昆明：云南人民出版社，1988 年。

刘海峰、史静寰主编：《高等教育史》，北京：高等教育出版社，2010 年。

刘洪康主编：《中国人口》（四川分册），北京：中国财政经济出版社，1988 年。

刘少雪：《中国大学教育史》，太原：山西教育出版社，2007 年。

刘问岫编：《中国师范教育简史》，北京：人民教育出版社，1984 年。

刘英杰主编：《中国教育大事典》（下），杭州：浙江教育出版社，1993 年。

娄立志、广少奎主编：《中国教育史》，济南：山东人民出版社，2008 年。

陆远权：《通商贸易与区域社会变迁——重庆开埠二十年发展研究》，重庆：西南大学师范出版社，2004 年。

路遇、滕泽之编著：《中国人口通史》（下），济南：山东人民出版社，2000 年。

罗明东：《教育地理学》，昆明：云南大学出版社，2003 年。

毛礼锐、沈灌群主编：《中国教育通史》第 5 卷，济南：山东教育出版社，1988 年。

米靖：《中国职业教育史研究》，上海：上海教育出版社，2009 年。

潘懋元主编：《中国高等教育百年》，广州：广东高等教育出版社，2003 年。

庞卓恒、李学智、吴英：《史学概论》，北京：高等教育出版社，2006 年。

蒲孝荣：《四川政区沿革与治地今释》，成都：四川人民出版社，1986 年。

璩鑫圭、童富勇、张守智编：《中国近代教育史资料汇编·实业教育师范教育》，上海：上海教育出版社，1994 年。

曲铁华主编：《中国教育史》，长春：东北师范大学出版社，2005 年。

任乃强：《西康图经（民俗篇）》，台北：南天书局有限公司，1987 年。

任乃强、任建新：《四川州县建置沿革图说》，成都：巴蜀书社，2002 年。

申晓云主编：《动荡转型中的民国教育》，郑州：河南人民出版社，1994 年。

史念海：《两〈唐书〉列传人物本贯的地理分布》，《河山集·五集》，太原：山西人民出版社，1991 年。

舒新城编：《中国近代教育史资料》，北京：人民教育出版社，1981 年。

苏智良、毛剑锋、蔡亮，等编著：《去大后方——中国抗战内迁实录》，上海：上海人民出版社，2005 年。

孙邦正编著：《六十年来的中国教育》，台北：正中书局，1974 年。

孙丽荣编著：《中国近代教育史》，哈尔滨：黑龙江人民出版社，2009 年。

孙培青主编：《中国教育史》，上海：华东师范大学出版社，2000 年。

孙翊刚主编：《简明中国财政史》，北京：中国财政经济出版社，1988 年。

涂文涛主编：《四川教育史》，成都：四川教育出版社，2007 年。

汪东林：《梁漱溟问答录》，武汉：湖北人民出版社，2004 年。

王建军：《中国教育史新编》，广州：广东高等教育出版社，2003 年。

王杰、祝士明编著：《学府典章：中国近代高等教育初创之研究》，天津：天津大学出版社，2010 年。

王立显主编：《四川公路交通史》（上），成都：四川人民出版社，1989 年。

王维新、陈金林、戴建国：《中国百年师范教育图志》，上海：上海辞书出版社，2009 年。

王越、周德昌：《中国近代教育史》，长沙：湖南教育出版社，1986 年。

隗瀛涛主编：《四川近代史稿》，成都：四川人民出版社，1990 年。

温贤美：《四川通史》第七册，成都：四川大学出版社，1994 年。

闻友信、杨金梅：《职业教育史》，海口：海南出版社，2000 年。

吴洪成编著：《中国小学教育史》，太原：山西教育出版社，2006 年。

吴家莹：《中华民国教育政策发展史（国民政府时期：一九二五——一九四〇）》，台北：五南图书出版公司，1990 年。

谢长法：《中国职业教育史》，太原：山西教育出版社，2011 年。

谢长法主编：《中国中学教育史》，太原：山西教育出版社，2009 年。

熊明安、徐仲林、李定开主编：《四川教育史稿》，成都：四川教育出版社，1993 年。

熊明安：《中华民国教育史》，重庆：重庆出版社，1997 年。

熊贤君：《中国近代义务教育研究》，武汉：华中师范大学出版社，2006 年。

杨万钟主编：《经济地理学导论》，上海：华东师范大学出版社，1999 年。

于洪波、李忠、金传宝，等主编：《简明中外教育史》，济南：山东人民出版社，2010 年。

张永国、史继忠、石海波，等收集编纂：《民国年间苗族论文集》，贵州民院历史系民族史教研室，1983年。

赵荣、王恩涌、张小林，等：《人文地理学》，北京：高等教育出版社，2006年。

赵心愚、秦和平、王川编：《康区藏族社会珍稀资料辑要》（下），成都：巴蜀书社，2006年。

赵心愚、秦和平编：《康区藏族社会历史调查资料辑要》，成都：四川民族出版社，2004年。

郑登云编著：《中国近代教育史》，上海：华东师范大学出版社，1994年。

郑家福、伍育琦、陈国生，等：《中国历史教育地理新探索》，北京：中央文献出版社，2007年。

郑世兴：《中国现代教育史》，台北：三民书局股份有限公司，1981年。

中央教育科学研究所教育史研究室编，宋恩荣、章威主编：《中华民国教育法规选编（1942～1949）》，南京：江苏教育出版社，1990年。

重庆教育志编纂委员会编：《重庆教育志》，重庆：重庆出版社，2002年。

周振鹤主编，傅林祥、郑宝恒著：《中国行政区划通史·中华民国卷》，上海：复旦大学出版社，2007年。

〔苏〕伊·阿·凯洛夫总主编：《教育学》，陈侠、朱智贤、邵鹤亭，等译，北京：人民教育出版社。1957年。

〔英〕汤因比著，〔英〕索麦维尔节录：《历史研究》，曹未风、徐怀启、乐群，等译，上海：上海人民出版社，1986年。

## 三、期刊类

曹照洁、张正江：《教育地理学研究的现状、问题与出路》，《毕节学院学报》2010年第12期。

陈建华、潘玉虹：《民国时期四川特殊教育的实践与探索》，《康定民族师范高等专科学校学报》2006年第6期。

陈庆璠：《近代新学体制与城乡分离的加剧——20世纪前期教育现代化进程中的乡村问题》，《福建论坛（人文社会科学版）》2005年第8期。

陈杏年：《抗战时期国民政府的教育政策论略》，《徐州师范学院学报（哲学社会科学版）》1995年第2期。

董应龙、朱家楷：《浅析抗战前十年的民国教育》，《西昌学院学报（社会科学版）》2008年第1期。

广文：《防区时代之四川军政务系统》，《四川文献》1966 年第 9 期。

华林甫：《论唐代宰相籍贯的地理分布》，《史学月刊》1995 年第 3 期。

黄俊伟：《中国近代教会大学的教育理念述评——以华人校长为例》，《现代大学教育》2010 年第 5 期。

黄启兵、毛亚庆：《民国前期高师设置问题研究》，《教师教育研究》2007 年第 6 期。

梁柱：《蔡元培教育思想的渊源与特点》，《高校理论战线》2007 年第 4 期。

凌兴珍：《民国时期的基督教师范教育——基于以四川为中心的考察》，《四川师范大学学报（社会科学版）》2005 年第 6 期。

刘敬坤：《八年抗战中的中央大学》，《炎黄春秋》2002 第 5 期。

刘克辉：《南京国民政府时期的乡村师范学校》，《天中学刊》2008 年第 3 期。

刘秀峰、廖其发：《论民国时期四川乡村建设运动的特点》，《重庆教育学院学报》2010 年第 4 期。

陆道坤：《我国师范教育的历史省思——20 世纪前半叶中国师范教育发展研究》，《教育理论与实践》2008 年第 4 期。

马廷中：《论民国时期甘孜地区的学校教育》，《西南民族大学学报（人文社会科学版）》2008 年第 5 期。

马廷中：《民国时期西康省民族教育的发展》，《西南民族大学学报（人文社会科学版）》2012 年第 12 期。

米靖、张燕香：《民国职业教育译著及其对我国职业教育学科发展的影响》，《职业技术教育》2012 年第 12 期。

沙马阿桃：《民国时期凉山彝族教育状况研究》，《西南民族大学学报（人文社会科学版）》2010 年第 5 期。

申培轩、陈士俊：《民国时期职业教育对农村的适应及其评价》，《教育与职业》2005 年第 8 期。

史念海：《论〈三国志〉及〈晋书〉列传人物籍贯的地理分布》，《浙江大学学报》1993 年第 5 期。

宋秋蓉：《民国私立大学体系富有生机与活力的原因——民国时期政府民治思想的分析维度》，《浙江树人大学学报（人文社会科学版）》2011 年第 3 期。

宋伟、韩梦洁：《近代中国高等教育地域非均衡布局考察》，《史学月刊》2009 年第 4 期。

王丽萍、陆道坤：《我国师范教育体制演进的动力机制研究》，《当代教育科学》2008 年第 21 期。

吴亚玲：《民国前期的公民教育》，《社会科学家》2011 年第 7 期。

肖朗、杨卫明：《近代中国大学与教育学会的互动及其影响》，《高等教育研究》2011年第6期。

谢文庆：《试论中国近代教育史的主线与分期》，《教育史研究》2012年第2期。

熊明安：《民国时期私立高等教育的简要评述》，《北京大学教育评论》2003年第3期。

熊贤君：《论战时教育思潮与战时教育的发展》，《民国档案》2007年第3期。

伊继东、姚辉：《教育地理学研究对象及内容的思考》，《云南师范大学学报（哲学社会科学版）》2012年第2期。

于述胜：《民国时期社会教育问题论纲——以制度变迁为中心的多维分析》，《北京大学教育评论》2005年第3期。

余晓峰：《论民国时期（1913—1934 年）四川的公路建设》，《西南交通大学学报（社会科学版）》2006年第5期。

张正江：《教育地理学与中国教育的地理问题探究》，《长江师范学院学报》2012 年第8期。

赵成：《中国近代职业教育发展过程中社会心理因素的变迁》，《河南职业技术师范学院学报（职业教育版）》2003年第3期。

郑刚：《中英庚款与民国时期的教育》，《教育与经济》2011年第3期。

周楠、李永芳：《民国时期私立高等学校述论》，《安徽大学学报（哲学社会科学版）》2008年第3期。

## 四、学位论文

白媛媛：《民国时期职业教育研究》，东北师范大学硕士学位论文，2006年。

曾崇碧：《20世纪30年代四川小学教师状况研究》，四川大学硕士学位论文，2003年。

阐欣欣：《民国前期中小学公民教育研究》，山东师范大学硕士学位论文，2009年。

陈建华：《民国时期四川特殊教育研究》，四川大学硕士学位论文，2006年。

陈玉玲：《民国初期女子中学教育发展研究（1912—1927）》，西南大学硕士学位论文，2010年。

崔恒秀：《民国教育部与大学关系之研究（1912—1937）》，苏州大学博士学位论文，2008年。

邓小林：《民国时期国立大学教师聘任之研究》，四川大学博士学位论文，2005年。

端木凡义：《国民政府时期重庆私立中学发展探析》，西南大学硕士学位论文，2010年。

段春敏：《我国近代女子师范教育之研究》，河南大学硕士学位论文，2010年。

冯成杰：《抗战时期国统区高等教育的发展及其对策研究》，兰州大学硕士学位论文，2011年。

高志刚：《民国前期教育立法研究》，东北师范大学硕士学位论文，2007年。

勾小群：《民国时期高等师范院校课程改革研究》，陕西师范大学硕士学位论文，2006年。

郭秀艳：《民国时期“教育救国”思潮研究》，大连理工大学硕士学位论文，2008年。

郭余欢：《民国时期义务教育免费思想初探——以袁希涛、陶行知、舒新城为例》，华中师范大学硕士学位论文，2009年。

胡向东：《民国时期中国考试制度的转型与重构》，华中师范大学博士学位论文，2006年。

黄飙：《民国时期义务教育师资培养与管理研究》，东北师范大学硕士学位论文，2007年。

黄茂：《抗战时期的医学高校迁川问题研究》，四川大学硕士学位论文，2002年。

黄启兵：《我国高校设置变迁的制度分析》，南京师范大学博士学位论文，2006年。

兰军：《民国时期中国教育在国际教育论坛上的展现——基于对国际教育组织及会议的考察》，华中师范大学博士学位论文，2007年。

李丽华：《防区制时代的四川民众教育》，四川师范大学硕士学位论文，2005年。

李双龙：《民国四川教育经费探析》，四川大学硕士学位论文，2002年。

李物人：《清末民初省级教育行政机构变革》，湖南师范大学硕士学位论文，2010年。

李霞：《民国时期教育方针的精神主旨研究》，内蒙古师范大学硕士学位论文，2011年。

廖林子：《抗战时期的中国高校教育管理——以西南联大为中心》，华中师范大学硕士学位论文，2006年。

刘建：《中国近代教育行政体制研究》，南京师范大学博士学位论文，2008年。

刘晶：《抗战时期大后方基础教育发展研究——以川、滇、黔三省为中心》，西南大学硕士学位论文，2011年。

刘玲玲：《民国时期教授的生活研究——以〈吴宓日记〉为个案》，东北师范大学硕士学位论文，2009年。

刘腾：《民国时期研究生教育的历史考察与思考》，曲阜师范大学硕士学位论文，2011年。

卢红玲：《民国早期中学教育研究（1912—1927)》，河北大学硕士学位论文，2006年。

马海杰：《论梁漱溟的教育思想》，河南大学硕士学位论文，2006年。

马婉君：《清末至民国前期女子职业教育探究》，河北师范大学硕士学位论文，2009年。

宁静：《我国近代教师教育模式的历史变迁》，河北大学硕士学位论文，2004年。

欧斌：《民国时期私立高等教育与当代民办高等教育政策比较研究》，南昌大学硕士学位论文，2008年。

潘义辉：《梁漱溟内生型教育现代化思想研究》，河北师范大学硕士学位论文，2011年。

彭慧丽：《民国时期高校自主招生制度研究（1912—1949）》，西北师范大学硕士学位论文，2009年。

任平：《晚清民国时期职业教育课程史论》，湖南师范大学博士学位论文，2010年。

苏国安：《南京国民政府时期学校教育政策研究》，河北大学博士学位论文，2010年。

孙广勇：《社会变迁中的中国近代教育会研究》，华中师范大学博士学位论文，2006年。

所晓虹：《区域高等教育空间布局与教育均衡发展——教育地理学视角下的思考》，云南师范大学硕士学位论文，2005年。

陶惠娟：《〈东方杂志〉与民国教育》，山东师范大学硕士学位论文，2011年。

田利召：《近代教育均衡思想研究——以二、三十年代中国乡村教育家为考察对象》，河北师范大学硕士学位论文，2011年。

田忠梅：《〈教育杂志〉与民国二三十年代中学课程改革研究》，内蒙古师范大学硕士学位论文，2010年。

王芳：《国民政府前期四川省中等师范教育发展述论（1927—1937 年）》，西南大学硕士学位论文，2010年。

王娟：《民国政府私立高等教育政策研究》，吉林大学硕士学位论文，2006年。

王伦信：《清末民国时期中学教育研究》，华东师范大学博士学位论文，2001年。

王秀霞：《民国时期的女子职业教育》，山东师范大学硕士学位论文，2004年。

王亚茹：《黄炎培教育救国思想形成与发展研究》，河北师范大学硕士学位论文，2007年。

王章峰：《民国前期教育团体研究（1912—1927）》，河北师范大学硕士学位论文，2006年。

吴丽君：《民国时期成都私立中学教育发展述论》，四川大学硕士学位论文，2005年。

吴文华：《抗日战争时期西南大后方的职业教育》，广西师范大学硕士学位论文，2006年。

谢新农：《民国时期成都盲聋哑特殊教育》，四川师范大学硕士学位论文，2005年。

徐波：《中华民国前期中等教育观念变迁》，山东师范大学硕士学位论文，2008年。

薛红肖：《中国近代职业教育思潮研究（1840—1927）》，河北大学硕士学位论文，2010年。

荀渊：《中国高等教育从传统向现代的转型——对1901—1936年间中国高等教育变革的考察》，华东师范大学博士学位论文，2002年。

杨才林：《"作新民"、"唤起民众"——民国社会教育研究》，首都师范大学博士学位论文，2007年。

杨明朝：《梁漱溟的教育思想（1915—1945）》，陕西师范大学硕士学位论文，2008年。

于萍：《民国时期留英教育对中国高等教育近代化的影响研究》，东北师范大学硕士学位论文，2008年。

喻永庆：《〈中华教育界〉与民国时期教育改革》，华中师范大学博士学位论文，2011年。

张海：《民国时期黄炎培对职业教育的贡献（1912—1937）》，西北大学硕士学位论文，2009年。

张平海：《中国教育早期现代化研究》，华东师范大学博士学位论文，2001年。

张蓉：《中国近代民众教育思潮研究》，华东师范大学博士学位论文，2001年。

张森：《梁漱溟、晏阳初乡村建设理论与实践之比较》，西北大学硕士学位论文，2008年。

张殊夏：《民国时期学前教育研究》，东北师范大学硕士学位论文，2007年。

张汶军：《教师专业化的初步尝试：民国后期小学“教师检定”的定制与实践》，华中师范大学硕士学位论文，2009年。

张艳艳：《从近代学制看我国师范教育体制的确立与发展》，河北师范大学硕士学位论文，2008年。

张永民：《抗战时期的西南边疆教育研究》，贵州师范大学硕士学位论文，2007年。

张珍珍：《民国职业教育研究（1912—1927）》，河北大学硕士学位论文，2005年。

朱春玲：《民国早期（1912年—1927年）大学教育管理研究》，河北大学硕士学位论文，2004年。

朱艳林：《近代四川官方改良私塾的努力及其成效》，四川大学硕士学位论文，2006年。

朱映占：《民国时期的西南民族》，云南大学博士学位论文，2012年。

# 附　录①

**附录 1　民国六年（1917 年）四川省中学校一览表**

| 序号 | 校别 | 地点 | 在校学生班数/个 | 在校学生人数/人 |
|---|---|---|---|---|
| 1 | 省立第一中学校 | 成都 | 5 | 204 |
| 2 | 省立第二中学校 | 江油 | 2 | 84 |
| 3 | 省立第三中学校 | 江安 | 4 | 150 |
| 4 | 省立第四中学校 | 涪陵 | 4 | 172 |
| 5 | 成都联合县立中学校 | 成都 | 8 | 297 |
| 6 | 重庆联合县立中学校 | 重庆 | 8 | 300 |
| 7 | 雅州联合县立中学校 | 雅州 | 5 | 153 |
| 8 | 夔州联合县立中学校 | 奉节 | 3 | 79 |
| 9 | 邛州联合县立中学校 | 邛崃 | 4 | 173 |
| 10 | 眉州联合县立中学校 | 眉州 | 4 | 238 |
| 11 | 绵州联合县立中学校 | 绵州 | 1 | 64 |
| 12 | 顺庆联合县立中学校 | 南充 | 6 | 290 |
| 13 | 叙州联合县立中学校 | 叙州 | 4 | 239 |
| 14 | 龙安联合县立中学校 | 龙安 | 2 | 103 |
| 15 | 绥定联合县立中学校 | 绥定 | 4 | 220 |
| 16 | 嘉定联合县立中学校 | 嘉定 | 6 | 281 |
| 17 | 永宁联合县立中学校 | 永宁 | 1 | 60 |
| 18 | 保宁联合县立中学校 | 保宁 | 4 | 144 |
| 19 | 潼川联合县立中学校 | 潼川 | | |
| 20 | 宁远联合县立中学校 | 宁远 | 4 | 158 |
| 21 | 酉阳联合县立中学校 | 酉阳 | 1 | 40 |
| 22 | 涪陵县立中学校 | 涪陵 | 5 | 128 |
| 23 | 万县县立中学校 | 万县 | 3 | 98 |
| 24 | 合江县立中学校 | 合江 | 2 | 66 |
| 25 | 梁山县立中学校 | 梁山 | 5 | 188 |
| 26 | 合川县立中学校 | 合川 | 4 | 124 |
| 27 | 成都县立中学校 | 成都 | 4 | 162 |
| 28 | 泸县县立中学校 | 泸县 | 4 | 185 |
| 29 | 资阳县立中学校 | 资阳 | 2 | 132 |

① 附录中的表格为原文摘录，为保持原貌，统一不做修改。

续表

| 序号 | 校别 | 地点 | 在校学生班数/个 | 在校学生人数/人 |
|---|---|---|---|---|
| 30 | 荣县县立中学校 | 荣县 | 4 | 128 |
| 31 | 忠县县立中学校 | 忠县 | 5 | 200 |
| 32 | 广汉县立中学校 | 广汉 | 4 | 139 |
| 33 | 富顺县立中学校 | 富顺 | 4 | 163 |
| 34 | 简阳县立中学校 | 简阳 | 3 | 131 |
| 35 | 巴县县立中学校 | 巴县 | 4 | 184 |
| 36 | 达县县立中学校 | 达县 | 2 | 115 |
| 37 | 垫江县立中学校 | 垫江 | 4 | 184 |
| 38 | 江北县立中学校 | 江北 | 4 | 131 |
| 39 | 江津县立中学校 | 江津 | 3 | 128 |
| 40 | 江安县立中学校 | 江安 | 1 | 50 |
| 41 | 南充县立中学校 | 南充 | | |
| 42 | 彭县县立中学校 | 彭县 | 4 | 142 |
| 43 | 资属县立中学校 | 资州 | 4 | 174 |
| 44 | 巴中县立中学校 | 巴中 | 2 | 96 |
| 45 | 叙属县立中学校 | 叙州 | | |
| 46 | 永川县立中学校 | 永川 | 6 | 292 |
| 47 | 绵竹县立中学校 | 绵竹 | | |
| 48 | 华阳县立中学校 | 华阳 | 5 | 231 |
| 49 | 璧山县立中学校 | 璧山 | 4 | 135 |
| 50 | 安岳县立中学校 | 安岳 | 4 | 166 |
| 51 | 资中县立中学校 | 资中 | 1 | 52 |
| 52 | 仁寿县立中学校 | 仁寿 | 4 | 207 |
| 53 | 内江县立中学校 | 内江 | 2 | 85 |
| 54 | 私立济川中学校 | | 4 | 233 |
| 55 | 私立储才中学校 | | 4 | 135 |

资料来源：教育部普通教育司编：《全国中学校一览表》，1917 年，第 25—30 页。

## 附录 2　四川省二十五年度（1936 年）中学学校一览表

### 甲　中学（高初级合设）

#### （1）省立中学

| 校名 | 科别 | 所在地 | 备注 |
|---|---|---|---|
| 省立成都中学 | 高初中 | 成都 | 由国立四川大学附属中学改办 |
| 省立成都女子中学 | 高初中 | 成都 | |
| 省立龙潭中学 | 初中/师范科 | 酉阳 | |
| 省立江安中学 | 高初中 | 江安 | 由第三中学改称 |
| 省立奉节中学 | 高初中 | 奉节 | 由第四中学改称 |
| 省立资中中学 | 高初中 | 资中 | 由第六中学改称 |
| 省立绵阳中学 | 高初中 | 绵阳 | 合并省立第二中学龙绵联立中学改组成立 |
| 省立南充中学 | 高初中 | 南充 | 由省立南充高中改办 |

### （2）联立中学

| 校名 | 科别 | 所在地 | 备注 |
|---|---|---|---|
| 成属联立中学 | 高初中 | 成都 | |
| 宁雅邛联立中学 | 高初中 | 雅安 | |
| 眉属联立中学 | 高初中 | 眉山 | 即眉属联立初中，二十五年八月改今名 |
| 嘉属联立中学 | 高初中 | 乐山 | |
| 叙属联立中学 | 高初中 | 宜宾 | |
| 十五区联立中学 | 高初中 | 达县 | |

### （3）县立中学

| 校名 | 科别 | 所在地 | 备注 |
|---|---|---|---|
| 成都县立中学 | 高初中 | 成都 | |
| 泸县县立中学 | 高初中 | 泸县 | |
| 富顺县立中学 | 高初中 | 富顺 | |
| 广安县立中学 | 高初中 | 广安 | |
| 资中县立女子中学 | 高初中 | 资中 | |

### （4）私立中学

| 校名 | 科别 | 所在地 | 备注 |
|---|---|---|---|
| 私立蜀华中学 | 高初中 | 成都 | |
| 私立大同中学 | 高初中 | 成都 | |
| 私立华美女子中学 | 高初中 | 成都 | |
| 私立建国中学 | 高初中 | 成都 | |
| 私立天府中学 | 高初中 | 成都 | |
| 私立成公中学 | 高初中 | 成都 | |
| 私立求精中学 | 高初中 | 巴县 | |
| 私立协进中学 | 高初中 | 成都 | |
| 私立敬业中学 | 高初中 | 成都 | |
| 私立广益中学 | 高初中 | 巴县 | 由初中改办 |

### （5）未经本部备案之私立中学

| 校名 | 科别 | 所在地 | 备注 |
|---|---|---|---|
| 私立南渝中学 | 高初中 | 重庆 | |
| 私立进德女子中学 | 高中 | 资中 | |
| 私立明德女子中学 | 高初中 | 宜宾 | |

## 乙　高级中学

### （1）联立高级中学

| 校名 | 科别 | 所在地 | 备注 |
|---|---|---|---|
| 潼属联立高级中学 | 高中 | 三台 | |
| 重属联立高级中学 | 高中 | 巴县 | |

（2）私立高级中学

| 校名 | 科别 | 所在地 | 备注 |
| --- | --- | --- | --- |
| 私立华西协合高级中学 | 高中 | 成都 | |
| 私立华英女子高级中学 | 高中 | 成都 | |

## 丙　初级中学

（1）联立初级中学

| 校名 | 科别 | 所在地 | 备注 |
| --- | --- | --- | --- |
| 叙属联立旅省初级中学 | 初中 | 成都 | |
| 宁属联立初级中学 | 初中 | 西昌 | |
| 永属联立初级中学 | 初中 | 叙永 | |
| 黔彭联立初级中学 | 初中 | 黔江 | |
| 十二区联立女子初级中学① | 初中 | 绵阳 | |

（2）县立初级中学

| 校名 | 科别 | 所在地 | 备注 |
| --- | --- | --- | --- |
| 华阳县立初级中学 | 初中 | 华阳 | |
| 简阳县立初级中学 | 初中 | 简阳 | |
| 崇庆县立初级中学 | 初中 | 崇庆 | |
| 广汉县立初级中学 | 初中 | 广汉 | |
| 金堂县立初级中学 | 初中 | 金堂 | |
| 彭县县立初级中学 | 初中 | 彭县 | |
| 什邡县立初级中学 | 初中 | 什邡 | |
| 绵竹县立初级中学 | 初中 | 绵竹 | |
| 德阳县立初级中学 | 初中 | 德阳 | |
| 江油县立初级中学 | 初中 | 江油 | |
| 会理县立初级中学 | 初中 | 会理 | |
| 西昌县立初级中学 | 初中 | 西昌 | |
| 汉源县立初级中学 | 初中 | 汉源 | |
| 邛崃县立初级中学 | 初中 | 邛崃 | |
| 名山县立初级中学 | 初中 | 名山 | |
| 大邑县立初级中学 | 初中 | 大邑 | |
| 彭山县立初级中学 | 初中 | 彭山 | |
| 乐山县立初级中学 | 初中 | 乐山 | |
| 洪雅县立初级中学 | 初中 | 洪雅 | |
| 犍为县立初级中学 | 初中 | 犍为 | |
| 荣县县立初级中学 | 初中 | 荣县 | |
| 威远县立初级中学 | 初中 | 威远 | |
| 仁寿县立初级中学 | 初中 | 仁寿 | |
| 资阳县立初级中学 | 初中 | 资阳 | |
| 井研县立初级中学 | 初中 | 井研 | |
| 内江县立初级中学 | 初中 | 内江 | |

① 笔者认为应该是“十三区联立女子初级中学”。

续表

| 校名 | 科别 | 所在地 | 备注 |
|---|---|---|---|
| 宜宾县立初级中学 | 初中 | 宜宾 | |
| 南溪县立初级中学 | 初中 | 南溪 | |
| 隆昌县立初级中学 | 初中 | 隆昌 | |
| 合江县立初级中学 | 初中 | 合江 | |
| 古宋县立初级中学 | 初中 | 古宋 | |
| 永川县立初级中学 | 初中 | 永川 | |
| 荣昌县立初级中学 | 初中 | 荣昌 | |
| 合川县立初级中学 | 初中 | 合川 | |
| 江津县立初级中学 | 初中 | 江津 | |
| 铜梁县立初级中学 | 初中 | 铜梁 | |
| 綦江县立初级中学 | 初中 | 綦江 | |
| 大足县立初级中学 | 初中 | 大足 | |
| 璧山县立初级中学 | 初中 | 璧山 | |
| 武胜县立初级中学 | 初中 | 武胜 | |
| 涪陵县立初级中学 | 初中 | 涪陵 | |
| 长寿县立初级中学 | 初中 | 长寿 | |
| 忠县县立初级中学 | 初中 | 忠县 | |
| 丰都县立初级中学 | 初中 | 丰都 | |
| 垫江县立初级中学 | 初中 | 垫江 | |
| 梁山县立初级中学 | 初中 | 梁山 | |
| 云阳县立初级中学 | 初中 | 云阳 | |
| 开县县立初级中学 | 初中 | 开县 | |
| 秀山县立初级中学 | 初中 | 秀山 | |
| 越嶲县立初级中学 | 初中 | 越嶲 | |
| 开江县立初级中学 | 初中 | 开江 | |
| 渠县县立初级中学 | 初中 | 渠县 | |
| 大竹县立初级中学 | 初中 | 大竹 | |
| 蓬安县立初级中学 | 初中 | 蓬安 | |
| 营山县立初级中学 | 初中 | 营山 | |
| 邻水县立初级中学 | 初中 | 邻水 | |
| 岳池县立初级中学 | 初中 | 岳池 | |
| 三台县立初级中学 | 初中 | 三台 | |
| 遂宁县立初级中学 | 初中 | 遂宁 | |
| 蓬溪县立初级中学 | 初中 | 蓬溪 | |
| 潼南县立初级中学 | 初中 | 潼南 | |
| 乐至县立初级中学 | 初中 | 乐至 | |
| 安岳县立初级中学 | 初中 | 安岳 | |
| 中江县立初级中学 | 初中 | 中江 | |
| 射洪县立初级中学 | 初中 | 射洪 | |
| 阆中县立初级中学 | 初中 | 阆中 | |
| 万县县立初级中学 | 初中 | 万县 | |
| 灌县县立初级中学 | 初中 | 灌县 | |

续表

| 校名 | 科别 | 所在地 | 备注 |
|---|---|---|---|
| 郫县县立初级中学 | 初中 | 郫县 | |
| 成都县立女子初级中学 | 初中 | 成都 | |
| 眉山县立女子初级中学 | 初中 | 眉山 | |
| 乐山县立女子初级中学 | 初中 | 乐山 | |
| 隆昌县立女子初级中学 | 初中 | 隆昌 | |
| 巴县县立女子初级中学 | 初中 | 巴县 | |
| 巴县县立初级中学 | 初中 | 巴县 | |
| 荣昌县立女子初级中学 | 初中 | 荣昌 | |
| 合川县立女子初级中学 | 初中 | 合川 | |
| 江津县立女子初级中学 | 初中 | 江津 | |
| 铜梁县立女子初级中学 | 初中 | 铜梁 | |
| 万县县立女子初级中学 | 初中 | 万县 | |
| 渠县县立女子初级中学 | 初中 | 渠县 | |
| 岳池县立女子初级中学 | 初中 | 岳池 | |
| 广安县立女子初级中学 | 初中 | 广安 | |
| 遂宁县立女子初级中学 | 初中 | 遂宁 | |
| 安岳县立女子初级中学 | 初中 | 安岳 | |
| 中江县立女子初级中学 | 初中 | 中江 | |
| 南充县立女子初级中学 | 初中 | 南充 | |
| 江安县立女子初级中学 | 初中 | 江安 | |
| 大足县立女子初级中学 | 初中 | 大足 | |
| 简阳县立女子初级中学 | 初中 | 简阳 | |
| 开县县立女子初级中学 | 初中 | 开县 | |
| 大邑县立女子初级中学 | 初中 | 大邑 | |
| 大竹县立女子初级中学 | 初中 | 大竹 | |
| 新津县立初级中学 | 初中 | 新津 | |
| 古蔺县立初级中学 | 初中 | 古蔺 | |
| 江北县立初级中学 | 初中 | 重庆 | |
| 西昌县立女子初级中学 | 初中 | 西昌 | |

（3）市区私立初级中学

| 校名 | 科别 | 所在地 | 备注 |
|---|---|---|---|
| 重庆市立初级中学 | 初中 | 重庆 | |
| 荣昌安富镇区立女子初级中学 | 初中 | 荣昌安富镇 | |
| 江津县白沙镇区立女子初级中学 | 初中 | 江津白沙镇 | |

（4）私立初级中学

| 校名 | 科别 | 所在地 | 备注 |
|---|---|---|---|
| 私立寿民初级中学 | 初中 | 资阳 | |
| 私立棠香初中中学 | 初中 | 荣昌 | |
| 私立福建旅彭女子初级中学 | 初中 | 彭县 | |
| 私立上智初级中学 | 初中 | 邛崃 | |

续表

| 校名 | 科别 | 所在地 | 备注 |
| --- | --- | --- | --- |
| 私立中山初级中学 | 初中 | 富顺 | |
| 私立沱江初级中学 | 初中 | 内江 | |
| 私立知行初级中学 | 初中 | 犍为 | |
| 私立华英初级中学 | 初中 | 荣县 | |
| 私立成德女子初级中学 | 初中 | 重庆 | |
| 私立公信女子初级中学 | 初中 | 宜宾 | |
| 私立民新初级中学 | 初中 | 成都 | |
| 私立蓉城女子初级中学 | 初中 | 成都 | |
| 私立成城初级中学 | 初中 | 成都 | |
| 私立淑德女子初级中学 | 初中 | 巴县 | |
| 私立大成初级中学 | 初中 | 成都 | |
| 私立岭南初级中学 | 初中 | 资中 | |
| 私立育德初级中学 | 初中 | 绵阳 | |
| 私立精一初级中学 | 初中 | 遂宁 | |
| 私立治平初级中学 | 初中 | 江北 | |
| 私立三英初级中学 | 初中 | 成都 | |
| 私立树德初级中学 | 初中 | 成都 | |
| 私立益州女子初级中学 | 初中 | 成都 | |
| 私立中华女子初级中学 | 初中 | 成都 | |
| 私立涪江女子初级中学 | 初中 | 遂宁 | |
| 私立聚奎初级中学 | 初中 | 江津 | |
| 私立南薰初级中学 | 初中 | 成都 | |
| 私立南岸初级中学 | 初中 | 重庆 | |
| 私立进德初级中学 | 初中 | 资中 | |
| 私立明诚初级中学 | 初中 | 巴县 | |
| 私立培英初级中学 | 初中 | 成都 | |
| 私立新本女子初级中学 | 初中 | 江津 | |
| 私立英井初级中学 | 初中 | 永川 | |
| 私立文德女子初级中学 | 初中 | 重庆 | |
| 私立精益初级中学 | 初中 | 重庆 | |
| 私立兼善初级中学 | 初中 | 巴县 | |
| 私立明德初级中学 | 初中 | 庆符南岸镇 | |
| 私立成达初级中学 | 初中 | 南充 | |
| 私立华英女子初级中学 | 初中 | 成都 | |
| 私立存诚初级中学 | 初中 | 资阳 | |
| 私立培德女子初级中学 | 初中 | 富顺 | |
| 私立通惠初级中学 | 初中 | 重庆 | |

（5）未经本部备案之私立初级中学

| 校名 | 科别 | 所在地 | 备注 |
|---|---|---|---|
| 私立济川初级中学 | 初中 | 成都 | |
| 私立培德初级中学 | 初中 | 自贡 | |
| 私立通材初级中学 | 初中 | 犍为盐场 | 由犍为县盐场区立中学改名 |
| 私立正谊初级中学 | 初中 | 铜梁 | |
| 私立致远初级中学 | 初中 | 万县 | |
| 私立赣江初级中学 | 初中 | 巴县 | |
| 私立复旦初级中学 | 初中 | 重庆 | |
| 私立荫唐初级中学 | 初中 | 成都 | |
| 私立蜀光初级中学 | 初中 | 自流井 | |
| 私立明德初级中学 | 初中 | 雅安 | |
| 私立英年初级中学 | 初中 | 彭县 | |
| 私立高琦初级中学 | 初中 | 成都 | |
| 私立江阳初级中学 | 初中 | 泸县 | |
| 私立适存女子初级中学 | 初中 | 丰都 | |
| 私立豫章初级中学 | 初中 | 万县 | |

资料来源：教育部统计室编：《中华民国二十五年度全国中等学校一览表》，上海：商务印书馆，1937年，第37—43页。

## 附录3　四川省二十五年度（1936年）中等师范学校一览表

### 甲　师范学校

（1）省立师范学校

| 校名 | 科别 | 所在地 | 备注 |
|---|---|---|---|
| 省立成都师范学校 | 师范 | 成都 | 原名省立第一师范 |
| 省立西昌师范学校 | 师范/初中 | 西昌 | 原名省立第二师范 |
| 省立遂宁师范学校 | 师范/高中 | 遂宁 | 原名省立第三师范 |
| 省立万县师范学校 | 师范/高中/初中 | 万县 | 原名省立第四师范 |
| 省立剑阁师范学校 | 师范/简易师范 | 剑阁 | |
| 省立成都女子师范学校 | 师范/初中 | 成都 | 原名省立第一女子师范 |
| 省立重庆女子师范学校 | 师范/高中/初中/简易师范 | 巴县 | 原名省立第二女子师范 |
| 省立南充女子师范学校 | 师范/初中 | 南充 | 原名省立嘉陵女子师范 |

（2）联立师范学校

| 校名 | 科别 | 所在地 | 备注 |
|---|---|---|---|
| 川东联立师范学校 | 师范/高初中/体育师范 | 巴县 | |
| 川南联立师范学校 | 师范/幼稚师范 | 泸县 | |

（3）县立师范学校

| 校名 | 科别 | 所在地 | 备注 |
|---|---|---|---|
| 资阳县立女子师范学校 | 师范 | 资阳 | |

（4）私立师范学校

| 校名 | 科别 | 所在地 | 备注 |
|---|---|---|---|
| 私立成都协合女子师范学校 | 二年制幼师科 | 成都 | |

## 乙　简易师范学校

（1）联立简易师范学校

| 校名 | 科别 | 所在地 | 备注 |
|---|---|---|---|
| 第二区联立简易师范学校 | 简易师范/简易师范科 | 资中 | |

（2）县立简易师范学校

| 校名 | 科别 | 所在地 | 备注 |
|---|---|---|---|
| 酉阳县立简易师范学校 | 简易师范 | 酉阳 | |
| 珙县县立女子简易师范学校 | 简易师范 | 珙县 | |
| 垫江县立女子简易师范学校 | 简易师范 | 垫江 | |
| 武胜县立女子简易师范学校 | 简易师范 | 武胜 | |
| 平武县立简易师范学校 | 简易师范 | 平武 | |
| 云阳县立女子简易师范学校 | 简易师范 | 云阳 | |

（3）未经本部备案之私立简易师范学校

| 校名 | 科别 | 所在地 | 备注 |
|---|---|---|---|
| 私立泸县女学会女子师范学校 | 二年制师范 | 泸县 | |

## 丙　简易乡村师范学校

（1）县立简易乡村师范学校

| 校名 | 科别 | 所在地 | 备注 |
|---|---|---|---|
| 越嶲县立简易乡村师范学校 | 简易师范 | 越嶲 | |
| 威远县立女子简易乡村师范学校 | 简易师范 | 威远 | |
| 内江县立简易乡村师范学校 | 简易师范 | 内江 | |
| 长宁县立简易乡村师范学校 | 简易师范 | 长宁 | |
| 青神县立简易乡村师范学校 | 简易师范 | 青神 | |
| 巫山县立女子简易乡村师范学校 | 简易师范 | 巫山 | |
| 江津县立简易乡村师范学校 | 四年制/简易师范 | 江津 | |
| 屏山县立简易乡村师范学校 | 简易师范 | 屏山 | |
| 广汉县立女子简易乡村师范学校 | 简易师范 | 广汉 | |
| 新津县立女子简易乡村师范学校 | 简易师范 | 新津 | |
| 隆昌县立简易乡村师范学校 | 简易师范 | 隆昌 | |
| 邛崃县立女子简易乡村师范学校 | 简易师范 | 邛崃 | |
| 峨眉县立女子简易乡村师范学校 | 简易师范 | 峨眉 | |
| 涪陵县立简易乡村师范学校 | 简易师范 | 涪陵 | |
| 达县县立简易乡村师范学校 | 简易师范/初中 | 达县 | |

（2）区市立简易乡村师范学校

| 校名 | 科别 | 所在地 | 备注 |
|---|---|---|---|
| 宜宾县第二区立简易乡村师范学校 | 三年制简师 | 宜宾百花镇 | |

资料来源：教育部统计室编：《中华民国二十五年度全国中等学校一览表》，上海：商务印书馆，1937年，第43—44页。

## 附录4　西康民国二十五年度（1936年）中等师范学校一览表

### 甲　师范学校

省立师范学校

| 校名 | 科别 | 所在地 | 备注 |
|---|---|---|---|
| 省立康定师范学校 | 简易师范部/师范科/藏族师资训练班 | 康定 | 县立女子师范传习所停办后在本校内增有女生一班 |

### 乙　简易师范学校

国立简易师范学校

| 校名 | 科别 | 所在地 | 备注 |
|---|---|---|---|
| 中央政治学校康定分校 | 简易师范 | 康定 | |

资料来源：教育部统计室编：《中华民国二十五年度全国中等学校一览表》，上海：商务印书馆，1937年，第47页。

## 附录5　四川省各种职业学校开办时期及变迁经过一览表（至1930年止）

| 校名 | 开办时间 | 开办后变迁经过 |
|---|---|---|
| 省立第一工科高级中学校 | 民国二年 | 原为四川职业学校，民国二年改为省立第一甲种工业学校，十三年改为省立第一职业学校，十四年改定今名 |
| 省立第一商科高级中学校 | 宣统二年 | 原为重庆联合县立中等商业学校，民国三年改为省立第一甲种商业学校，十三年改定今名 |
| 永川县立甲种农业学校 | 宣统元年 | 原为永川县立中等农业学校，民国三年改为甲种农业学校，嗣后停办 |
| 潼川联合县立甲种工业学校 | 宣统二年 | 原为潼川联合县立中等工业学校，民国三年改为潼川联合县立甲种工业学校。嗣后停办 |
| 川东共立高级工科中学校 | 民国四年 | 原为川东联合县立甲种工业学校，十四年改今名 |
| 金堂县立乙种农业学校 | 民国二年 | 嗣后停办 |
| 绵阳县立乙种农业学校 | 民国二年 | 嗣后停办 |
| 安县县立乙种农业学校 | 民国元年 | 原为县立实业学校，民国三年改为乙种农业学校，嗣后停办 |
| 江油县立乙种农业学校 | 宣统二年 | 同前 |
| 遂宁县立乙种农业学校 | 宣统二年 | 同前 |
| 渠县县立乙种实业学校 | 宣统二年 | 原为县立实业学校，民国三年改为乙种农业学校，嗣后停办 |
| 营山县立乙种农业学校 | 民国三年 | 原为县立实业学校，后改为乙种农业学校，嗣后停办 |

续表

| 校名 | 开办时间 | 开办后变迁经过 |
| --- | --- | --- |
| 长寿县立乙种农业学校 | 宣统二年 | 原为县立实业学校，民国三年改为乙种农业学校，嗣后停办 |
| 巫溪县立乙种农业学校 | 民国元年 | 同前 |
| 合川县立乙种农业学校 | 宣统元年 | 嗣后停办 |
| 秀山县立乙种工业学校 | 民国二年 | 嗣后停办 |
| 眉山县立乙种工业学校 | 民国三年 | 嗣后停办 |
| 荣县县立乙种农业学校 | 宣统元年 | 原为县立实业学校，民国三年改为乙种农业学校，嗣后停办 |
| 宜宾县立乙种实业学校 | 宣统三年 | 原为县立实业学校，民国三年改为乙种农业学校，嗣后停办 |
| 筠连县立乙种农业学校 | 民国三年 | 嗣后停办 |
| 大邑县立乙种工业学校 | 民国三年 | 嗣后停办 |
| 越巂县立乙种实业学校 | 民国三年 | 同前 |
| 会理县立乙种工业学校 | 宣统三年 | 原为县立实业学校，民国三年改为乙种农业学校，嗣后停办 |
| 会理县立乙种农业学校 | 民国二年 | 嗣后停办 |
| 彭县县立职业学校 | 民国十四年 | 十八年已改为小学校 |
| 灌县县立职业学校 | 民国六年 | 原为县立乙种农业学校，十四年改为县立职业学校，十八年改为小学校 |
| 安县县立职业学校 | 民国二年 | 原为县立乙种农业学校，十四年改为县立职业学校，嗣后停办 |
| 南充县县立职业学校 | 民国三年 | 原为县立乙种农业学校，十四年改定今名 |
| 南部县县立职业学校 | 宣统元年 | 原为县立实业学校，民国三年改为乙种农业学校，十四年改定今名 |
| 阆中县县立职业学校 | 民国十三年 | 十七年停办，改为民生工厂 |
| 梁山县县立职业学校 | 宣统三年 | 原为县立实业学校，民国三年改为乙种农业学校，十四年改定今名 |
| 铜梁县县立职业学校 | 十七年二月 | 该县于前清末年曾开办职业学校一所，中经停顿，至民国十七年复行设立 |
| 大足县立职业学校 | 民国七年 | 原为县立乙种工业学校，十四年改为职业学校，嗣后停办 |
| 璧山县县立职业学校 | 十八年二月 | |
| 江津县县立职业学校 | 民国二年 | 原为县立甲种农业学校，十四年改定今名 |
| 涪陵县县立职业学校 | 宣统二年 | 嗣后停办 |
| 资中县县立职业学校 | 民国八年 | 原为县立乙种农业学校，十四年改定今名 |
| 威远县县立职业学校 | 民国元年 | 原为县立实业学校，民国三年改为乙种工业学校，十四年改为职业学校，嗣后停办 |
| 彭山县县立职业学校 | | 嗣后停办 |
| 犍为县县立职业学校 | 十七年八月 | |
| 万县县立女子职业学校 | 十八年二月 | |
| 达县县立女子职业学校 | 民国十年 | 原为绥定女子职业学校，十四年改定今名 |
| 永川县县立女子职业学校 | 民国十三年 | 嗣后停办 |
| 巴县县立女子职业学校 | 民国五年 | 原为县立女子乙种工业学校，十四年改为女子职业学校，嗣后停办 |
| 潼川联合县立高级中学附设职业班 | 十九年八月 | |

续表

| 校名 | 开办时间 | 开办后变迁经过 |
| --- | --- | --- |
| 巴县县立中学校农业科 | 民国九年 | 原为县立甲种农业学校，十六年并入县立中学校办理 |
| 广汉县立高级小学校职业准备班 | 前清光绪三十四年 | 原为县立实业学校，民国三年改为乙种农业学校，十六年改上名，现已停办 |
| 温江县立高级小学校职业准备班 | 民国二年 | 原为县立职业学校，民国三年改为乙种工业学校，十年又改为职业学校，十五年改今名 |
| 崇庆县立高级小学校职业准备班 | 十五年二月 | |
| 新繁县立高级小学校职业准备班 | 十八年二月 | |
| 绵竹县立高级小学校职业准备班 | 民国八年 | 原为县立乙种工业学校，十九年五月改今名 |
| 奉节县立南城女子小学校职业准备班 | 十九年二月 | |
| 武胜县县立高级小学校职业准备班 | 二十年三月 | |
| 私立第一女子职业学校 | 民国元年 | 原为四川女子工艺专修学校，十四年改今名 |
| 万县县立商业中学 | 十七年二月 | 十九年度下期停办 |
| 泸县郑氏宗嗣私立乙种职业学校 | 民国十四年 | 嗣后改办小学 |
| 蓝氏私立民生女子职业学校 | 十九年九月 | |

资料来源：教育部编：《第一次中国教育年鉴》（丙编教育概况），上海：开明书店，1934 年，第 390—392 页。

## 附录 6　四川省十九年度（1930 年）职业学校概况表

| 校名 | 立别 | 开办年月 | 编制 | 修业年限 |
| --- | --- | --- | --- | --- |
| 省立第一工科高级中学校 | 省立 | 民国二年 | 高级三班初级三班 | 高初级均三年 |
| 省立第一商科高级中学校 | 省立 | 宣统二年 | 高级三班初级二班 | 高初级均三年 |
| 川东共立高级工科中学校 | 共立 | 民国四年 | 高级三班初级二班 | 高初级均三年 |
| 新繁县立职业学校 | 县立 | 十六年二月 | 农科二班工科一班 | 三年 |
| 南部县立职业学校 | 县立 | 宣统元年 | 农科四班林科一班<br>□科三班 | 甲级三年<br>乙级二年 |
| 南充县立职业学校 | 县立 | 民国三年二月 | 农□科二班 | 三年 |
| 梁山县立职业学校 | 县立 | 宣统三年 | 农科四班□科三班 | 三年 |
| 万县县立女子职业学校 | 县立 | 十八年二月 | 选修科三班 | 二年 |
| 达县县立女子职业学校 | 县立 | 民国十年 | 职业准备二班<br>正科二班 | 三年 |
| 铜梁县立职业学校 | 县立 | 十七年二月 | 工科三班农科一班 | 三年 |
| 璧山县立职业学校 | 县立 | 十八年二月 | 工科二班农科一班<br>女职一班 | 工农三年<br>女职年半 |
| 江津县立职业学校 | 县立 | 民国二年 | 工科二班农科一班 | 三年 |
| 资中县立职业学校 | 县立 | 民国八年 | 工科二班农科三班 | 三年 |
| 犍为县立职业学校 | 县立 | 十七年八月 | 农林二班农□三班 | 三年 |
| 私立第一女子职业学校 | 私立 | 民国元年 | 工科一班 | 预科一年<br>正科三年 |
| 蓝氏私立民生女子职业学校 | 私立 | 十九年九月 | 商科速成一班 | 一年 |
| 万县市私立商业中学校 | 私立 | 十七年二月 | 本科三班 | 三年 |
| 潼川联合县立高级中学校附设职业班 | 共立 | 十九年八月 | 妇女职业一班 | 二年 |
| 巴县县立中学校农业科 | 县立 | 民国九年 | 三班 | 预科一年<br>本科三年 |
| 温江县立高级小学校职业准备班 | 县立 | 民国二年 | 应化科一班 | 二年 |

续表

| 校名 | 立别 | 开办年月 | 编制 | 修业年限 |
|---|---|---|---|---|
| 崇庆县立高级小学校职业准备班 | 县立 | 十五年二月 | 农科一班工科一班 | 二年 |
| 绵竹县立高级小学校职业准备班 | 县立 | 民国八年 | 一班 | 二年 |
| 奉节县立南城女子小学校职业准备班 | 县立 | 十九年二月 | 一班 | 二年 |
| 武胜县立女子高级小学校职业准备班 | 县立 | 二十年三月 | 一班 | 二年 |
| 合计 | | | 七十九班 | |

资料来源：教育部编：《第一次中国教育年鉴》(丙编教育概况)，上海：开明书店，1934年，第392—393页。

## 附录7　四川省二十五年度（1936年）中等职业学校一览表

### 甲　职业学校（高初级合设）

（1）省立职业学校

| 校名 | 科别 | 所在地 | 备注 |
|---|---|---|---|
| 省立成都女子职业学校 | 高级染织科/高级家事科/高级银行簿记科/初级家事科/初级化工科 | 成都 | |

（2）县立职业学校

| 校名 | 科别 | 所在地 | 备注 |
|---|---|---|---|
| 巴县县立三里职业学校 | 高级农科/初级农科 | 巴县 | |

（3）私立职业学校

| 校名 | 科别 | 所在地 | 备注 |
|---|---|---|---|
| 私立西南实用艺术职业学校 | 高级艺术职业科/初级艺术职业科 | 重庆 | |

### 乙　高级职业学校

（1）省立高级职业学校

| 校名 | 科别 | 所在地 | 备注 |
|---|---|---|---|
| 省立成都高级工业职业学校 | 高级电工科/高级机械科/高级应化科/高级染织科 | 成都 | |
| 省立重庆高级商业职业学校 | 普通商业科/会计科/金融科 | 巴县 | |
| 省立重庆高级工业职业学校 | 应用化学科/土木工程科/机械科 | 重庆 | 由川东联立高级工业职业学校改办 |
| 省立重庆高级陶瓷科职业学校 | 陶瓷科 | 重庆 | 由省立陶农专科学校改办 |

（2）私立高级职业学校

| 校名 | 科别 | 所在地 | 备注 |
|---|---|---|---|
| 私立志城高级商业职业学校 | 高级簿银行记/高级会计科/高级普通商科 | 成都 | |
| 私立宝商高级商业职业学校 | 高级普通商科/高级银行科/高级会计商科 | 重庆 | |
| 私立仁济高级护士职业学校 | 高级护士科 | 成都 | |
| 私立仁济女子高级护士职业学校 | 高级护士科 | 成都 | |
| 私立仁济高级护士职业学校 | 高级护士科 | 重庆 | |
| 私立宽仁高级护士职业学校 | 高级护士科 | 重庆 | |

（3）未经本部备案之私立高级职业学校

| 校名 | 科别 | 所在地 | 备注 |
|---|---|---|---|
| 私立复兴高级实用艺术职业学校 | 高级艺术科 | 成都 | |
| 私立益商高级商业职业学校 | 高级商科 | 重庆 | |
| 私立同济高级护士职业学校 | 高级护士科 | 荣县 | |

## 丙　初级职业学校

（1）省立初级职业学校

| 校名 | 科别 | 所在地 | 备注 |
|---|---|---|---|
| 省立重庆女子初级职业学校 | 初级园艺科/初级工艺科/初级簿记科/初级会计科/初级刺绣科/初级家事科 | 巴县 | |

（2）县市立初级职业学校

| 校名 | 科别 | 所在地 | 备注 |
|---|---|---|---|
| 梁山县立初级普通农作蚕桑科职业学校 | 初级农作科/初级蚕桑科 | 梁山 | |
| 南部县立初级普通农作科职业学校 | 初级农作科 | 南部 | |
| 南充县立初级普通农作简易机械工科职业学校 | 初级普通农作科/简易机械工科 | 南充 | |
| 璧山县立初级园艺简易化工科职业学校 | 初级园艺科/简易化工科 | 璧山 | |
| 江津县立初级普通农作简易化工科职业学校 | 初级农作科/简易化工科 | 江津 | |
| 资中县立初级普通农作科职业学校 | 初级普通农作科 | 资中 | |
| 安岳县立初级普通农作科职业学校 | 初级普通农作科 | 安岳 | |
| 犍为县立初级农业职业学校 | 初级农作科 | 犍为 | |
| 泸县县立初级园艺棉织科职业学校 | 初级园艺科/初级棉织科 | 泸县 | |
| 华阳县立职业学校 | 初级园艺科/初级棉织科 | 华阳 | |
| 合江县立初级园艺科职业学校 | 初级园艺科 | 合江 | |
| 丹稜县立初级普通农作科职业学校 | 初级普通农作科 | 丹稜 | |
| 高县县立初级普通农作科职业学校 | 初级普通农作科 | 高县 | |
| 新都县立初级普通农作家事科职业学校 | 初级普通农作科/初级家事科 | 新都 | |
| 铜梁县立初级普通农作科职业学校 | 初级普通农作科 | 铜梁 | |
| 宜宾县立初级普通农作科职业学校 | 初级普通农作科 | 宜宾 | |
| 忠县县立初级农业职业学校 | 初级农科 | 忠县 | |
| 彰明县立初级普通农作家事科职业学校 | 初级普通农作科/初级家事科 | 彰明 | |
| 荣昌县立女子初级普通家事科职业学校 | 初级普通家事科 | 荣昌烧酒坊 | |

（3）私立初级职业学校

| 校名 | 科别 | 所在地 | 备注 |
|---|---|---|---|
| 私立蜀才初级染织职业学校 | 初级染织科 | 邛崃 | |
| 私立忠山初级商业职业学校 | 初级商科 | 泸县 | |

（4）未经本部备案之私立初级职业学校

| 校名 | 科别 | 所在地 | 备注 |
|---|---|---|---|
| 私立松如女子初级简易化学工业职业学校 | 初级简易化学工业科 | 成都 | |
| 私立新民初级农业职业学校 | 初级农科 | 江津十全镇 | |

资料来源：教育部统计室编：《中华民国二十五年度全国中等学校一览表》，上海：商务印书馆，1937年，第44—46页。

## 附录8 全面抗战前四川省图书馆和民众教育馆

| 名称 | 地点 |
|---|---|
| 成都市市立图书馆 | 成都市少城公园 |
| 四川中山图书馆 | 成都市将军街开元宫 |
| 成都中区图书馆 | 成都中山公园 |
| 国益图书馆 | 成都市玉泉街 |
| 墨池图书馆 | 成都青龙街县中学内 |
| 成都市通俗教育馆 | 成都少城公园侧 |
| 国立四川大学图书馆 | 成都旧贡院 |
| 华西大学图书馆 | 成都市 |
| 私立华西协合大学图书馆 | 成都南门外南台寺 |
| 成属共立中学校图书馆 | 成都文庙前街 |
| 建国中学图书馆 | 成都东胜街 |
| 华阳中学图书馆 | 成都黎花街 |
| 四川省立农学院图书馆 | 成都东门外望江楼 |
| 四川省立工学院图书馆 | 成都学道街 |
| 四川省立医学院图书馆 | 成都包家巷 |
| 四川省立艺术学院图书馆 | 成都后子门 |
| 四川省立师范学校图书馆 | 成都盐道街 |
| 青年会图书馆 | 成都春熙路 |
| 重庆市立图书馆 | 重庆后祠坡公园 |
| 江北图书馆 | 重庆江北公园 |
| 巴县图书馆 | 重庆县城 |
| 万国藏书楼 | 重庆大官街 |
| 中西德育图书馆 | 重庆 |
| 重庆民众教育馆 | 重庆天符庙 |
| 求精中学图书馆 | 重庆曾家岩 |
| 重庆私立广益中学图书馆 | 重庆南岸文峰塔 |
| 川东共立师范学校图书馆 | 重庆通远门外 |
| 中国西部科学院图书馆 | 重庆北碚里 |
| 重庆私立平儿院图书馆 | 重庆江北新城 |
| 川江航务管理处图书馆 | 重庆 |
| 重庆民生公司图书馆 | 重庆第一模范市场 |
| 井研县立图书馆 | 四川井研县 |
| 雅安县公立图书馆 | 雅安县内旧雷公祠址 |
| 巫溪县立通俗图书馆 | 巫溪县南门武庙 |
| 乐至公立通俗图书馆 | 乐至 |
| 大邑县立图书馆 | 大邑 |
| 泸县县政府教育科立民众图书馆 | 泸县城内慈善路 |
| 三台儿童图书阅览室 | 三台中山公园内 |
| 新都县立图书馆 | 新都县城文庙内 |
| 蒲江县公立通俗图书馆 | 蒲江 |
| 新繁县立普通图书馆 | 新繁城内东街 |
| 广益图书馆 | 金堂县 |
| 江津县私立昌明图书馆 | 江津县 |

续表

| 名称 | 地点 |
| --- | --- |
| 天全县立图书馆 | 天全县坡公园左侧 |
| 屏山县私立图书馆 | 屏山县屏宁场 |
| 筠连县通俗图书馆 | 筠连县城正东街 |
| 简阳图书馆 | 简阳北门 |
| 晋康图书馆 | 营山县 |
| 会理县立图书馆 | 会理县城内瀛州公园 |
| 绵阳县公立图书馆 | 绵阳县内文庙侧 |
| 荣昌县立图书馆 | 荣昌县教育局门口 |
| 璧山县立图书馆 | 璧山 |
| 涪陵县公立图书馆 | 涪陵县城内文庙街 |
| 三台县立图书馆 | 三台县城北街 |
| 渠县公立图书馆 | 渠县城内东大街 |
| 眉山县立图书馆 | 眉山 |
| 大足县立图书馆 | 大足县 |
| 宜宾县图书馆 | 宜宾文重街 |
| 峨眉县立图书馆 | 峨眉县文庙街 |
| 内江县县立第八区区立图书馆 | 内江县城 |
| 彭山县立图书馆 | 彭山望公园侧 |
| 内江县东兴乡立图书馆 | 内江东乡 |
| 内江县巡回文庙 | 内江文庙 |
| 内江县公立图书馆 | 内江城内东霸场 |
| 内江县平民图书馆 | 内江县南街 |
| 万源县图书馆 | 万源 |
| 忠县县立图书馆 | 忠县教育科内 |
| 达县公立图书馆 | 达县孔子庙内 |
| 长宁县公立图书馆 | 长宁县县城粤东会馆 |
| 德阳县立图书馆 | 德阳南街文庙内 |
| 泸县县立图书馆 | 泸县县城治平路 |
| 泸县兴资图书馆 | 泸县崇义乡分水岭 |
| 泸县云龙场图书馆 | 泸县麟现乡云龙场 |
| 泸县大旺场图书馆 | 泸县忠信乡大旺场 |
| 泸县中兴场图书馆 | 泸县伏龙乡中兴场 |
| 泸县昆庐场图书馆 | 泸县昆庐 |
| 永川县立图书馆 | 永川县城文庙内 |
| 隆昌县公立图书馆 | 隆昌县治园 |
| 宣汉县公立图书馆 | 宣汉县城公园内 |
| 灌县公立图书馆 | 灌县县城文庙街 |
| 双流县公立图书馆 | 双流县东街 |
| 越巂县公立图书馆 | 越巂县县城街周公祠 |
| 中江县立图书馆 | 中江县文庙内 |
| 资阳公立图书馆 | 资阳县城内孔子庙 |
| 盐亭县立图书馆 | 盐亭县 |

续表

| 名称 | 地点 |
| --- | --- |
| 青神县公立图书馆 | 青神县教育局外厅 |
| 蓬溪县民众图书馆 | 蓬溪县教育局内 |
| 铜梁县立通俗图书馆 | 铜梁县藕塘湾 |
| 广安县图书馆 | 广安县 |
| 纳溪县图书阅览社 | 纳溪县安福街 |
| 江安县立图书馆 | 江安县 |
| 邛崃县公立图书馆 | 邛崃 |
| 合川县公立图书馆 | 合川 |
| 宁远通俗图书馆 | 西昌县城文庙 |
| 合江县立图书馆 | 合江 |
| 万县公立图书馆 | 万县环城路孔子庙后 |
| 巫山县立通俗图书馆 | 巫山县城南门武庙 |
| 富顺县公立图书馆 | 富顺县城内政府街 |
| 蓉舫图书馆 | 富顺大山铺 |
| 中江县图书馆 | 中江县城文庙 |
| 犍为县图书馆 | 犍为城内西街 |
| 纳溪县民众教育馆 | 纳溪县城安福街 |
| 会理县民众教育馆 | 会理县城 |
| 乐至县民众教育馆 | 乐至公园 |
| 遂宁县民众教育馆 | 遂宁县城公园 |
| 绵竹县民众教育馆 | 绵竹公园侧 |
| 广安县民众教育馆 | 广安县 |
| 万县民众教育馆 | 万县城中一马路 |
| 渠县民众教育馆 | 渠县 |
| 梁山县民众教育馆 | 梁山县城内昌祖庙 |
| 巴县民众教育馆 | 巴县城内夫子池文庙 |
| 泸县民众教育馆 | 泸县西城外附郭 |
| 万源县民众教育馆 | 万源 |
| 平武县民众教育馆 | 平武 |
| 合江县民众教育馆 | 合江 |
| 绥靖屯民众教育馆 | 绥靖屯中庙街 |
| 剑阁县民众教育馆 | 剑阁教育局 |
| 武胜县民众教育馆 | 武胜城内中山公园 |
| 四川省立第六中学图书馆 | 四川资中 |
| 四川渠县县立初级中学图书馆 | 四川渠县 |
| 广安县立初级中学图书馆 | 广安县 |
| 内江县立第一小学校图书馆 | 内江县南门 |
| 川南师范学校图书馆 | 泸县 |
| 北川县教育局附设图书馆 | 北川城内 |
| 有一图书馆 | 泸县教育局 |
| 合江县科学院图书馆 | 合江 |
| 西康通俗图书馆 | 西康打箭炉 |

资料来源：《全国图书馆及民众教育馆调查表》，1935 年，第 44—47 页。

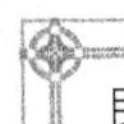


## 附录 9　全面抗战时期四川省高等学校分布表

| 类别 | 校名 | 现在校址 | 原所在地 | 备注 |
|---|---|---|---|---|
| 国立 | 国立中央大学 | 重庆沙坪坝 | 南京 | 医学院和畜牧兽医系迁成都；1938 年夏，奉令改教育学院为师范学院，在柏溪建分校 |
| | 国立中央大学医学院 | 成都华西坝 | 南京 | |
| | 国立中央大学附属牙科专校 | 成都华西坝 | 南京 | |
| | 国立政治大学 | 重庆 | 南京 | 1937 年迁庐山，1938 年 6 月迁湘西的芷江，7 月再迁重庆 |
| | 国立同济大学 | 南溪 | 上海吴淞 | 1937 年 9 月迁浙江金华，11 月，续迁江西赣州，1938 年 7 月，复迁广西贺县八步镇，11 月又迁云南昆明。1940 年，该校又迁到四川宜宾南溪县的李庄镇 |
| | 国立东北大学 | 三台 | 沈阳 | |
| | 国立武汉大学 | 乐山凌云寺 | 武昌珞珈山 | 1937 年 11 月迁四川乐山 |
| | 国立山东大学 | 重庆 | 山东青岛 | 1937 年秋，奉令内迁重庆，后又奉令停办。1946 年筹备复校开学 |
| | 国立四川大学 | 峨眉 | 成都皇城内 | 1939 年迁峨眉 |
| | 国立上海医学院 | 重庆 | 上海 | 1939 年夏部分师生迁昆明，与中正医学院合并，后迁重庆。1941 年 12 月，上海师生分赴渝 |
| | 国立贵阳医学院 | 重庆 | 贵阳 | 1938 年创办于贵阳，1944 年秋迁重庆 |
| | 国立江苏医学院 | 重庆北碚 | 江苏镇江 | |
| | 国立湘雅医学院 | 重庆 | 长沙 | 1938 年 6 月迁贵阳，1940 年 6 月改国立，1944 年 12 月迁重庆 |
| | 国立北平师范大学劳作专修科 | 重庆沙坪坝 | 北平 | |
| | 国立北平艺术专科学校 | 重庆 | 北平 | 杭州艺术专科学校在全面抗战爆发后首迁浙中诸暨，二迁赣东贵溪。1938 年迁湘西沅陵，与早先到达的北平艺术专科学校合并为国立艺术专科学校。1938 年 10 月迁昆明，1939 年迁滇中呈贡，1941 年迁璧山，1943 年夏迁重庆 |
| | 国立杭州艺术专科学校 | 重庆 | 杭州 | |
| | 国立戏剧专科学校 | 江安 | 南京 | 1938 年 2 月迁重庆上清寺，4 月迁川南江安县，1945 年 7 月迁重庆北碚。1946 年迁回南京 |
| | 国立中央工业专科学校 | 重庆 | 南京 | 首迁宜昌。两个月后迁川东万县，1938 年夏迁重庆，同时在川东巴县设分校 |
| | 中央国术体育专科学校 | 重庆 | 南京 | 全面抗战爆发后迁长沙，二迁桂林，三迁桂南龙州。1940 年冬迁川东北碚 |

续表

| 类别 | 校名 | 现在校址 | 原所在地 | 备注 |
|---|---|---|---|---|
| 国立 | 南京戏剧学校 | 重庆 | | 1938年2月迁重庆。1938年4月迁川南江安，后又迁返重庆，改为国立戏剧学校。战后迁返南京 |
| | 国立东方语专科学校 | 自贡 | | 1942年10月创办于自贡。1945年7月迁重庆，战后迁往南京 |
| | 国立吴淞商船专科学校 | 重庆 | 吴淞 | 1939年底迁重庆复校，改称重庆商船专科学校 |
| | 国立上海音乐专科学校 | 重庆 | | 1939年11月，该校师生于重庆设音乐干部训练班，为国立音乐院分校 |
| | 国立中央技艺专科学校 | 乐山 | | 1939年创办于成都、南充，后迁至乐山 |
| | 国立药学专科学校 | 重庆瓷镇 | 南京丁家桥 | |
| | 国立体育师范专科学校 | 江津 | | 创设于1941年秋，刚成立时校址在四川江津县南郊武城旧地。抗战胜利后，教育部令迁湖北武昌 |
| | 蒙藏学校 | 万县 | 南京 | 原为中央政治学校蒙藏班，全面抗战爆发后改此名，首迁皖南青阳，1937年底迁芷江，1938年6月迁万县，1941年改称国立边疆学校 |
| | 国立女子师范学院 | 江津 | | 1940年在江津白沙镇建立 |
| | 国立社会教育学院 | 璧山 | | 1941年为培养推广社会教育的师资和管理人员在璧山建立 |
| | 国立西康技艺专科学校 | 西昌 | | 1938年在西昌建立 |
| | 国立自贡工业专科学校 | 自贡 | | 1944年在自贡建立 |
| | 国立音乐院（专科）学校 | 重庆青木关 | | 1940年在重庆青木关建立 |
| 省立 | 省立重庆大学 | 重庆瓷镇 | | |
| | 省立教育学院 | 重庆巴县磁器口 | | |
| | 江苏省立教育学院 | 璧山 | 无锡 | 首迁长沙，1938年1月迁桂林，后迁川东璧山，1941年停办，以此为基础，改办为国立社会教育学院 |
| | 山东省药学专科学校 | 万县 | 青岛 | 全面抗战爆发后迁万县 |
| | 江苏省蚕桑专科学校 | 乐山 | 苏州 | 全面抗战爆发后迁乐山 |
| | 四川省立技艺专科学校 | 成都 | | 其前身为1939年在中华工艺社基础上建立的四川省立高级工艺职业学校，1941年改为此名，同年，四川省立戏剧音乐学校音乐科并入 |
| | 四川省立体育专科学校 | 成都 | | 1942年为适应当时四川各级学校日益增加而体育师资匮乏而设，建校之初附设于重庆大学，1943年由渝迁蓉，独立建校 |
| | 省立会计专科学校 | 成都 | | 1942年在成都建立 |

续表

| 类别 | 校名 | 现在校址 | 原所在地 | 备注 |
|---|---|---|---|---|
| 私立 | 私立复旦大学 | 重庆北碚黄桷树镇 | 上海 | 首迁庐山，与私立大夏大学联办，1938 年 2 月迁重庆，1942 年改为国立 |
| | 私立金陵大学 | 成都华西坝 | 南京 | |
| | 私立金陵女子文理学院 | 成都华西坝 | | 全面抗战爆发后一度在沪、汉、渝设分校，1938 年均集中到成都 |
| | 私立燕京大学 | 成都 | 北平 | 1941 年冬，一部分教员学生陆续内迁。1942 年秋，在成都借陕西街华美女中及华西坝为临时校址。日军投降后，1946 年夏，成都师生北迁抵北平复校 |
| | 私立齐鲁大学 | 成都华西坝 | 济南 | 1938 年迁成都 |
| | 私立朝阳学院 | 成都法云庵 | 北平 | “七七”事变后，迁鄂南沙市，后迁川中简阳，三迁成都，四迁重庆 |
| | 私立华西协合大学 | 成都华西坝 | | |
| | 私立北京协合医学院护士学 | 成都 | 北平 | 1943 年迁成都重建 |
| | 私立光华大学 | 成都西郊草堂寺迤西 | 上海 | 抗战胜利后，该校迁回上海，成都分校遂改为成华大学 |
| | 私立沪江大学 | 重庆 | 上海 | 1941 年冬后一度停办，1942 年 2 月迁重庆复校，并与东吴大学法学院、之江大学联合组建法商工学院 |
| | 私立东吴大学 | 重庆 | 苏州 | 1941 年冬停办，1942 年法学院迁重庆，后与沪江、之江大学合组法商工学院。文、理学院迁回闽西长汀，后迁粤北曲江，不久停办 |
| | 私立之江文理学院 | 重庆 | 杭州 | 1941 年冬迁浙江金华，后迁闽西邵武，1943 年在贵阳设分校，后贵阳分校迁重庆，1945 年与东吴大学法学院、沪江大学合组法商工学院 |
| | 私立上海法学院 | 万县 | 上海 | 1943 年商业专修科迁川东万县另设分校 |
| | 私立武昌中华大学 | 重庆米市街禹王宫 | 武昌 | |
| | 私立武昌艺术专科学校 | 江津 | 武汉 | 1946 年 10 月全部迁回武汉 |
| | 私立武昌文华图书馆学专科学校 | 重庆 | 武昌 | 1938 年 7 月起，陆续西迁重庆，借曾家岩求精中学开始办公。1941 年 5 月 9 日，校舍遭敌机炸毁，又另购重庆江北相国寺廖家花园为校址。1947 年春，迁回武昌 |
| | 私立医药技士专门学校 | 重庆 | 武汉 | 1938 年迁重庆 |

续表

| 类别 | 校名 | 现在校址 | 原所在地 | 备注 |
| --- | --- | --- | --- | --- |
| 私立 | 私立西南美术专科学校 | 重庆 | 重庆 | 1938 年迁郊外渔洞溪，1941 年迁成都，后迁回重庆 |
|  | 私立重辉商业专科学校 | 重庆 |  | 1944 年创设于重庆，1945 年春秋两季共招收新生 110 名，1946 年 3 月，迁南京办学 |
|  | 私立立信会计专科学校 | 重庆北碚 | 上海徐家汇 | 1945 年抗战胜利后返沪复校 |
|  | 私立东亚体育专科学校 | 泸县 | 上海 | 1941 年停办，1944 年夏迁川南泸县复校 |
|  | 私立正刚艺术专科学校 | 江津 | 丹阳 | 全面抗战爆发后迁四川江津 |
|  | 私立中国乡村建设育才院 | 重庆 |  | 1940 年由中华平民促进会总干事长晏阳初在重庆筹设 |
|  | 重庆私立立信会计专科学校 | 重庆 |  | 由重庆立信会计学校改名，并与 1942 年从上海迁川的私立立信会计专科学校合并 |
|  | 私立重庆求精商业专科学校 | 重庆 |  | 1940 年由中华基督教卫理公会举办 |
|  | 私立东方文教学院 | 内江 |  | 1942 年创设于内江，1947 年迁成都 |
|  | 私立中华工商专科学校 | 重庆 |  | 1943 年新建于重庆 |
|  | 私立储才农业专科学校 | 重庆 |  | 1944 年新建于重庆 |

资料来源：《新教育旬刊》1939 年第 1 卷第 11 期，第 11 页；四川省地方志编纂委员会编：《四川省志·教育志》（上），北京：方志出版社，2000 年，第 19—20 页；涂文涛主编：《四川教育史》（上），成都：四川教育出版社，2007 年，第 484—489 页。

## 附录 10　四川省民国三十五学年度（1946 年）中等学校一览表

### 一、中学（高初级合设）

#### （1）省立中学

| 校名 | 科别 | 校址 |
| --- | --- | --- |
| 省立成都中学 | 高中、初中 | 成都 |
| 省立成都女子中学 | 高中、初中 | 成都 |
| 省立石室中学 | 高中、初中 | 成都 |
| 省立列五中学 | 六年制中学 | 成都 |
| 省立资中中学 | 高中、初中 | 资中 |
| 省立铜梁西泉中学 | 高中、初中 | 铜梁西泉镇 |
| 省立眉山中学 | 高中、初中 | 眉山 |
| 省立乐山中学 | 高中、初中 | 乐山 |

续表

| 校名 | 科别 | 校址 |
|---|---|---|
| 省立宜宾中学 | 高中、初中 | 宜宾 |
| 省立江安中学 | 高中、初中 | 江安 |
| 省立叙永中学 | 高中、初中 | 叙永 |
| 省立涪陵中学 | 高中、初中 | 涪陵 |
| 省立龙潭中学 | 高中、初中 | 龙潭 |
| 省立万县中学 | 高中、初中 | 万县 |
| 省立奉节中学 | 高中、初中 | 奉节 |
| 省立南充中学 | 高中、初中 | 南充 |
| 省立绵阳中学 | 高中、初中 | 绵阳 |
| 省立阆中中学 | 高中、初中 | 阆中 |
| 省立达县中学 | 高中、初中 | 达县 |

（2）县市立中学

| 校名 | 科别 | 校址 |
|---|---|---|
| 成都市立中学 | 高中、初中 | 成都 |
| 成都市立女子中学 | 高中、初中 | 成都 |
| 成都县立中学 | 高中、初中 | 成都 |
| 华阳县立中学 | 高中、初中 | 华阳 |
| 崇庆县立中学 | 高中、初中 | 崇庆 |
| 彭县县立中学 | 高中、初中 | 彭县 |
| 成都县立女子中学 | 高中、初中 | 成都 |
| 资中县立中学 | 高中、初中 | 资中 |
| 资中县立女子中学 | 高中、初中 | 资中 |
| 内江县立中学 | 高中、初中 | 内江 |
| 内江县立女子中学 | 高中、初中 | 内江 |
| 简阳县立中学 | 高中、初中 | 简阳 |
| 资阳县立中学 | 高中、初中 | 资阳 |
| 资阳县立女子中学 | 高中、初中 | 资阳 |
| 荣县县立中学 | 高中、初中 | 荣县 |
| 荣县县立女子中学 | 高中、初中 | 荣县 |
| 仁寿县立中学 | 高中、初中 | 仁寿 |
| 仁寿县立女子中学 | 高中、初中 | 仁寿 |
| 井研县立中学 | 高中、初中 | 井研 |
| 巴县县立中学 | 高中、初中 | 巴县 |
| 巴县县立女子中学 | 高中、初中 | 巴县 |
| 江津县立中学 | 高中、初中 | 江津 |
| 江津县立女子中学 | 高中、初中 | 江津 |
| 铜梁县立中学 | 高中、初中 | 铜梁 |
| 合川县立中学 | 高中、初中 | 合川 |
| 永川县立中学 | 高中、初中、简师 | 永川 |
| 眉山县立女子中学 | 高中、初中 | 眉山 |

续表

| 校名 | 科别 | 校址 |
|---|---|---|
| 犍为县立中学 | 高中、初中 | 犍为 |
| 犍为县立女子中学 | 高中、初中 | 犍为 |
| 乐山县立女子中学 | 高中、初中 | 乐山 |
| 宜宾县立中学 | 高中、初中 | 宜宾 |
| 宜宾县立女子中学 | 高中、初中 | 宜宾 |
| 泸县县立中学 | 高中、初中 | 泸县 |
| 泸县县立女子中学 | 高中、初中 | 泸县 |
| 富顺县立中学 | 高中、初中 | 富顺 |
| 富顺县立女子中学 | 高中、初中 | 富顺 |
| 涪陵县立中学 | 高中、初中 | 涪陵 |
| 秀山县立中学 | 高中、初中 | 秀山 |
| 万县县立中学 | 高中、初中 | 万县 |
| 万县县立女子中学 | 高中、初中 | 万县 |
| 开县县立中学 | 高中、初中 | 开县 |
| 云阳县立中学 | 高中、初中 | 云阳 |
| 大竹县立中学 | 高中、初中 | 大竹 |
| 渠县县立中学 | 高中、初中、简师 | 渠县 |
| 广安县立中学 | 高中、初中 | 广安 |
| 广安县立女子中学 | 高中、初中 | 广安 |
| 岳池县立中学 | 高中、初中、简师 | 岳池 |
| 遂宁县立中学 | 高中、初中 | 遂宁 |
| 安岳县立中学 | 高中、初中 | 安岳 |
| 安岳县立女子中学 | 高中、初中 | 安岳 |
| 中江县立中学 | 高中、初中 | 中江 |
| 三台县立女子中学 | 高中、初中 | 三台 |
| 蓬溪县立中学 | 高中、初中 | 蓬溪 |
| 乐至县立中学 | 高中、初中、简师 | 乐至 |
| 绵竹县立中学 | 高中、初中 | 绵竹 |
| 广汉县立中学 | 高中、初中 | 广汉 |
| 广元县立中学 | 高中、初中 | 广元 |
| 巴中县立中学 | 高中、初中 | 巴中 |

（3）私立中学

| 校名 | 科别 | 校址 |
|---|---|---|
| 私立树德中学 | 高中、初中 | 成都 |
| 私立甫澄中学 | 高中、初中 | 成都 |
| 私立建国中学 | 高中、初中 | 成都 |
| 私立西北中学 | 高中、初中 | 成都 |
| 私立成都清华中学 | 高中、初中 | 成都 |
| 私立成城中学 | 高中、初中 | 成都 |
| 私立民新中学 | 高中、初中 | 成都 |

续表

| 校名 | 科别 | 校址 |
|---|---|---|
| 私立大同中学 | 高中、初中 | 成都 |
| 私立协进中学 | 高中、初中 | 成都 |
| 私立阴唐中学 | 高中、初中 | 成都 |
| 私立成公中学 | 高中、初中 | 成都 |
| 私立蜀华中学 | 高中、初中 | 成都 |
| 私立敬业中学 | 高中、初中 | 成都 |
| 私立天府中学 | 高中、初中 | 成都 |
| 私立济川中学 | 高中、初中 | 成都 |
| 私立浙蓉中学 | 高中、初中 | 成都 |
| 私立黄埔中学 | 高中、初中 | 成都 |
| 私立光华大学附属中学 | 高中、初中 | 成都 |
| 私立立达中学 | 高中、初中 | 成都 |
| 私立南薰中学 | 高中、初中 | 成都 |
| 私立华英女子中学 | 高中、初中 | 成都 |
| 私立华美女子中学 | 高中、初中 | 成都 |
| 私立中华女子中学 | 高中、初中 | 成都 |
| 私立益州女子中学 | 高中、初中 | 成都 |
| 私立乐育中学 | 初中 | 华阳 |
| 私立树声中学 | 初中 | 崇庆 |
| 私立铭章中学 | 高中、初中 | 新都 |
| 私立岭南中学 | 高中、初中 | 资中 |
| 私立大洲中学 | 高中、初中 | 内江 |
| 私立寿民中学 | 高中、初中 | 资阳 |
| 私立储彦中学 | 高中、初中 | 资阳 |
| 私立进德女子中学 | 高中、初中 | 资中 |
| 私立蜀光中学 | 高中、初中 | 自贡 |
| 私立旭川中学 | 高中、初中 | 贡井 |
| 私立清华中学 | 高中、初中 | 重庆 |
| 私立辅仁中学 | 高中、初中 | 巴县 |
| 私立力行中学 | 初中 | 巴县 |
| 私立中国中学 | 初中 | 巴县 |
| 私立松花江中学 | 高中、初中 | 巴县 |
| 私立载英中学 | 高中、初中 | 巴县 |
| 私立立人中学 | 高中、初中 | 重庆 |
| 私立务实中学 | 高中、初中 | 巴县 |
| 私立聚奎中学 | 高中、初中 | 江津 |
| 私立修平中学 | 初中 | 江津 |
| 太原私立友仁中学 | 高中、初中 | 江津 |
| 天津私立志达中学 | 高中、初中 | 巴县 |
| 私立建人中学 | 高中、初中 | 巴县 |

续表

| 校名 | 科别 | 校址 |
|---|---|---|
| 私立渝南中学 | 高中、初中 | 綦江 |
| 私立兼善中学 | 高中、初中 | 北碚 |
| 私立勉仁中学 | 高中、初中 | 北碚 |
| 私立建川中学 | 高中、初中 | 渝市 |
| 私立伯侨中学 | 高中、初中 | 荣昌 |
| 私立英井中学 | 高中、初中 | 永川 |
| 私立九江同文中学 | 高中、初中 | 璧山 |
| 私立棠香中学 | 高中、初中 | 荣昌 |
| 私立文彩中学 | 高中、初中 | 大邑 |
| 私立晋原中学 | 初中 | 大邑 |
| 私立明德女子中学 | 高中、初中 | 宜宾 |
| 私立江阳中学 | 高中、初中 | 涢县 |
| 私立立达学院中学部 | 高中、初中、高级农科 | 隆昌 |
| 私立涪光中学 | 初中 | 涪陵 |
| 私立琢成中学 | 初中、高中 | 丰都 |
| 私立适成女子中学 | 高中、初中 | 丰都 |
| 私立武昌安徽旅鄂中学 | 高中、初中 | 万县 |
| 私立石麟中学 | 高中、初中 | 万县 |
| 私立豫章中学 | 高中、初中 | 万县 |
| 私立精忠中学 | 高中、初中 | 忠县 |
| 私立大道中学 | 高中、初中 | 忠县 |
| 私立储英中学 | 高中、初中 | 广安 |
| 私立成达中学 | 高中、初中 | 南充 |
| 私立建华中学 | 高中、初中 | 南充 |
| 私立新三中学 | 高中、初中 | 岳池 |
| 私立涪江女子中学 | 高中、初中 | 遂宁 |
| 私立正谊中学 | 高中、初中 | 铜梁 |
| 私立新本女子中学 | 高中、初中 | 江津 |
| 私立楼峰中学 | 高中、初中 | 隆昌 |
| 私立蜀贤中学 | 高中、初中 | 金堂 |
| 私立精英中学 | 高中、初中 | 宣汉 |

## 二、高级中学

### （1）省立高级中学

| 校名 | 科别 | 校址 |
|---|---|---|
| 省立重庆高级中学 | 高中 | 重庆 |
| 省立邛崃高级中学 | 高中 | 邛崃 |
| 省立高县高级中学 | 高中 | 高县 |
| 省立三台高级中学 | 高中 | 三台 |
| 省立江油高级中学 | 高中 | 江油 |

（2）私立高级中学

| 校名 | 科别 | 校址 |
| --- | --- | --- |
| 私立华西协合高级中学 | 高中 | 成都 |

## 三、初级中学

（1）县市立初级中学

| 校名 | 科别 | 校址 | 备注 |
| --- | --- | --- | --- |
| 温江县立初级中学 | 初中 | 温江 | |
| 温江县立女子初级中学 | 初中 | 温江 | |
| 华阳县立女子初级中学 | 初中、高中 | 成都 | |
| 华阳县立太平镇初级中学 | 初中 | 华阳 | |
| 灌县县立初级中学 | 初中 | 灌县 | |
| 灌县县立女子初级中学 | 初中 | 灌县 | |
| 崇庆县立女子初级中学 | 初中、高中 | 崇庆 | |
| 崇庆县立怀远镇初级中学 | 初中 | 崇庆 | |
| 彭县县立蒙阳镇初级中学 | 初中 | 彭县 | |
| 彭县县立女子初级中学 | 初中 | 彭县 | |
| 新津县立初级中学 | 初中 | 新津 | |
| 新津县立女子初级中学 | 初中 | 新津 | |
| 郫县县立初级中学 | 初中 | 郫县 | |
| 郫县县立女子初级中学 | 初中 | 郫县 | |
| 双流县立初级中学 | 初中 | 双流 | |
| 新繁县立初级中学 | 初中 | 新繁 | |
| 崇宁县立初级中学 | 初中 | 崇宁 | |
| 茂县县立初级中学 | 初中 | 茂县 | |
| 简阳县立女子初级中学 | 初中 | 简阳 | |
| 简阳县立龙泉镇初级中学 | 初中 | 简阳 | |
| 威远县立初级中学 | 初中 | 威远 | |
| 江津县立白沙女子初级中学 | 初中 | 江津 | |
| 江津县立笋溪初级中学 | 初中 | 江津 | |
| 江北县立初级中学 | 初中、简师 | 江北 | |
| 江北县立女子初级中学 | 初中 | 江北 | |
| 合川县立女子中学 | 初中 | 合川 | |
| 合川县立小沔初级中学 | 初中 | 合川 | |
| 合川县立太和镇初级中学 | 初中 | 合川 | |
| 綦江县立初级中学 | 初中 | 綦江 | |
| 永川县立女子初级中学 | 初中 | 永川 | |
| 荣昌县立初级中学 | 初中、高中 | 荣昌 | |
| 荣昌县立女子初级中学 | 初中、高中 | 荣昌 | |
| 璧山县立初级中学 | 初中、高中 | 璧山 | |
| 璧山县立第二初级中学 | 初中 | 璧山 | |

续表

| 校名 | 科别 | 校址 | 备注 |
|---|---|---|---|
| 铜梁县立女子初级中学 | 初中 | 铜梁 | |
| 大足县立初级中学 | 初中 | 大足 | |
| 大足县立女子初级中学 | 初中 | 大足 | |
| 眉山县立初级中学 | 初中 | 眉山 | |
| 蒲江县立初级中学 | 初中 | 蒲江 | |
| 邛崃县立初级中学 | 初中 | 邛崃 | |
| 大邑县立初级中学 | 初中 | 大邑 | |
| 大邑县立女子初级中学 | 初中 | 大邑 | |
| 彭山县立女子初级中学 | 初中 | 彭山 | |
| 洪雅县立初级中学 | 初中 | 洪雅 | |
| 洪雅县立女子中学 | 初中 | 洪雅 | |
| 夹江县立初级中学 | 初中 | 夹江 | |
| 名山县立初级中学 | 初中、简师 | 名山 | |
| 丹棱县立初级中学 | 初中 | 丹棱 | |
| 乐山县立初级中学 | 初中 | 乐山 | |
| 屏山县立初级中学 | 初中 | 屏山 | |
| 马边县立初级中学 | 初中 | 马边 | |
| 峨边县立初级中学 | 初中 | 峨边 | |
| 雷波县立初级中学 | 初中 | 雷波 | |
| 犍为县立罗城乡初级中学 | 初中 | 犍为 | |
| 峨眉县立初级中学 | 初中 | 峨眉 | |
| 沐川县立初级中学 | 初中 | 沐川 | |
| 宜宾县立横江乡初级中学 | 初中 | 宜宾 | |
| 宜宾县立泥溪乡初级中学 | 初中 | 宜宾 | |
| 宜宾县立白花乡初级中学 | 初中 | 宜宾 | |
| 宜宾县立观音乡初级中学 | 初中 | 宜宾 | |
| 南溪县立女子初级中学 | 初中 | 南溪 | |
| 江安县立女子初级中学 | 初中 | 江安 | |
| 江安县立梅花镇初级中学 | 初中 | 江安 | |
| 庆符县立初级中学 | 初中 | 庆符 | |
| 高县县立初级中学 | 初中 | 高县 | |
| 筠连县立初级中学 | 初中 | 筠连 | |
| 叙永县立初级中学 | 初中 | 叙永 | |
| 长宁县立初级中学 | 初中 | 长宁 | |
| 珙县县立初级中学 | 初中、简师 | 珙县 | |
| 古宋县立初级中学 | 初中 | 古宋 | |
| 古宋县立女子初级中学 | 初中 | 古宋 | |
| 古蔺县立初级中学 | 初中 | 古蔺 | |
| 隆昌县立初级中学 | 初中、高中 | 隆昌 | |
| 隆昌县立女子初级中学 | 初中 | 隆昌 | |

续表

| 校名 | 科别 | 校址 | 备注 |
|---|---|---|---|
| 纳溪县立初级中学 | 初中 | 纳溪 | |
| 合江县立初级中学 | 初中、高中 | 合江 | |
| 合江县立女子初级中学 | 初中 | 合江 | |
| 合江县立第二初级中学 | 初中 | 合江 | |
| 涪陵县立女子初级中学 | 初中、高中 | 涪陵 | |
| 涪陵县立涪南初级中学 | 初中 | 涪陵 | |
| 丰都县立初级中学 | 初中、高中 | 丰都 | |
| 石柱县立初级中学 | 初中、高中 | 石柱 | |
| 武隆县立初级中学 | 初中 | 武隆 | |
| 酉阳县立初级中学 | 初中 | 酉阳 | |
| 彭水县立初级中学 | 初中、简师 | 彭水 | |
| 黔江县立初级中学 | 初中、简师 | 黔江 | |
| 奉节县立初级中学 | 初中、简师 | 奉节 | |
| 开县县立新浦初级中学 | 初中 | 开县 | |
| 忠县县立初级中学 | 初中 | 忠县 | |
| 开县县立女子初级中学 | 初中 | 开县 | |
| 忠县县立女子初级中学 | 初中 | 忠县 | |
| 巫山县立初级中学 | 初中、简师 | 巫山 | |
| 巫溪县立初级中学 | 初中 | 巫溪 | |
| 云阳县立女子初级中学 | 初中 | 云阳 | |
| 城口县立初级中学 | 初中、简师 | 城口 | |
| 大竹县立女子初级中学 | 初中 | 大竹 | |
| 渠县县立女子初级中学 | 初中 | 渠县 | |
| 梁山县立初级中学 | 初中 | 梁山 | |
| 梁山县立女子初级中学 | 初中 | 梁山 | |
| 长寿县立初级中学 | 初中、高中 | 长寿 | |
| 长寿县立女子初级中学 | 初中 | 长寿 | |
| 邻水县立初级中学 | 初中 | 邻水 | |
| 垫江县立初级中学 | 初中 | 垫江 | |
| 垫江县立女子初级中学 | 初中 | 垫江 | |
| 南充县立初级中学 | 初中 | 南充 | |
| 南充县立女子初级中学 | 初中 | 南充 | |
| 岳池县立女子初级中学 | 初中 | 蓬安① | |
| 蓬安县立初级中学 | 初中 | 蓬安 | |
| 蓬安县立女子初级中学 | 初中 | 蓬安 | |
| 营山县立初级中学 | 初中 | 营山 | |
| 营山县立女子初级中学 | 初中 | 营山 | |
| 南部县立初级中学 | 高中、初中、简师 | 南部 | |
| 南部县立女子初级中学 | 初中 | 南部 | |

① 笔者认为应该是“岳池”。

续表

| 校名 | 科别 | 校址 | 备注 |
|---|---|---|---|
| 武胜县立初级中学 | 初中、高中 | 武胜 | |
| 西充县立初级中学 | 初中 | 西充 | |
| 仪龙县立初级中学 | 初中 | 仪龙 | |
| 遂宁县立女子初级中学 | 初中、高中 | 遂宁 | |
| 中江县立女子初级中学 | 初中 | 中江 | |
| 中江县立甘露初级中学 | 初中 | 中江 | |
| 中江县立龙台初级中学 | 初中 | 中江 | |
| 三台县立第二初级中学 | 初中 | 三台 | |
| 三台县立初级中学 | 初中 | 三台 | |
| 潼南县立初级中学 | 初中、高中 | 潼南 | |
| 潼南县立女子初级中学 | 初中 | 潼南 | |
| 蓬溪县立女子初级中学 | 初中 | 蓬溪 | |
| 蓬溪县立蓬莱镇初级中学 | 初中 | 蓬溪 | |
| 射洪县立初级中学 | 初中 | 射洪 | |
| 射洪县立女子初级中学 | 初中 | 射洪 | |
| 盐亭县立初级中学 | 初中、高中 | 盐亭 | |
| 绵阳县立初级中学 | 初中 | 绵阳 | |
| 绵阳县立女子初级中学 | 初中 | 绵阳 | |
| 绵阳县立丰谷镇初级中学 | 初中 | 绵阳 | |
| 绵竹县立女子初级中学 | 初中、高中 | 绵竹 | |
| 广汉县立女子初级中学 | 初中 | 广汉 | |
| 安县县立初级中学 | 初中 | 安县 | |
| 安县县立女子初级中学 | 初中 | 安县 | |
| 德阳县立初级中学 | 初中 | 德阳 | |
| 什邡县立初级中学 | 初中 | 什邡 | |
| 金堂县立初级中学 | 初中、高中、简师 | 金堂 | |
| 金堂县立女子初级中学 | 初中、高中 | 金堂 | |
| 梓潼县立初级中学 | 初中 | 梓潼 | |
| 罗江县立初级中学 | 初中 | 罗江 | |
| 剑阁县立初级中学 | 初中 | 剑阁 | |
| 江油县立初级中学 | 初中 | 江油 | |
| 阆中县立初级中学 | 高中、初中、简师、初级农科 | 阆中 | |
| 苍溪县立初级中学 | 初中、简师 | 苍溪 | |
| 昭化县立初级中学 | 初中 | 昭化 | |
| 彰明县立初级中学 | 初中、简师 | 彰明 | |
| 北川县立初级中学 | 初中、简师 | 北川 | |
| 旺苍县立初级中学 | 初中 | | 未据呈报 |
| 青川县立初级中学 | 初中 | 青川 | |
| 达县县立初级中学 | 初中 | 达县 | |
| 达县县立女子初级中学 | 初中、高中 | 达县 | |

续表

| 校名 | 科别 | 校址 | 备注 |
|---|---|---|---|
| 开江县立初级中学 | 初中、高中 | 开江 | |
| 开江县立女子初级中学 | 初中 | 开江 | |
| 宣汉县立初级中学 | 初中、高中 | 宣汉 | |
| 万源县立初级中学 | 初中 | 万源 | |
| 通江县立初级中学 | 初中 | 通江 | |
| 南江县立初级中学 | 初中、高中 | 南江 | |
| 宣汉县立女子初级中学 | 初中 | 宣汉 | |
| 古蔺县立女子初级中学 | 初中 | 古蔺 | |
| 秀山县立女子初级中学 | 初中 | 秀山 | |
| 江安县立初级中学 | 初中 | 江安 | |
| 南溪县立初级中学 | 初中 | 南溪 | |
| 崇庆县立三江镇初级中学 | 初中 | 三江 | |
| 邻水县立女子中学 | 初中 | 邻水 | |
| 彭水县立初级中学 | 初中 | 彭山 | |

（2）私立初级中学

| 校名 | 科别 | 校址 | 备注 |
|---|---|---|---|
| 私立高琦初级中学 | 初中 | 成都 | |
| 私立大成初级中学 | 初中 | 成都 | |
| 私立培英初级中学 | 初中 | 成都 | |
| 私立弘毅初级中学 | 初中 | 崇庆 | |
| 私立福彭初级中学 | 初中 | 彭县 | |
| 私立陇西初级中学 | 初中 | 资中 | |
| 私立琴山初级中学 | 初中 | 资中 | |
| 私立龙江初级中学 | 初中 | 资中 | |
| 私立资北初级中学 | 初中 | 资中 | |
| 私立四维初级中学 | 初中 | 资中 | |
| 私立天叙初级中学 | 初中 | 资中 | |
| 私立沱江初级中学 | 初中、高中 | 内江 | |
| 私立朝阳初级中学 | 初中 | 内江 | |
| 私立景福初级中学 | 初中 | 内江 | |
| 私立蓉开初级中学 | 初中 | 内江 | |
| 私立建业初级中学 | 初中 | 简阳 | |
| 私立天健初级中学 | 初中 | 简阳 | |
| 私立诚明初级中学 | 初中 | 简阳 | |
| 私立纪云初级中学 | 初中 | 简阳 | |
| 私立精华初级中学 | 初中 | 简阳 | |
| 私立集成初级中学 | 初中 | 资阳 | |
| 私立经纬初级中学 | 初中 | 资阳 | |
| 私立临江初级中学 | 初中 | 资阳 | |
| 私立存诚初级中学 | 初中 | 资阳 | |

续表

| 校名 | 科别 | 校址 | 备注 |
| --- | --- | --- | --- |
| 私立荣县华英初级中学 | 初中、高中 | 荣县 | |
| 私立荣县华英女子初级中学 | 初中 | 荣县 | |
| 私立存仁初级中学 | 初中 | 荣县 | |
| 私立荣东初级中学 | 初中 | 荣县 | |
| 私立必才初级中学 | 初中 | 荣县 | |
| 私立文华初级中学 | 初中 | 仁寿 | |
| 私立新民初级中学 | 初中 | 威远 | |
| 私立健行初级中学 | 初中 | 威远 | |
| 私立培德初级中学 | 初中 | 荣县 | |
| 私立剑南初级中学 | 初中 | 自井 | |
| 私立培德女子初级中学 | 初中 | 自井 | |
| 私立东泉初级中学 | 初中 | 巴县 | |
| 私立崇洁初级中学 | 初中 | 巴县 | |
| 私立南凤初级中学 | 初中 | 巴县 | |
| 私立明志初级中学 | 初中 | 巴县 | |
| 私立胥宇初级中学 | 初中、高中 | 巴县 | |
| 私立育才初级中学 | 初中 | 江津 | |
| 私立乐一初级中学 | 初中 | 巴县 | |
| 私立南泉初级中学 | 初中 | 巴县 | |
| 私立民兴初级中学 | 初中 | 巴县 | |
| 私立至德初级中学 | 初中 | 江津 | |
| 私立南岸初级中学 | 初中、高中 | 巴县 | |
| 私立承侯初级中学 | 初中 | 江津 | |
| 私立旅宜四川初级中学 | 初中 | 江津 | |
| 私立兀江女子初级中学 | 初中 | 江津 | |
| 私立志成初级中学 | 初中 | | 未据呈报 |
| 私立正中初级中学 | 初中 | 重庆 | |
| 私立正本初级中学 | 初中 | 江北 | |
| 私立濂溪初级中学 | 初中 | 合川 | |
| 私立华国初级中学 | 初中 | 合川 | |
| 上海市私立建国初级中学 | 初中 | 合川 | |
| 私立瑞山初级中学 | 初中 | 合川 | |
| 私立树仁初级中学 | 初中 | 綦江 | |
| 私立明明初级中学 | 初中 | 綦江 | |
| 私立三峡初级中学 | 初中、高中 | 北碚 | |
| 私立大雄初级中学 | 初中、高中 | 北碚 | |
| 私立三楚初级中学 | 初中 | 江津 | |
| 私立精诚初级中学 | 初中 | 永川 | |
| 私立景圣初级中学 | 初中 | 永川 | |
| 私立松江初级中学 | 初中 | 永川 | |

续表

| 校名 | 科别 | 校址 | 备注 |
|---|---|---|---|
| 私立昌南初级中学 | 初中 | 永川 | |
| 私立青烈初级中学 | 初中 | | 未据呈报 |
| 私立亲仁初级中学 | 初中 | 荣昌 | |
| 私立香国初级中学 | 初中 | 荣山 | |
| 私立璧南初级中学 | 初中 | 璧山 | |
| 私立养正初级中学 | 初中 | 铜梁 | |
| 私立亚洲初级中学 | 初中、高中 | 璧山 | |
| 私立春霖初级中学 | 初中 | | 未据呈报 |
| 私立庆云初级中学 | 初中 | 大足 | |
| 私立俊州初级中学 | 初中 | 眉山 | |
| 私立上智初级中学 | 初中 | 邛崃 | |
| 私立敬亭初级中学 | 初中 | 邛崃 | |
| 私立蜀才初级中学 | 初中 | 邛崃 | |
| 私立云哈女子初级中学 | 初中 | 邛崃 | |
| 私立修文初级中学 | 初中 | 洪雅 | |
| 私立崇本初级中学 | 初中 | 青神 | |
| 私立震华初级中学 | 初中 | 乐山 | |
| 私立凌云初级中学 | 初中 | 乐山 | |
| 私立知行初级中学 | 初中 | 犍为 | |
| 私立清溪初级中学 | 初中 | 犍为 | |
| 私立犍为盐场通林初级中学 | 初中 | 犍为 | |
| 私立明德初级中学 | 初中 | 宜宾 | |
| 私立外江初级中学 | 初中 | 宜宾 | |
| 私立公信女子初级中学 | 初中 | 宜宾 | |
| 私立宪群女子初级中学 | 初中 | 南溪 | |
| 私立学毅初级中学 | 初中 | 南溪 | |
| 私立清江初级中学 | 初中 | 江安 | |
| 私立真福初级中学 | 初中 | 珙县 | |
| 私立香山初级中学 | 初中 | 古宋 | |
| 私立兴本初级中学 | 初中 | 古蔺 | |
| 私立峨岷初级中学 | 初中 | 泸县 | |
| 私立桐荫初级中学 | 初中 | 泸县 | |
| 私立依锦初级中学 | 初中 | 泸县 | |
| 私立育群女子初级中学 | 初中 | 泸县 | |
| 私立树风初级中学 | 初中 | 泸县 | |
| 私立励英初级中学 | 初中 | 泸县 | |
| 私立兴国初级中学 | 初中 | 隆昌 | |
| 私立中山初级中学 | 初中 | 富顺 | |
| 私立培村初级中学 | 初中 | 富顺 | |
| 私立慧生初级中学 | 初中 | 富顺 | |

续表

| 校名 | 科别 | 校址 | 备注 |
| --- | --- | --- | --- |
| 私立富西初级中学 | 初中 | 富顺 | |
| 私立和毅初级中学 | 初中 | 合江 | |
| 私立益辉初级中学 | 初中 | 涪陵 | |
| 私立建成初级中学 | 初中 | 涪陵 | |
| 私立中庸初级中学 | 初中 | | 未据呈报 |
| 私立鹤鸣初级中学 | 初中 | 涪陵 | |
| 私立道南初级中学 | 初中 | 南川 | |
| 私立南屏初级中学 | 初中 | 南川 | |
| 私立协合女子初级中学 | 初中 | 南川 | |
| 私立平光初级中学 | 初中 | 丰都 | |
| 私立平都初级中学 | 初中 | 丰都 | |
| 私立用宾初级中学 | 初中 | 丰都 | |
| 私立道远初级中学 | 初中 | | 未据呈报 |
| 私立石江初级中学 | 初中 | 秀山 | |
| 私立秀東初级中学 | 初中 | 秀山 | |
| 私立致远初级中学 | 初中、高中 | 万县 | |
| 私立文光初级中学 | 初中 | 万县 | |
| 私立南雄初级中学 | 初中 | 万县 | |
| 私立协同初级中学 | 初中 | 万县 | |
| 私立印川初级中学 | 初中 | 万县 | |
| 私立汇英初级中学 | 初中 | 忠县 | |
| 私立南宾初级中学 | 初中 | 忠县 | |
| 私立辅成初级中学 | 初中 | 云阳 | |
| 私立瀸山初级中学 | 初中 | 大竹 | |
| 私立平城初级中学 | 初中 | 大竹 | |
| 私立凤鸣初级中学 | 初中 | 大竹 | |
| 私立群力初级中学 | 初中 | 大竹 | |
| 私立楠煊初级中学 | 初中 | 渠县 | |
| 私立来仪初级中学 | 初中 | 渠县 | |
| 私立三善初级中学 | 初中 | 渠县 | |
| 私立鸣远初级中学 | 初中 | 渠县 | |
| 私立惠育初级中学 | 初中、高中 | 广安 | |
| 私立培文初级中学 | 初中 | 广安 | |
| 私立艺文初级中学 | 初中 | 广安 | |
| 私立自力初级中学 | 初中 | 南山 | |
| 私立慎修初级中学 | 初中 | 邻水 | |
| 私立自成初级中学 | 初中 | 邻水 | |
| 私立安定初级中学 | 初中 | 垫江 | |
| 私立广德初级中学 | 初中 | 垫江 | |
| 私立龙溪初级中学 | 初中 | 长寿 | |

续表

| 校名 | 科别 | 校址 | 备注 |
|---|---|---|---|
| 私立凤山初级中学 | 初中 | 长寿 | |
| 私立乐群初级中学 | 初中 | 长寿 | |
| 私立惠南初级中学 | 初中 | 南充 | |
| 私立民德女子初级中学 | 初中、高中 | 南充 | |
| 私立尚用初级中学 | 初中 | 岳池 | |
| 私立豫楚初级中学 | 初中 | 岳池 | |
| 私立岳东初级中学 | 初中 | 岳池 | |
| 私立文正初级中学 | 初中 | 岳池 | |
| 私立兴华初级中学 | 初中 | 蓬安 | |
| 私立晋德初级中学 | 初中 | 营山 | |
| 私立民宜初级中学 | 初中 | 南部 | |
| 私立建南初级中学 | 初中 | 南部 | |
| 私立景仁初级中学 | 初中 | 武胜 | |
| 私立醇化初级中学 | 初中 | 武胜 | |
| 私立育英初级中学 | 初中 | 西充 | |
| 私立南图初级中学 | 初中 | 仪陇 | |
| 私立巴蜀初级中学 | 初中、高中 | 西充 | |
| 私立精一初级中学 | 初中、高中 | 遂宁 | |
| 私立明耻初级中学 | 初中 | 遂宁 | |
| 私立宁溪初级中学 | 初中 | 遂宁 | |
| 私立寿华初级中学 | 初中 | 安岳 | |
| 私立廷珍初级中学 | 初中 | 安岳 | |
| 私立龙文初级中学 | 初中 | 安岳 | |
| 私立化龙初级中学 | 初中 | 安岳 | |
| 私立国光初级中学 | 初中 | 安岳 | |
| 私立隆康初级中学 | 初中 | 安岳 | |
| 私立长咸初级中学 | 初中 | 安岳 | |
| 私立玉江初级中学 | 初中 | 三台 | |
| 私立潼光初级中学 | 初中 | 潼南 | |
| 私立正德初级中学 | 初中 | 潼南 | |
| 私立抗建初级中学 | 初中 | 蓬溪 | |
| 私立常光初级中学 | 初中 | 蓬溪 | |
| 私立钦仁初级中学 | 初中 | 乐至 | |
| 私立宏济初级中学 | 初中 | 盐亭 | |
| 私立文同初级中学 | 初中 | 盐亭 | |
| 私立育德初级中学 | 初中 | 绵阳 | |
| 私立涪昌初级中学 | 初中 | 绵阳 | |
| 私立立志初级中学 | 初中 | 绵竹 | |
| 私立力生初级中学 | 初中 | 广汉 | |
| 私立跃鲤初级中学 | 初中 | 德阳 | |

续表

| 校名 | 科别 | 校址 | 备注 |
|---|---|---|---|
| 私立崇正初级中学 | 初中 | 青神 | |
| 私立大华初级中学 | 初中 | 广元 | |
| 私立建武女子初级中学 | 初中 | 江油 | |
| 私立皋飏初级中学 | 初中 | 阆中 | |
| 私立宋水初级中学 | 初中 | 苍溪 | |
| 私立东岭初级中学 | 初中 | 阆中 | |
| 私立萃华初级中学 | 初中 | 达县 | |
| 私立明伦初级中学 | 初中 | 达县 | |
| 私立通川初级中学 | 初中 | 达县 | |
| 私立沦智初级中学 | 初中 | | 未据呈报 |
| 私立炳昌初级中学 | 初中 | | 未据呈报 |
| 私立玉山初级中学 | 初中 | 巴中 | |
| 私立恩阳初级中学 | 初中 | 巴中 | |
| 私立端本初级中学 | 初中 | 仁寿 | |
| 私立培风初级中学 | 初中 | 长宁 | |
| 私立力仁初级中学 | 初中 | 泸县 | |
| 私立燧生初级中学 | 初中 | 广安 | |
| 私立仁爱初级中学 | 初中 | 遂宁 | |

资料来源：教育部统计处编：《中华民国三十五学年度全国中等学校一览表》，上海：商务印书馆，1948年，第64—84页。

## 附录11　重庆市三十五年度（1946年）中等学校一览表

| 校名 | 现有班数/个 | | 校址 |
|---|---|---|---|
| | 高中 | 初中 | |
| 市立第一中学 | 6 | 6 | 两路口 |
| 市立第二中学 | 5 | 5 | 小龙坎分校 |
| 市立第三中学 | 8 | 3 | 沙坪坝分校 |
| 市立第四中学 | | 7 | 山洞分校 |
| 市立第五中学 | 10 | | 新开市分校 |
| 市立女子中学 | 6 | 6 | 南岸海棠溪关家坡 |
| 私立求精中学 | 12 | 13 | 曾家岩 |
| 私立广益中学 | 6 | 10 | 南岸黄桷垭 |
| 私立明诚中学 | 7 | 7 | 曾家岩 |
| 私立精益中学 | 6 | 6 | 南岸弹子石 |
| 私立治平中学 | 3 | 6 | 江北新城 |
| 私立南开中学 | 18 | 18 | 沙坪坝 |
| 私立复旦中学 | 8 | 8 | 化龙桥 |
| 私立中正中学 | 10 | 15 | 小龙坡 |
| 私立文德女子中学 | 7 | 8 | 南岸弹子石 |
| 私立东方中学 | 4 | 5 | 南岸海棠溪 |

续表

| 校名 | 现有班数/个 | | 校址 |
|---|---|---|---|
| | 高中 | 初中 | |
| 私立大夏中学 | 6 | 6 | 黄桷垭新市场 |
| 私立赣江中学 | | 8 | 陕西路 |
| 私立南山中学 | 3 | 6 | 南岸黄桷垭 |
| 私立西南中学 | | 5 | 海棠溪 |
| 私立新中中学 | 2 | 6 | 南岸下浩 |
| 私立嘉助中学 | 3 | 5 | 南岸铜元局 |
| 私立蜀都中学 | 6 | 6 | 盘溪 |
| 私立宁初中学 | 1 | 5 | 江北陈家馆 |
| 私立斡衕中学 | 3 | 6 | 黄家垭口 |
| 私立南华中学 | 1 | 2 | 菜园坝 |
| 私立华中中学 | | 3 | 黄桷垭 |
| 私立育英中学 | | 6 | 磁器口 |
| 私立艺南中学 | 3 | 4 | 山洞 |
| 私立大中中学 | 2 | 3 | 南岸真武山新村 |
| 私立英才中学 | 3 | 6 | 南岸龙门上浩 |
| 私立嘉陵中学 | | 6 | 磁器口 |
| 私立民建中学 | 3 | 4 | 盘溪 |
| 私立巴蜀中学 | 2 | 6 | 张家花园 |
| 私立树人初级中学 | | 11 | 小龙坎 |
| 私立沪童初级中学 | | 5 | 张家花园 |
| 私立九经初级中学 | | 6 | 石桥铺 |
| 私立复兴中学 | 1 | 6 | 南岸真武山市区 |
| 私立淑德女子中学 | 4 | 5 | 戴家巷蒲圣光中学 |
| 私立文苑中学 | 1 | 4 | 李子坝 |
| 私立务实中学 | 1 | 6 | 唐家沱 |
| 私立清华中学 | 6 | 6 | 土桥花溪石桥铺 |
| 私立相伯中学 | 2 | 6 | 歌乐山 |
| 私立敬善初级中学 | | 4 | 观音岩 |
| 私立邹容中学 | 2 | 4 | 大坪 |
| 私立在原中学 | 2 | 2 | 南岸野猫溪 |
| 私立西湖中学 | | 3 | 南岸龙门浩 |
| 私立笃行中学 | | 2 | 南岸黄桷垭 |
| 私立青年中学 | 1 | 1 | 小龙坎 |
| 私立强中中学 | | 3 | 磁器口对岸石马河 |
| 私立通惠初级中学 | | 5 | 两路口 |
| 私立五云中学 | 1 | 2 | 巴县兴隆场复兴关 |
| 重庆扶翰中学 | 2 | 4 | 化龙桥 |
| 重庆立行中学 | 6 | 4 | 牛角沱 |

资料来源：教育部教育年鉴编纂委员会编：《第二次中国教育年鉴》（第四编中学教育），上海：商务印书馆，1948 年，第 136—137 页。

## 附录 12　西康省三十五学年度（1946 年）中学学校一览表

### 一、中学（高初级合设）

#### （1）省市立中学

| 校名 | 科别 | 校址 |
|---|---|---|
| 省立康定中学 | 高中、初中 | 康定 |
| 省立雅安中学 | 高中、初中 | 雅安 |
| 省立西昌中学 | 高中、初中 | 西昌 |
| 省立雅安女子中学 | 高中、初中 | 雅安 |

#### （2）县市立中学

| 校名 | 科别 | 校址 |
|---|---|---|
| 西昌县立中学 | 高中、初中 | 西昌 |
| 西昌县立女子中学 | 高中、初中 | 西昌 |
| 会理县立中学 | 高中、初中 | 会理 |
| 雅安县立中学 | 高中、初中、简师 | 雅安 |
| 汉源县立中学 | 高中、初中 | 汉源 |

### 二、初级中学

#### （1）县市立初级中学

| 校名 | 科别 | 校址 |
|---|---|---|
| 荥经县立初级中学 | 初中 | 荥经 |
| 德昌县立初级中学 | 初中 | 德昌 |
| 泸定县立初级中学 | 初中 | 泸定 |
| 冕宁县立初级中学 | 初中 | 冕宁 |
| 越嶲县立初级中学 | 初中 | 越嶲 |
| 盐源县立初级中学 | 初中 | 盐源 |
| 盐边县立初级中学 | 初中 | 盐边 |
| 天全县立初级中学 | 初中 | 天全 |
| 芦山县立初级中学 | 初中 | 芦山 |
| 宁南县立初级中学 | 初中、简师 | 宁南 |
| 西昌县立礼州初级中学 | 初中 | 西昌 |
| 西盐联立河西初级中学 | 初中 | 盐源 |
| 会德联立初级中学 | 初中 | |

#### （2）私立初级中学

| 校名 | 科别 | 校址 |
|---|---|---|
| 私立明德初级中学 | 初中 | |
| 私立裕文初级中学 | 初中 | 汉源 |

（3）未经本部备案之私立初级中学

| 校名 | 科别 | 校址 |
| --- | --- | --- |
| 私立健生初级中学 | 初中 | 西昌 |
| 私立伯英初级中学 | 初中 | 芦山 |

资料来源：教育部统计处编：《中华民国三十五学年度全国中等学校一览表》，上海：商务印书馆，1948年，第85—87页。

**附录13　四川省三十五学年度（1946年）中等师范学校一览表**

## 一、师范学校

（1）省立师范学校

| 校名 | 科别 | 校址 |
| --- | --- | --- |
| 省立成都师范学校 | 师范、体育师范 | 成都市 |
| 省立成都女子师范学校 | 师范 | 成都市 |
| 省立成都幼稚师范学校 | 幼师 | 成都市 |
| 省立资中师范学校 | 师范 | 资中 |
| 省立内江女子师范学校 | 师范 | 内江 |
| 省立重庆女子师范学校 | 师范、幼师、音乐师范 | 重庆 |
| 省立北碚师范学校 | 师范 | 北碚 |
| 省立川东师范学校 | 师范、体育师范、音乐师范 | 重庆 |
| 省立眉山师范学校 | 师范 | 眉山 |
| 省立乐山师范学校 | 师范 | 乐山 |
| 省立宜宾师范学校 | 师范 | 宜宾 |
| 省立泸县师范学校 | 师范、美术师范 | 泸县 |
| 省立酉阳师范学校 | 师范 | 酉阳 |
| 省立万县师范学校 | 师范、体育师范 | 万县 |
| 省立大竹师范学校 | 师范 | 大竹 |
| 省立南充师范学校 | 师范、体育师范、音乐师范 | 南充 |
| 省立绵阳师范学校 | 师范、乡村师范 | 绵阳 |
| 省立德阳孝泉师范学校 | 师范 | 德阳 |
| 省立达县师范学校 | 师范 | 达县 |
| 省立荣昌师范学校 | 师范 | 荣昌 |

（2）县市立师范学校

| 校名 | 科别 | 校址 |
| --- | --- | --- |
| 简阳县立师范学校 | 师范、简师 | 简阳 |
| 内江县立师范学校 | 简师、简乡师 | 内江 |
| 荣县县立师范学校 | 师范 | 荣县 |
| 江津县立师范学校 | 师范、简乡师 | 江津 |
| 宜宾县立师范学校 | 师范、简乡师 | 宜宾 |
| 自贡市立师范学校 | 师范 | 自贡 |

续表

| 校名 | 科别 | 校址 |
|---|---|---|
| 涪陵县立师范学校 | 师范、简师 | 涪陵 |
| 万县县立师范学校 | 师范、简师 | 万县 |
| 广安县立师范学校 | 师范 | 广安 |
| 三台县立师范学校 | 师范、简师 | 三台 |
| 达县县立师范学校 | 师范、简乡师 | 达县 |

## 二、乡村师范学校

### 省立乡村师范学校

| 校名 | 科别 | 校址 |
|---|---|---|
| 省立遂宁乡村师范学校 | 乡师 | 遂宁 |
| 省立剑阁乡村师范学校 | 乡师、简乡师 | 剑阁 |
| 省立威州乡村师范学校 | 乡师、简乡师 | 茂县 |

## 三、简易师范学校

### 县市立简易师范学校

| 校名 | 科别 | 校址 |
|---|---|---|
| 彭县县立简易师范学校 | 简师 | 彭县 |
| 华阳县立简易师范学校 | 简师 | 华阳 |
| 新津县立女子简易师范学校 | 简师 | 新津 |
| 灌县县立简易师范学校 | 三年制简师 | 灌县 |
| 资阳县立简易师范学校 | 简师 | 资阳 |
| 仁寿县立简易师范学校 | 简师 | 仁寿 |
| 璧山县立简易师范学校 | 简师 | 璧山 |
| 合川县立简易师范学校 | 简师 | 合川 |
| 綦江县立简易师范学校 | 简师 | 綦江 |
| 大足县立简易师范学校 | 简师 | 大足 |
| 铜梁县立简易师范学校 | 简师 | 铜梁 |
| 夹江县立简易师范学校 | 简师 | 夹江 |
| 洪雅县立简易师范学校 | 简师 | 洪雅 |
| 彭山县立简易师范学校 | 师训班 | 彭山 |
| 乐山县立简易师范学校 | 三年制简师 | 乐山 |
| 犍为县立简易师范学校 | 简师 | 犍为 |
| 南溪县立简易师范学校 | 三年制简师 | 南溪 |
| 庆符县立简易师范学校 | 三年制简师 | 庆符 |
| 江安县立简易师范学校 | 简师 | 江安 |
| 泸县县立简易师范学校 | 简师 | 泸县 |
| 合江县立简易师范学校 | 简师 | 合江 |
| 富顺县立简易师范学校 | 三年制简师 | 富顺 |
| 石柱县立简易师范学校 | 简师 | 石柱 |

续表

| 校名 | 科别 | 校址 |
|---|---|---|
| 开县县立简易师范学校 | 简师、简师科 | 开县 |
| 垫江县立简易师范学校 | 简师 | 垫江 |
| 武胜县立简易师范学校 | 师范、简师 | 武胜 |
| 仪陇县立简易师范学校 | 三年制简师 | 仪陇 |
| 射洪县立简易师范学校 | 三年制简师 | 射洪 |
| 蓬溪县立简易师范学校 | 简师 | 蓬溪 |
| 安岳县立简易师范学校 | 简师 | 安岳 |
| 绵竹县立简易师范学校 | 简师 | 绵竹 |
| 广汉县立简易师范学校 | 简师 | 广汉 |
| 德阳县立简易师范学校 | 简师 | 德阳 |
| 什邡县立简易师范学校 | 简师 | 什邡 |
| 秀山县立简易师范学校 | 师范、简师 | 秀山 |
| 丰都县立简易师范学校 | 简师 | 丰都 |
| 云阳县立女子简易师范学校 | 简师 | 云阳 |
| 安县县立简易师范学校 | 简师 | 安县 |
| 罗江县立简易师范学校 | 简师 | 罗江 |
| 绵阳县立简易师范学校 | 简师 | 绵阳 |
| 江油县立简易师范学校 | 简师 | 江油 |
| 通江县立简易师范学校 | 简师 | 通江 |

## 四、简易乡村师范学校

县市立简易乡村师范学校

| 校名 | 科别 | 校址 |
|---|---|---|
| 威远县立女子简易乡村师范学校 | 简乡师、初中 | 威远 |
| 邛崃县立简易乡村师范学校 | 简乡师、初中 | 邛崃 |
| 青神县立简易乡村师范学校 | 简乡师、初中 | 青神 |
| 屏山县立简易乡村师范学校 | 简乡师 | 屏山 |
| 峨眉县立简易乡村师范学校 | 简乡师 | 峨眉 |
| 珙县县立简易乡村村师范学校 | 简乡师 | 珙县 |
| 沐爱局立简易乡村师范学校 | 三年制简乡师、初中 | 沐爱局 |
| 长宁县立简易乡村师范学校 | 简乡师 | 长宁 |
| 隆昌县立简易乡村师范学校 | 简乡师 | 隆昌 |
| 南川县立简易乡村师范学校 | 简乡师、初中 | 南川 |
| 忠县县立简易乡村师范学校 | 简乡师 | 忠县 |
| 中江县立简易乡村师范学校 | 简乡师 | 中江 |
| 广元县立简易乡村师范学校 | 简乡师 | 广元 |
| 平武县立简易乡村师范学校 | 简乡师、初中 | 平武 |
| 宣汉县立简易乡村师范学校 | 简乡师 | 宣汉 |
| 巴中县立简易乡村师范学校 | 简乡师 | 巴中 |

资料来源：教育部统计处编：《中华民国三十五学年度全国中等学校一览表》，上海：商务印书馆，1948年，第78—84页；教育部教育年鉴编纂委员会编：《第二次中国教育年鉴》（第七编师范教育），上海：商务印书馆，1948年，第54—55页。

## 附录 14　西康省三十五学年度（1946 年）中等师范学校一览表

### 一、师范学校

省市立师范学校

| 校名 | 科别 | 校址 |
|---|---|---|
| 省立康定师范学校 | 师范、简师 | 康定 |
| 省立第一边疆师范学校 | 教育、农艺、三年制简师 | 康定 |
| 省立第二边疆师范学校 | 教育、农艺、工艺 | 西昌 |
| 省立富林师范学校 | 师范、三年制简师 | 富林 |
| 省立西昌师范学校 | 师范、体育师范、三年制简师 | 西昌 |
| 省立云定师范学校 | 师范、三年制简师 | 会理 |
| 省立始阳师范学校 | 师范、三年制简师 | 天全 |

### 二、简易师范学校

县市立简易师范学校

| 校名 | 科别 | 校址 |
|---|---|---|
| 汉源县立简易师范学校 | 三年制简师 | 汉源 |
| 荥经县立简易师范学校 | 三年制简师 | 荥经 |
| 天全县立简易师范学校 | 三年制简师 | 天泉 |
| 会理县立简易师范学校 | 三年制简师 | 会理 |
| 西昌县立简易师范学校 | 三年制简师 | 西昌 |

### 三、简易乡村师范学校

县市立简易乡村师范学校

| 校名 | 科别 | 校址 |
|---|---|---|
| 冕宁县立简易乡村师范学校 | 三年制简乡师 | 冕宁 |
| 越嶲县立简易乡村师范学校 | 三年制简乡师 | 越嶲 |

资料来源：教育部统计处编：《中华民国三十五学年度全国中等学校一览表》，上海：商务印书馆，1948 年，第 86—87 页。

## 附录 15　四川省三十五学年度（1946 年）中等职业学校一览表

### 一、职业学校（高初级合设）

（1）省市立职业学校

| 校名 | 科别 | 校址 |
|---|---|---|
| 省立成都女子职业学校 | 高级：会计、统计、图书管理、家事 | 成都 |
| 省立内江实用职业学校 | 高级应化 | 内江 |
| 省立荣昌农业职业学校 | 高级：农艺、畜牧<br>初级：农艺 | 荣昌 |

续表

| 校名 | 科别 | 校址 |
|---|---|---|
| 省立江津窑业职业学校 | 高级：窑业、陶瓷训练班<br>初级：窑业 | 江津 |
| 省立重庆女子职业学校 | 高级：会计、统计、文书、家事<br>初级：家事 | 重庆 |
| 省立江油农业职业学校 | 高级：农艺、园艺<br>初级：农作 | 江油 |
| 省立巴中农业职业学校 | 高级：森林、农艺<br>初级：农艺 | 巴中 |

（2）县市立职业学校

| 校名 | 科别 | 校址 |
|---|---|---|
| 灌县县立实用职业学校 | 初级：农艺 | 灌县 |
| 资中县立农业职业学校 | 高级：农艺<br>初级：农作 | 资中 |
| 涪陵县立农业职业学校 | 高级：农艺<br>初级：农作 | 涪陵 |

## 二、高级职业学校

（1）省市立高级职业学校

| 校名 | 科别 | 校址 |
|---|---|---|
| 省立成都高级工业职业学校 | 机械、应化、电机、电讯、航空机械、电机技术、航空机械技术 | 成都 |
| 省立成都高级医事职业学校 | 助产、护士、检验、卫生 | 成都 |
| 省立成都高级农业职业学校 | 农艺、园艺、森林、畜牧 | 成都 |
| 省立成都制革科职业学校 | 制革 | 成都 |
| 省立成都高级染织职业学校 | 染织 | 成都 |
| 省立遂宁高级农业职业学校 | 农艺、园艺、森林 | 遂宁 |
| 省立重庆高级商业职业学校 | 会计、银行 | 重庆 |
| 省立重庆高级工业职业学校 | 机械、土木、应化 | 重庆 |
| 省立犍乐高级工业职业学校 | 机械、电机、应化 | 犍为 |
| 省立眉山高级农业职业学校 | 农艺、园艺、蚕桑；初级：农作 | 眉山 |
| 省立宜宾高级农业职业学校 | 农艺、园艺、蚕桑 | 宜宾 |
| 省立万县高级农业职业学校 | 农艺、园艺、农业制造 | 万县 |
| 省立万县高级职业学校 | 银行、会计、商科、机械、电机纺织、土木 | 万县 |
| 省立大竹高级农业职业学校 | 园艺、农艺、农产制造 | 大竹 |
| 省立南充高级蚕丝科职业学校 | 蚕丝、制丝、初级蚕丝 | 南充 |
| 省立绵阳高级农业职业学校 | 农艺、园艺 | 绵阳 |

（2）县市立高级职业学校

| 校名 | 科别 | 校址 |
|---|---|---|
| 华阳县立高级职业学校 | 农科、棉织 | 华阳 |
| 巴县县立高级农业职业学校 | 园艺、农艺 | 巴县 |

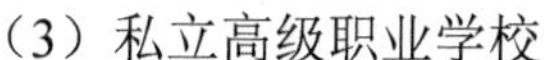

（3）私立高级职业学校

| 校名 | 科别 | 校址 |
| --- | --- | --- |
| 私立志诚高级商业职业学校 | 会计、银行、会计训练班 | 成都 |
| 私立南虹高级艺术职业学校 | 图工、图音、音体、童体、戏剧 | 成都 |
| 私立仁济高级护士职业学校 | 护士 | 成都 |
| 私立进益高级助产职业学校 | 助产 | 成都 |
| 私立建中高级会计科职业学校 | 会计 | 成都 |
| 私立培文高级职业学校 | 会计 | 成都 |
| 私立宏仁高级护士职业学校 | 护士 | 资中 |
| 私立象山高级农业职业学校 | 五年制农艺、五年制森林、农艺 | 三台 |
| 私立中正高级职业学校 | 农科、商科 | 射洪 |
| 私立兴仁高级商业职业学校 | 商科 | 江津 |
| 私立西南高级商业职业学校 | 商科 | 江北 |
| 私立德济高级护士职业学校 | 护士 | 涪陵 |
| 私立明德高级护士职业学校 | 护士 | 宜宾 |
| 私立义济高级护士职业学校 | 护士 | 自贡市 |
| 私立菁义高级商业职业学校 | 商科 | 宜宾 |
| 私立育才高级职业学校 | 水利、会计 | 南充 |
| 私立德启高级护士职业学校 | 护士 | 阆中 |

## 三、初级职业学校

（1）县立初级职业学校

| 校名 | 科别 | 校址 |
| --- | --- | --- |
| 新津县立初级农业职业学校 | 农科 | 新津 |
| 新都县立初级职业学校 | 农科、简师、初中 | 新都 |
| 安岳县立初级农业职业学校 | 农科 | 安岳 |
| 三台县立初级实用职业学校 | 农艺、纺织 | 三台 |
| 蓬溪县立初级农业职业学校 | 农科 | 蓬溪 |
| 江津县立初级职业学校 | 农作、简易化工、农艺、园艺 | 江津 |
| 合川县立初级职业学校 | 商科 | 合川 |
| 合川县立初级农业职业学校 | 农科 | 合川 |
| 荣昌县立女子初级普通家事职业学校 | 家事 | 荣昌 |
| 南川县立初级农业职业学校 | 农科 | 南川 |
| 璧山县立初级实用职业学校 | 简易化工、农科 | 璧山 |
| 铜梁县立初级农业职业学校 | 农科 | 铜梁 |
| 屏山县立初级实用职业学校 | 农艺 | 屏山 |
| 犍为县立初级农业职业学校 | 农作 | 犍为 |
| 泸县县立初级职业学校 | 农科、棉织、高级园艺 | 泸县 |
| 兴文县立初级农业职业学校 | 农作、初中 | 兴文 |
| 高县县立初级农业职业学校 | 农作 | 高县 |
| 合江县立初级农业职业学校 | 农科 | 合江 |

续表

| 校名 | 科别 | 校址 |
|---|---|---|
| 云阳县立初级农业职业学校 | 农科 | 云阳 |
| 梁山县立初级农业职业学校 | 农科 | 梁山 |
| 金堂县立初级商科职业学校 | 商科 | 金堂 |
| 绵竹县立初级实用职业学校 | 染织、会计 | 绵竹 |

（2）私立初级职业学校

| 校名 | 科别 | 校址 |
|---|---|---|
| 私立新民初级农业职业学校 | 农科 | 江津 |
| 私立忠山初级商业职业学校 | 商科、高级会计训练班 | 泸县 |
| 私立濛城初级农业职业学校 | 农科 | 渠县 |

资料来源：教育部统计处编：《中华民国三十五学年度全国中等学校一览表》，上海：商务印书馆，1948年，第81—84页。

**附录16　重庆市三十六年度（1947年）上学期中等职业学校一览表**

| 校名 | 科别 | 校址 | 备注 |
|---|---|---|---|
| 重庆市立思克农业职业学校 | 农科 | 重庆江北童家溪 | |
| 重庆市立造纸印刷科职业学校 | 造纸科、印刷科 | 重庆江北盘溪 | |
| 重庆市立商业职业学校 | 统计科、银保科、普商科、会计科 | 重庆南岸牛草坪 | |
| 重庆私立大公职业学校 | 土木、建筑、会计、商业、机械五科 | 重庆小龙坎 | |
| 重庆私立奉光职业学校 | 建筑科、会计科、机械科 | 重庆杨公桥 | |
| 重庆私立敬业高级商业职业学校 | 会计等科 | 重庆临江门杨家花园 | |
| 重庆私立实商高级商业职业学校 | 商科等 | 重庆石灰市 | |
| 重庆私立益商商业职业学校 | 商科 | 重庆两浮支路 | |
| 重庆私立西南高级商业职业学校 | 会计科、统计科 | 重庆江北武库街 | 未立案 |
| 重庆私立适存高级商业职业学校 | 初职科、专修科、会计科 | 重庆新桥 | |
| 重庆私立中华职业学校 | 商科等 | 重庆寸滩白沙坨 | |
| 重庆私立中华高级会计职业学校 | 会计科等 | 重庆李子坝 | |
| 重庆私立达德高级会计职业学校 | 会计科 | 重庆李子坝 | |
| 重庆私立宽仁高级护士职业学校 | 护士科 | 重庆戴家巷 | |
| 重庆私立武汉高级护士职业学校 | 护士科 | 重庆李子坝特二号 | |
| 重庆私立仁济高级护士职业学校 | 护士科 | 重庆南岸玄坛庙 | |
| 重庆私立蜀中高级护士职业学校 | 护士科 | 重庆高滩岩 | |
| 重庆私立华西女子职业学校 | 会计科、缝纫科 | 重庆李子坝新村 | 未立案 |
| 重庆私立新化药剂士职业学校 | | 重庆林森路 | 未立案 |
| 重庆私立西南实用艺术职业学校 | 音乐科、绘画科 | 重庆美专校街 | |

资料来源：教育部教育年鉴编纂委员会编：《第二次中国教育年鉴》（第八编职业教育），上海：商务印书馆，1948年，第62页。

## 附录 17　西康省三十五年度（1946 年）中等职业学校一览表

### 一、职业学校（高初级合设）

省市立职业学校

| 校名 | 科别 | 校址 |
|---|---|---|
| 省立西昌农业职业学校 | 高级：农艺、森林<br>初级：农艺、蚕丝、园艺 | 西昌 |
| 省立雅安工业职业学校 | 高初级：应化、土木 | 雅安 |
| 省立康定商业职业学校 | 高初级：商业 | 康定 |
| 省立康定农业职业学校 | 高初级：农业 | 康定 |

### 二、高级职业学校

省市立高级职业学校

| 校名 | 科别 | 校址 |
|---|---|---|
| 省立康定高级医事职业学校 | 医事 | 康定 |

### 三、初级职业学校

省市立初级职业学校

| 校名 | 科别 | 校址 |
|---|---|---|
| 省立甘孜初级实用职业学校 | 农业、畜牧 | 甘孜 |

资料来源：教育部统计处编：《中华民国三十五学年度全国中等学校一览表》，上海：商务印书馆，1948 年，第 87 页。

## 附录 18　1947 年底四川省专科以上学校一览表

（1）国立大学

| 校名 | 校址 | 所设院 | 备注 |
|---|---|---|---|
| 重庆大学 | 重庆 | 文、理、法、工、商、医 | |
| 四川大学 | 成都 | 文、理、法、师范、农、工 | 特设化验专修科 |

（2）私立大学

| 校名 | 校址 | 所设院 | 备注 |
|---|---|---|---|
| 华西协合大学 | 成都 | 文、理、医 | 附设农业专修科 |
| 成华大学 | 成都 | 文、理、商 | 附设会计专修科 |

（3）国立独立学院

| 校名 | 校址 | 所设院 | 备注 |
|---|---|---|---|
| 女子师范学院 | 重庆 | 国文学系、英语学系、教育学系、数学系、理化学系、音乐学系、家政学系、史地学系 | 附设体育专修科 |
| 成都理学院 | 成都 | 数学系、物理学系、化学系 | |

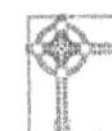



（4）省立独立学院

| 校名 | 校址 | 所设院 | 备注 |
|---|---|---|---|
| 四川省立教育学院 | 重庆 | 教育学系、国文学系、英语学系、数学系、史地系、博物学系、农艺、农产制造、园学系 | |

（5）私立独立学院

| 校名 | 校址 | 所设院 | 备注 |
|---|---|---|---|
| 乡村建设学院 | 重庆 | 乡村教育、农学、农田水利、社会四学系 | |
| 铭贤学院 | 成都 | 农艺、畜牧、农业经济、机械工程、化学工程、纺织工程、工商管理、银行等八学系 | |
| 湘辉文法学院 | 四川北碚 | 文史、外交、经济、法律四学系 | |
| 辅成法学院 | 万县 | 法律、政治、经济三系 | 董事会立案 |
| 川北农学院 | 四川三台 | | 董事会立案 |
| 正阳法学院 | 四川巴县 | 法律、经济二系 | |

（6）国立专科学校

| 校名 | 校址 | 所设院 | 备注 |
|---|---|---|---|
| 中央工业专科学校 | 重庆 | 机械、土木、电机、化学四工程科 | |
| 中央技艺专科学校 | 四川乐山 | 造纸、农产制造、纺织染、蚕丝、化学工程五科 | |
| 自贡工业专科学校 | 四川自贡 | 化学、机械、土木三工程科 | 附职业科 |
| 西康技艺专科学校 | 西康 | 农垦科、森林科、畜牧科、土木工程科、矿冶工程科、机械工程科、化学工程科 | |
| 康定师范专科学校 | 康定 | 国文、史地、数理三科 | |

（7）省市立专科学校

| 校名 | 校址 | 所设院 | 备注 |
|---|---|---|---|
| 四川省立艺术专科学校 | 成都 | 建筑、应用艺术、音乐三科 | |
| 四川省立体育专科学校 | 成都 | 师范专科、童子军专科 | |
| 四川省立会计专科学校 | 成都 | 会计科 | |

（8）私立专科学校

| 校名 | 校址 | 所设院 | 备注 |
|---|---|---|---|
| 汉华农业专科学校 | 重庆 | 农业经济科、园艺科、农艺科 | |
| 西南美术专科学校 | 重庆 | 中画、西画、图案、音乐四科 | |
| 求精商业专科学校 | 重庆 | 会计、银行、商业管理三科 | |

资料来源：教育部教育年鉴编纂委员会编：《第二次中国教育年鉴》（第五编高等教育），上海：商务印书馆，1948年，第90—99页。